KB017423

지금
실천하는
인문학

꽉 막힌 세상, 문사철에서 길을 찾다

지금 실천하는 인문학

최효찬 지음

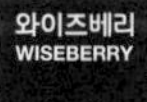

인생을 바꾸는 가장 손쉬운 길은
인문 고전을 읽고 글을 쓰는 것이다!

어느 날 미국의 투자전문가 짐 로저스의 기사를 읽었다. '월가(미국 뉴욕의 금융가)의 인디애나 존스'라는 별명을 갖고 있는 짐 로저스는 다섯 살 때 땅콩을 판 것이 비즈니스의 시작이라고 한다. 예일 대학교를 수석으로 졸업한 수재였지만, 그는 주식투자에 문외한이었다. 그러나 1969년에 '투자의 귀재' 조지 소로스를 만나면서 새로운 인생이 시작되었다. 짐 로저스는 10년 동안 3365퍼센트라는 놀라운 투자 수익을 거두며 투자 고수 반열에 올랐다. 더 극적인 것은 서른여덟 살이던 1980년에 1700만 달러를 손에 쥐고 돌연 은퇴했다는 점이다. 그는 이후 오토바이로 세계여행을 하고 투자 관련 책을 내면서 세계적인 금융인으로 거듭났다. 나는 이 기사를 읽고 가슴이 설레기 시작했다. 나 또한 언젠가 터닝 포인트를 만들고 싶다는 생각을 했다.

인생은 선택의 연속이다. 때로는 중장기적인 계획을 세우고 전략적 사고를 해야 한다. 로저스의 경우 돈을 더 벌기 위해 펀드매니저로 계속 일했다면 그의 인생은 오히려 추락했을 가능성도 있다. 그는 미련 없이 은퇴를 선언하고 자신만의 길을 만들어 갔다. 그것이 로저스 인생의 터닝 포인트가 아닐까. 이때 나는 짐 로저스처럼 기회가 무르익으면 신문사를 그만두고 새로운 기회에 도전하자고 마음먹었다.

기자로 입사해 4년 차가 되었을 때 나는 꿈꾸기가 멈춰 있다는 것을 알았다. '이렇게 시간에 밀려가서는 안 된다'는 생각이 들어 차선책으로 언론대학원에 진학했다. 석사 논문을 마치자 다시 목표가 사라졌다. 박사 학위 과정에 들어가려면 직장을 그만두거나 휴직을 해야 했다. 다시 길을 잃어버린 채 어정쩡한 날들이 지나갔다. 그때 인터넷 검색 서비스가 막 시작되었다. 아마존 사이트에 석사 논문의 키워드인 '의제 설정agenda setting'이라는 검색어를 입력하자 생소한 주제가 눈에 들어왔다. 테러리즘과 미디어는 상호 공생 관계에 있다는 내용이었다. 저널리스트가 테러리스트와 은밀히 거래하는 관계라는 새로운 시각이 충격을 주었다.

당시 한국에는 연구서가 단 한 권도 없었다. 아마존에서 외서를 열 권 정도 주문하고 책을 받은 날부터 번역에 들어갔다. 먼저 하루도 빠지지 않고 퇴근하면 매일 한두 페이지씩 번역하기로 원칙을 정했다. 술에 취한 채 귀가해도 어김없이 한 시간 정도 번역을 했다. 비록 작은 것일지라도 목표가 있으면 행복하다는 것을 그때 처음 알았다. 1년 반 정도 지나자 책 한 권 분량이 쌓였다. 이렇게 해서 1998년 여름에 『테러리즘과 미디어』라는 책을 출간했다. 내 생애 첫 책이었다. 어쩌면 지금의 나를 있게 한 첫 번째 터닝 포인트라는 생각이 든다.

신문기자 일을 하고 책을 쓰면서 다시 학위 과정을 마쳐야겠다는 생각이 들었다. 불가능해 보였던 박사 과정은 뜻밖에도 내 생애의 첫 책이 결정적인 기여를 해주었다. 이 연구서 덕분에 비교문학 박사 과정에 진학할 수 있었다. 이때 때로는 계산하지 않고 하는 실천들이 또 다른 '미래의 나'를 만들어 주는 기회를 제공해 줄 수도 있다는 것을 알았다.

박사 논문을 앞두고 나는 짐 로저스의 결단을 생각했다. 고심 끝에 16년 넘게 다닌 신문사에 사표를 냈다. 내게는 또 한 번의 터닝 포인트였다. 그때 하나를 포기하지 않으면 또 다른 길을 갈 수 없다는 것을 알았다.

나는 1998년에 첫 책을 낸 이후 지금까지 서른 권 가까운 책을 출간했다. 자녀 교육과 독서 교육 분야, 인문학을 아우르며 융합적인 글쓰기를 하면서 나만의 오솔길을 걸어가고 있다. 이 오솔길을 걸어가는 데 최고의 친구는 인문 고전을 비롯한 책들이다. 이 친구들은 내가 원하기만 하면 언제나 내 곁에 머물러 주면서 미처 알지 못하는 수많은 지식과 지혜의 향연을 베풀어 준다.

최인훈은 소설 『광장』의 서문에서 한편으로 "인간은 광장에 나서지 않고는 살지 못한다"라면서도 다른 한편으로 "인간은 밀실로 물러서지 않고는 살지 못하는 동물이다"라고 말한다.

그의 '광장론'에 따르면, 인간은 밀실과 광장의 이중주를 어떻게 조화롭게 엮어 내느냐가 중요하다. 어떤 사람은 밀실에서의 삶이 전부이고 또 어떤 사람은 광장에서의 삶이 전부이다. 이때 밀실만을 선호하면 사회적 관계가 원활하게 작동할 수 없고, 광장만을 선호하면 자칫 허울뿐인 광대의 삶이 될 수 있다. 밀실에서 칩거해야 할 때도 있는 것이 우리의 삶이다. 먼저 내공을 쌓지 않고 섣불리 무대에 오르면 자신감을 잃고 패하기 십상이다.

메모광을 취재할 때 이해선 CJ제일제당 공동 대표를 만난 적이 있다. 그를 만난 2003년 당시에는 아모레 퍼시픽의 임원이었다. 그때 그는 자신의 집에는 '코쿠닝 벙커Cocooning Bunker'라고 부르는 방이 있다고 했다. 마치 누에가 고치를 짓고 살듯 그만의 비밀 공간이라고 했다. 코쿠닝은 외부에서 활동하기보다는 자신만의 공간에서 나 홀로 안락함을 추구하거나 여가를 즐기는 현상을 일컫는다. 비밀 공간에서 그는 책을 읽고 컴퓨터 자료를 정리하고 메모를 다시 정리한다고 했다. 또는 사색을 하거나 아이디어를 구상하고 재충전이 필요할 때, 심지어 외국인을 초청해 이야기를 나누는 비즈니스 장소가 되기도 한다고 했다. 그는 이 밀실에서 에너지를 충전해 당당하게 비즈니스 세계를 마주하고 있는 것이다. 최인훈이 말하는 '광장론'의 핵심은 바로 밀실에서의 '내공'이 축적되어야 광장에서 주인공이 될 수 있다는 것이다.

사무엘 베케트의 『고도를 기다리며』에서 보듯이 인생은 막막한 기다림의 연속이다. 구원이나 행복을 희구하지만 좀처럼 오지 않는다. 이때 그 기다림 시간 동안 무엇을 하느냐가 중요하다. 『고도를 기다리며』에서 에스트라공과 블라디미르처럼 잡담이나 광대 짓만 한다면 행복 혹은 구원의 시간을 맛볼 수 없을 것이다.

나는 때로 힘겨운 기다림의 시간에 나 자신을 단련하기 위해 계산하지 않고 먼저 번역을 하고 책을 읽고 글을 썼다. 책을 읽으며 나만의 비법을 가질 수 있었다. 바로 책을 읽은 뒤 인상 깊은 내용을 기록하는 '초서'를 습관처럼 해오고 있다. 2008년, 책을 읽다 다산 정약용과 퇴계 이황이 즐겨 했던 '초서'를 접하고 이를 실천하기 시작했다. 이것이 지금의 나를 만들어 준 세 번째 터닝 포인트라고 할 수 있다.

지금 내 노트북에는 그동안 읽은 책들의 초서를 담은 파일들이 있다. '세계적 인용문'이라는 제목의 이 파일들은, 말하자면 사색과 저술의 샘이자 원천이 되어 주고 있다. 이 파일들만 있으면 어떤 글도 쓸 수 있다. 이 책 또한 수많은 초서의 향연으로 만들 수 있었다.

간혹 책을 보며 '내가 이 책을 언제 읽었던가?' 하는 생각이 들 때가 있을 것이다. 그러나 책을 읽은 뒤 초서를 하면 더 이상 이런 생각이 들지 않고 훨씬 더 생산적인 독서를 할 수 있을 것이다. 뿐만 아니라 글쓰기에도 한층 자신감을 얻고, 어느 날 문득 자신의 내공이 한층 깊어진 것을 느끼고 깜짝 놀랄 것이다.

'지족불욕 지지불태 가이장구(知足不辱 知止不殆 可以長久).' 노자의 『도덕경』에 나오는 이 문장을 나는 좌우명으로 삼고, 앞 글자를 따서 '지지산방(知知山房)'이라는 당호도 정했다. 만족함을 알고 욕망을 그치기는 어렵지만, 일상에서 스스로 실천하기를 힘쓴다면 이것이야말로 '실천하는 인문학'의 시작이 되는 셈이다.

2015년 오월에

지지산방에서 최효찬 쓰다

차 | 례

03 관계를 배우다

04 공부법을 정리하다

05 인생을 깨닫다

01

새로움을 상상하다

01

피카소의 그림을 백만 달러에 산 귀부인이 한 미술평론가에게 감별을 부탁하자 진품이라고 했다. 그 미술평론가는 피카소의 친구로, 그 그림을 그릴 때 현장에 있었다고 한다. 그런데 피카소에게 가서 직접 물었더니 진품이 아니라고 말했다. 피카소의 젊은 애인은 진품이라고 말했다. 자신이 보는 앞에서 그렸다는 것이다. 그러자 피카소는 이렇게 말했다.

"내가 이 그림을 그린 것은 틀림없는 사실입니다. 하지만 그것은 오리지널이 아닙니다. 나는 그전에도 그것과 똑같은 그림을 그린 적이 있습니다. 그 시절에는 달리 할 일이 없었기 때문에 나는 똑같은 그림을 반복해서 그렸습니다. 이 그림의 오리지널은 지금 파리 박물관에 소장되어 있습니다."

피카소에게는 맨 처음에 그린 그림이 '오리지널(원본)'이었다. 그 그림은 자기 존재의 내면에서 탄생되었기 때문이라는 것이다.

이와 같이 새로움에 대한 상상은 단 하나임을 알 수 있다. 많은 화가가 똑같은 그림을 수십 장, 수백 장씩 그려 비싼 값에 팔곤 한다. 하지만 처음에 그린 단 하나의 그림만이 진짜라는 피카소의 말은 많은 울림을 주기에 충분하다.

"아마도 당신들은 당신들이 갖고 있는 좋은 옷과 가구와 재산이 너무 많기 때문에 거기에 시간과 기운을 빼앗겨 기도하고 명상하면서 차분히 자신을 되돌아 볼 시간이 없을 것이다. 당신들이 불행한 것은 가지고 있는 재산이 당신들에게 주는 것보다 빼앗는 것이 더 많기 때문일지도 모르겠다."

히말라야 부근의 라다크 지방에서 가난하게 살고 있는 한 티베트 노인은 현대인들이 불행한 이유에 대해 이와 같이 말한다. 피카소의 그림을 산 귀부인은 바로 돈이 되는 그림에 너무 시간과 기운을 빼앗겼고 결국 근심걱정을 얻었다고 할 수 있지 않을까.

"요즘 자다가 몇 차례씩 깬다. 쌓인 눈에 비친 달빛이 대낮처럼 밝다. 달빛이 방 안에까지 훤히 스며들어 자주 눈을 뜬다. 내 방 안에 들어온 손님을 모른 체할 수 없어 자리에 일어나 마주 앉는다."

법정 스님이 쓴 『홀로 사는 즐거움』에 있는 글이다. 법정 스님이 맞이하는 달빛이야말로 그 누구도 쉽게 맞이할 수 없는 손님 아닐까. 누구도 쓸 수 없는 글 혹은 글쓰기의 상상력의 진수를 이 글에서 맛볼 수 있다.

01
인문학의 상상력이 우리를 구원한다

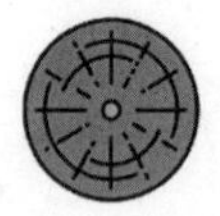

"서점에서 일하면서 읽어야 할 책을 모두 읽었다."

_헤르만 헤세

『데미안』의 작가 헤르만 헤세는 신학교를 중퇴하고 방황기를 거친 뒤 작가의 길로 들어선 인물인데, 위기 때마다 그를 구원해 준 것은 다름 아닌 책이었다. 헤세는 신학교에서 '무단이탈'로 8시간 동안 수도원에 감금되는 벌을 받았다. 이때 오디세우스의 『오디세이』를 읽으며 고통을 이겨 냈다. 그러나 6개월이 지난 뒤 헤세는 고뇌와 절망감에 사로잡혔고, 건강이 악화되어 집으로 돌아왔다. 그리고 다시는 신학교로 돌아가지 못했다. 계속 방황하자 급기야 아버지는 헤세를 시계공장 기술 견습공으로 보냈다. 여기서 15개월간 일한다. 헤세는 열일곱 살부터 이 공장에서 매일 선반 앞에 서서 줄질을 하고, 구멍을 뚫고, 절단기를 끊고, 납땜과 인두질을 하는 등 그가 쓴 『수레바퀴 아래서』의 주인공 한스 기벤라트처럼 일했다.

"공포와 증오와 자살에 대한 생각으로 가득 찬 괴로운 시간이었다. 그러나 그 시절은 나의 시인으로서의 자아를 형성하는 데 도움을 주었다. 미친 듯한 질풍노도의 시간은 다행히도 지나갔다." 헤세는 10대 시절 시계공장에 다니면서 질풍노도의 시간을 보냈는데 이것이 시인으로서의 자아를 형성하는 데 도움을 주었다고 고백한다.

헤세는 시계공장을 그만두고 열여덟 살부터 튀빙겐의 서점 점원으로 취직해 4년 동안 일한다. 낡은 도시 외곽에 있는 황량하고 고독한 방에 기거하며 일하고 휴식을 취하는 시간에는 대부분 독서를 하며 지냈다. 부모의 바람대로 신학교를 마치고 대학에 진학했다면 목사로서 안정된 생활을 할 수 있었겠지만, 그는 이 길을 포기하고 노동하고 책을 읽는 힘든 길을 선택한 것이다. 대학생이 아니라 스스로 서점 점원을 선택한 그는 아침 7시부터 오후 7시까지 12시간 동안 일했다. 그는 "저녁이 되면 저는 책의 세계로 들어와 문학사나 사상사를 체계적으로 공부하면서 미래엔 좀 더 가치 있는 사람이 되고자 노력하고 있습니다"라고 부모에게 편지를 썼다.

"부모님께 했던 잘못을 생각할 때도 그렇지만, 결국 제가 장사 일보다는 무엇인가 좀 더 나은 일을 해야 되지 않을까 생각할 때면 마음이 괴로워집니다. 조용히 생각하면 생각할수록, 그리고 하고 있는 일을 좀 더 좋아하면서 열심히 해보려고 노력하면 노력할수록 이상한 열등감에 자꾸만 사로잡히게 됩니다. 서점 점원으로서 현재의 제 일이란 결국 사고파는 것 그뿐입니다."(1898년 10월 2일, 서적판매 조수로 승진해 부모에게 보낸 편지에서)

이 글에서 헤세는 철이 들어 있다. 흔히 철들면 스스로 공부하고 스스로 인생을 개척해 나갈 수 있는 존재가 된다. 그런데 부모의 바람대로 대학에 가지 않고 서점 점원 일을 택한 자신이 때로는 열등감에 사로잡힌다고 적고 있다. 동급생들은 대학에 다니는데 서점에서 점원 노릇을 하고 있는 자신이 한심했을 것이다. 헤세는 '작은 문학회'라는 문학 동호회에 가입해 대학생들과 문학인들을 사귀면서 자신이 초라해지는 것을 느꼈는데, 그럴수록 그는 독서에 더 열중했다.

서점에서 일하는 동안 헤세는 독서와 시 쓰기를 멈추지 않았다. 그는 고향의 형에게 보낸 편지에서 "나는 지금 18세기의 문학사, 즉 영국과 프랑스, 독일 문학사를 열심히 읽고 많은 지식을 모으고 있습니다. 또 내가 훌륭하다고 생각하는 뉴턴과 로크, 스위프트, 번스 등의 작품을 읽고 있습니다"라고 썼다. 그는 성경도 즐겨 읽었는데, 창세기의 모세 1편과 예레미야, 전도서와 잠언, 시편들을 좋아했다.

서점 판매원 시절 헤세에게 가장 영향을 준 것은 괴테의 작품이었다. 괴테의 『빌헬름 마이스터』와 『시와 진실』은 그의 복음서라고 할 정도로 매혹시켰다. 그는 "많은 독일 작가 중에서 내가 가장 감사해야 하는 사람은 괴테다. 그는 나를 매혹했으며 자기의 후계자가 되거나 적대자가 되도록 내게 강요하고 있다"라고 '괴테에게 보내는 감상문'을 적기도 했다. 마침내 헤세는 고전에 대해서 "진정한 대문호들을 제대로 알아야만 하는데 그 선두는 셰익스피어와 괴테"라고 했다. 작가가 되려면 셰익스피어와 괴테를 섭렵하지 않으면 안 된다는 것이다.

"새는 알에서 깨어나려 한다. 알은 곧 세계다. 새로 탄생하기를 원한다면 한 세계를 파괴하지 않으면 안 된다."

『데미안』에 나오는 이 말에 헤세의 삶이 집약되어 있다. 그는 새로

탄생하기 위해 신학교를 포기하고 시계 공장 견습공과 서점 판매원을 하면서 자기 자신을 파괴했던 것이다. 결국 헤세는 괴테와 셰익스피어를 읽고 넘어서서 세계적인 작가가 될 수 있었다. 그는 이들 작가와 수많은 작품을 읽으면서 인문학적 상상의 세계를 주유하고, 마침내 새로운 작품세계를 열었던 것이다.

상상력은 문사철의 근본이다

셰익스피어 역시 대문호가 될 수 있었던 비결로 성서와 고전을 통해 읽기와 쓰기를 배웠기 때문이라고 했다. 열한 살에 입학한 문법학교에서 문법, 논리학, 수사학, 문학 등을 배웠는데, 특히 성서와 더불어 오비디우스의 『변신』이 셰익스피어에게 상상력의 원천이 되었다. 예를 들면 『로미오와 줄리엣』은 『변신』에 나오는 시리아 전설 '퓌라모스와 티스베'의 이야기를 완벽하게 모방해서 재창조한 것이다.

"퓌라모스는 동방에서 가장 잘생긴 총각이고 티스베는 동방에서 가장 아름다운 처녀로 이 둘은 앞뒷집에 이웃해 살았다. 처음에는 우정이 싹트다 점차 사랑으로 변해 갔다. 양가 부모들은 이들을 반대했고, 이들은 눈짓과 고갯짓으로만 사랑을 나누었다. 두 사람은 서로 만나 사랑을 나누지 못하는 신세를 한탄하다 밤에 몰래 성을 빠져나가 바빌로니아 왕의 왕릉이 있는 곳의 뽕나무 밑에서 만나기로 했다. 먼저 티스베 아가씨가 몰래 와서 기다렸다. 그런데 그만 사자 한 마리가 짐승을 잡아먹고 입가에 피를 흘리면서 그곳에 나타났다. 티스베는 급히 동굴로 몸을 피하려다 너무 놀란 나머지 스카프를 떨어뜨리고 말았다. 사자는 이 스카프를 피 묻은 입으로 갈가리 찢어 버렸다. 뒤늦게 도착한 퓌라모스는 피 묻은 스카프를 보고 기겁하고 말았다. 자신이 늦게 오는 바람에 티스베가 사자에게 잡혀먹은 것으로 오해한 것이다. 그는 허리에 차고 있던 칼을 뽑아 자신의 옆구리를 찔렀다. 티스베는 사자가 사라지자 동굴에서 나와 애인을 찾았다. 그런데 이게 웬일인가. 애인이 피 묻은 너울을 잡고 피투성이가 된 채 쓰러져 있었다. 티스베는 그제야 전후 사정을 알아채고 울부짖었다. 티스베도 퓌라모스의 체온이 남아 있는 칼을 가슴에 안고 고꾸라졌다……."

로미오와 줄리엣은 퓌라모스와 티스베를 그대로 닮았다. 이렇게 보면 세상에 온전히 창조적인 것은 없다. 셰익스피어는 오비디우스를 모방하고 또 그 이후의 수많은 작가는 셰익스피어를 흉내 내어 새로운 비극을 만들었으니 말이다.

인문학적 상상력은 물리학이나 천문학과 같은 과학의 세계에도 결정적인 역할을 한다. 화성 탐사선을 띄운 과학자는 세계적인 우주과학 교양서인 『코스모스』의 저자 칼 세이건이다. 물리학자이자 천문학자인 칼 세이건의 『코스모스』를 읽으면서 가장 인상적이었던 것은 바로 풍부한 인문학적인 글들이었다. 수많은 신화가 언급되는가 하면 중국 장자의 글도 나왔다. '천체 물리학자의 저서에서 이런 글이 나오다니'라는 생각이 들 정도로 그의 책에는 인문학적인 향기가 가득했다.

물리학자인 그가 인문학적 향기가 만발한 저서를 남길 수 있었던 비밀은, 대학에서 인문학을 전공했다는 데서 찾을 수 있다. 시카고 대학교에 입학했을 때 칼 세이건의 꿈은 인문학자였다. 그러나 그는 석사와 박사 과정에서 물리학에 이어 천문학을 공부했고, 결국 그의 주도로 달 유인 착륙선과 화성 탐사선을 보낼 수 있었던 것이다. 천체물리학자로서의 성공은 바로 이와 같은 인문학적 상상력이 밑받침되었기 때문에 가능했다. 말하자면 인문학적 상상력이 달에 인간을 보내고 화성에 탐사선을 보낼 수 있었던 것이다.

상상력은 모든 학문에서뿐만 아니라 기술 문명, 정부 공공정책 등 모든 분야에서 꼭 필요한 요소다. 요즘에는 중학교나 고등학교 1학년만 되어도 진로를 정하라고 야단이다. 꿈은 정해지면 변하지 않는 게 아닌데도 한 가지 꿈만 꾸라고 강요한다. 하지만 칼 세이건에서 보듯이 인문학자를 꿈꾸다 물리학자가 되는 것이 인생이요, 꿈의 행로다. 칼 세이건은 인문학을 공부하면서 무한한 우주를 여행하며 화성에 무인 탐사선을 보내는 상상에 빠졌을 것이다. 상상력은 인문학, 즉 문사철의 본질인 것이다.

요즘 기업의 임직원이나 최고경영자들은 너나없이 '번 아웃'의 위기로 내몰리고 있다. 그럴 때 누구나 바쁘다는 핑계로 책 읽기를 게을리하기 십상이다. 그럴수록 인문학의 세계가 자신을 구원하고 그 힘으로 야전사령관 역할을 더 씩씩하게 수행할 수 있는 에너지 충전소라는 사실을 환기하자. 잠자기 전이나 아침에 하루 30분씩 인문학 독서를 한다면 누구든지 인문학의 에너지를 흡수할 수 있을 것이다.

02
걸으며 명상하라, 걷기를 멈추면 생각도 멈춘다

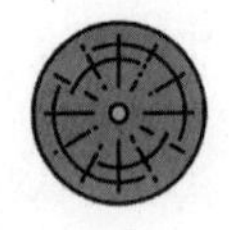

"걷는 방법 외에 다른 방법으로 여행한다는 것을, 나는 상상할 수 없다."

_장 자크 루소

조지프 A. 아마토가 쓴 『걷기, 인간과 세상의 대화』에 따르면 18세기 후반에 등장한 '프티 투어petit tour'란 마차를 이용해서 이동하고 고급 사교술이나 매너를 배우며 유명인들을 만나는 '그랜드 투어grand tour'와 달리 순전히 도보여행을 하며 대자연과 도심의 구석구석을 여행하는 것이다. 중산층보다 재산이 적은 영국인들이 도버 해협을 건너 잠깐 동안 대륙에 머무르는 여행을 하기 시작했는데 이것이 프티 투어의 시작이었다. 그들은 중요한 인물들을 만나거나 반드시 가봐야 하는 장소를 찾는 그랜드 투어와 달리 자기들만의 즐거움을 추구하는 사람들이 있는가 하면, 길을 벗어나 외진 곳을 찾는 사람들도 등장했다. 그들은 도보, 말, 빌린 마차 등을 이용해 움직이면서 유럽 각 지방의 대로와 샛길들을 찾아다녔다. 일부 여행객들은 후미진 길을 걸으며 시상을 떠올리기도 했다. 달리 말하자면 유럽에서 프티 투어가 시작된 18세기 말부터 도보여행이 유행하기 시작했다는 것이다. 즉 걷기와 여행이 자아, 예술, 학문을 만들어 내는 데 필요한 수단으로 이상화되었으며 이런 인식이 널리 퍼졌다. 이런 변화를 주도하던 이들이 바로 워즈워스를 비롯한 낭만주의 작가들이다. 그들은 시골과 자연을 인간의 감정과 지식, 경험의 새로운 근원으로 간주했다.

『걷기, 인간과 세상의 대화』에 따르면, 낭만주의가 보행자들이 계급과 장소를 초월해 호기심과 공감을 느끼도록 유도하는 데 큰 기여를 했다. 문학의 낭만주의는 도보여행의 발달과 밀접한 관련이 있다는 것이다. 낭만주의란 18세기 말에 시작해 19세기 중엽까지 유럽 모든 나라에서 유행한 주관적이고 감정적으로 표현하는 예술 경향을 일컫는다.

워즈워스에 앞서 살았던 장 자크 루소는 특히 '걷기의 아버지'로 꼽힌다. 그는 "나는 걸을 때만 명상에 잠긴다. 걸음을 멈추면 생각도 멈춘다"는 명언을 『고백록』에 남길 정도로, 걸으면서 자신의 위대한 사상을 완성했다.

18세기 프랑스 작가이자 사상가인 장 자크 루소만큼 낭만적인 걷기의 기원과 핵심을 훌륭하게 표현한 사람은 없다. 윌 듀런트는 "역사에 이름이 알려진 모든 작가 중에서 그가 걷기에 가장 헌신적이었다"고 썼다. 루소 자신도 『고백록』에서 걷기를 통해 많은 것을 이룩했음을 시인했다.

"나 홀로 다닌 도보여행에서만큼, 그토록 깊이 생각하고, 살아 있음을 느끼고, 나 자신을 되찾은 적은 없었다. 감히 말하건대, 오로지 내 발로 직접 걸었던 여행을 통해서만 그 모든 것을 경험할 수 있었다. 걷기에는 생각에 생명을 주고 활기를 띠게 하는 무언가가 있다. 한곳에 머무르고 있으면, 나는 생각할 수가 없다.”

늘 걸어 다니던 루소에게 깨달음은 1749년 어느 날 길 위에서 찾아왔다. 친구이자 당시 감옥에 있던 디드로를 찾아가던 길이었다. 『고백록』에 따르면 그해 여름은 유난히 무더웠지만, 루소는 너무나 가난해서 걷는 것 말고는 다른 도리가 없었다. 그는 걸음을 늦추기 위해서 책을 가지고 가야겠다고 생각했다. 하루는 『메르퀴르 드 프랑스』를 가지고 갔는데, 걸어가며 훑어보다가 디종 아카데미가 발표한 내년의 현상 논문 주제를 발견했다. 주제는 ‘학문과 예술의 진보는 도덕을 타락시켰는가 아니면 향상시켰는가?’였다. 그는 이 현상 논문에 당선되었고, 진보에 대한 과격한 비판을 담은 에세이를 발표하면서 일약 유명 인물이 되었다.

그의 방랑 인생은 시골에서 산책을 마치고 제네바로 돌아온 어느 일요일부터 시작된다. 제네바로 돌아온 그는 자기가 너무 늦게 왔음을 알았다. 도시의 성문이 닫혀 있었다. 열다섯 살의 루소는 충동적으로 고향과 직업, 나아가 종교를 버리기로 결심하고 성문을 뒤로한 채 걸어서 스위스를 떠났다. 이탈리아와 프랑스에서 여러 가지 직업을 전전했다. “내 기억에 길에서 보냈던 그 일고여덟 달 만큼 걱정과 근심에서 완전히 벗어날 수 있었던 시간이 일생 동안 한 번도 없었던 것 같다.”

루소는 처음 도보여행에 나섰을 때 제네바에서 툴린, 안시, 로잔, 뇌샤텔, 베른, 샹베리, 리옹 등지를 돌아다녔다. 스위스와 프랑스를 가로지르는 그의 여행은 도제 자격으로 매년 프랑스를 순회하던 초보 순회 길드들, 직공들의 여행과 비슷했다. 그의 삶은 열여섯 살에 평범한 조각사의 도제가 되기 싫어서 고향인 제네바를 도망쳐 사부아에서 가톨릭으로 개종해 피난처를 찾았을 때부터 줄곧 괴상한 모험의 연속이었다. 그는 사부아에 있다가 툴린으로 가서 하인으로 일했고, 안시에서는 성가대 학교의 학생이 되었고, 상베리에서는 남작부인의 연인이 되었고, 베네치아에서는 통역, 유랑 음악가, 개인 교사, 비서 등의 직업을 거쳤다. 30대 초반에 파리에서 자리를 잡기 전에 이 모든 일을 겪은 것이다.

"도보여행은 탈레스, 플라톤 혹은 피타고라스가 되어서 여행하는 것이다. 철학자가 걷는 방법 이외에 다른 방법으로 여행한다는 것을, 나는 상상할 수 없다." 루소는 그 유명한 『에밀』에서 이렇게 말한다. 그는 대지가 우리에게 아낌없이 주는 그 많은 것에 대해 사유하기 위해서는 두 발로 땅을 밟으며 걸어갈 수밖에 없기 때문이라고 말한다. 예를 들어 농사에 애정이 있는 사람이 그가 지나는 지역의 특산물에 관심을 보이지 않을 수 없다. 자연사에 조금이라도 관심 있는 사람이라면, 도보를 하며 지나가는 곳들의 토질을 조사하지 않고 암석을 연구하지 않고 식물채집을 하지 않고 화석을 찾지 않고 지나갈 수는 없다는 것이다. 그는 "설령 건강이나 기분 전환을 염두에 둔 여행이 아니라고 하더라도 이처럼 유익한 방법으로 여행하면서 얻는 기쁨은 얼마나 독특한지!"라고 걷기를 예찬한다.

루소는 말년에 『고독한 산책자의 몽상』(1782년 출간)을 집필하다 완성하지 못하고 죽었다. 제네바에서 태어나 일곱 살에 아버지와 함께 많은 소설을 읽었고 열네 살 때 아버지가 재혼한다. 그가 열여섯 살에 제네바를 떠나 각지를 떠돌아다니게 된 것도 아버지의 재혼에 영향을 받았을 것이다. 어머니는 그가 태어나던 해에 죽었다. 이러한 성장 배경으로 루소는 콤플렉스가 많은 사람이었고, 자신의 책과 주장으로 사회적으로 왕따당한 처지에서 고통받았다. 그는 마음속에 쌓인 게 많았고 그의 인생은 험난한 운명의 연속이었다. 청년기에는 하인 노릇까지 했다. 1762년 『에밀』과 『사회계약론』이 일으킨 파문 때문에 사회적으로 엄청난 비판을 받았다. 『에밀』로 파리 대학과 소르본 대학에서 고발하고, 경찰이 『에밀』을 압수하고 발행 금지령과 구속영장이 발부되어 루소는 은둔과 유배 생활로 고통받았다. 루소는 무려 15년 넘게 여러 나라를 피신해 살면서 큰 역경을 겪었다.

"모두들 자신의 주위만 본다. 그 결과 사고의 정지에 빠졌다."

_오마에 겐이치

루소가 일찍부터 '진리를 위해 일생을 바치다'라는 말을 신조로 삼은 것은 그의 성장 배경과 그 후의 삶에서 연유한다. 고백과 고독한 산책자의 몽상은 "나는 오로지 진리에 따라 살려고 노력했을 뿐인데 당신들은 왜 나를 미워하느냐"에 대한 항변이었다고 해도 과언이 아니다.

루소는 자신의 인생에서처럼 "자연은 인간을 행복하고 선하게 만들었지만 사회가 인간을 타락시키고 비참하게 만든다"는 자기 사상의 대원칙을 몸소 실천하기 위해 은거했고, 그 결과물로 『고독한 산책자의 몽상』을 남겼다.

고독한 산책자의 몽상은 첫 번째 산책을 이렇게 시작한다.

"이제 나는 이 지상에 혼자다. 오직 나 자신뿐. 형제도 이웃도 친구도 사회도 없다. 세상에서 가장 원만하고 애정 넘치는 한 사람이 이렇게 그들에게서 만장일치로 추방되었다.

그들은 그들의 증오심을 교묘히 발휘해 어떻게 하면 예민한 감수성을 가진 내 영혼에 가장 가혹한 고통을 줄지 노심초사했다. 그리하여 그들과 연결된 나와의 모든 관계의 끈을 난폭하게 끊어 버렸다. 그러나 나는 그들의 행동에 아랑곳하지 않고 그들을 사랑했던 것 같다."

그의 고백처럼 사회는 그에게 가혹했지만 자연은 그에게 언제나 미소를 보내며 맞이했다. 그래서 사회에 대해서는 증오한 반면 자연으로 돌아가라고 외쳤는지도 모른다.

"나는 걸음을 재촉해 시골에 이른다. 푸르름을 봄으로써 이윽고 안도의 한숨을 내쉰다. 내가 고독을 사랑한다고 해서 놀랄 일이 뭐 있겠는가? 사람들의 얼굴에서 증오만을 볼 뿐이니. 그러나 자연은 언제나 내게 미소를 보낸다."(아홉 번째 산책에서)

그가 미완성으로 남긴 『고독한 산책자의 몽상』은 루소가 홀로 외딴 곳들을 산책하면서 했던 명상의 산물이다. 자연과 고독과 자기성찰은 루소뿐만 아니라 현대인에게도 필요하다. 이 책에는 역경을 견뎌 낸 사람만이 가질 수 있는 체념의 지혜가 담겨 있다.

그런데 루소가 지금까지 비난받고 있는 것 중 하나는 바로 오를레앙 출신의 여관 하녀 테레즈 르 바쇠르와의 사이에 태어난 자녀 다섯 명을 모두 고아원에 보냈고 그 후 한 번도 찾지 않았다는 사실이다. 하지만 이런 비난에도 불구하고 루소가 평생 걸으면서 명상을 통해 얻은 사상은 인류의 소중한 보물이 되고 있다.

루소는 죽은 뒤 오히려 영광스러운 평가를 받았다. 톨스토이를 후일 대문호로 만든 것은 책 한 권에서 시작되었다. 그 한 권은 다름 아닌 루소의 『에밀』이었다. 톨스토이가 쓴 최초의 철학적 논문은 루소에 대한 비평이었다. 톨스토이는 "루소의 『고백록』과 『에밀』은 내 가슴 깊숙이 감동을 준다. 마치 나 자신이 쓴 것과 같다"고 일기에 썼다. "나는 루소를 숭배해 그의 모습이 새겨진 메달을 우상처럼 목에 걸고 다녔다." 그가 훗날 교육사상가로서 더 유명해진 것은 루소의 영향이 컸다.

'사색은 사라지고 검색만 남았다.' 요즘 스마트폰이 일상화된 디지털 세상을 빗댄 표현이다.

자기 확장은 다름 아닌 지식과 사색의 확장에서 시작된다. 오마에 겐이치는 『지식의 쇠퇴』에서 이렇게 분석한다. "지식의 쇠퇴는 좁은 시야 때문에 일어난다. 현대인의 젊은이뿐 아니라 모두들 자신의 주위밖에 보지 않으며, 그 결과 사고의 정지에 빠졌다고 할 수 있다." 이 진단은 우리 사회에도 그대로 적용될 것이다. 또한 사색을 통해 자기 확장에 이르기 위해서는 루소에서 보듯이 많이 걸어야 한다는 사실을 알 수 있다. 많이 걷는 것만큼 관찰할 수 있고, 그 관찰은 또 다른 상상으로 이어질 수 있다.

현대인들은 명상을 하기 위해 절을 찾거나 수련장을 찾는다. 그러나 "나는 걸을 때만 명상에 잠긴다. 걸음을 멈추면 생각도 멈춘다"는 루소의 말을 빌리면 굳이 그런 곳에 갈 필요가 없다. 언제든 거리나 산으로 들, 강가로 나가 무작정 걸으면 된다. 사색을 통해 자기 확장에 이를 수 있는 가장 단순한 명제는 바로 일찍이 루소가 실행해 증명해 보인 것이다. 기업의 세계에서도 사색은 자기 확장에 이르는 길일 뿐만 아니라 비즈니스 확장을 위해 절대적으로 필요한 '무기'라고 하겠다. 이를 위해서 럭셔리한 그랜드 투어보다 걷기 위주로 하는 프티 투어를 떠나 보자. 특히 바쁘다고 걷지 않았다면 이제부터라도 무작정 걸어 보자. 그러면 사색을 통한 자기 확장, 나아가 비즈니스 확장으로 이어질 것이다.

03
마음의 눈으로 세상을 봐야 상상할 수 있다

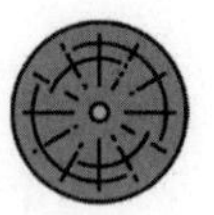

"별것 아닙니다. 마음에 담아 가지고 다니는 한 어린 녀석이지요."

_생텍쥐페리

전 세계 160개국에서 번역되고 성경과 함께 가장 많이 읽힌 명작, 바로 앙투안 생텍쥐페리가 쓴 『어린왕자』다. 『어린왕자』는 지금까지 1억 부 이상 팔렸다고 한다. 『어린왕자』를 독점 출판하고 있는 프랑스의 갈리마르 출판사는 지금도 매년 평균 35만 부를 찍어 내고 있다.

개별적인 존재인 사람들은 눈에 보이지 않지만 서로 영향을 주고받으며 살아가고 있다. 여기에는 비단 인간뿐만이 아니라 자연과 동식물 등 우리를 둘러싸고 있는 세계도 포함하고 있다. 한 사람의 인간은 자신의 힘으로서가 아닌 수많은 힘들에 의지하며 존재하는 것이다.

그렇다면 생텍쥐페리는 어떻게 『어린왕자』라는 위대한 유산을 남길 수 있었을까? 먼저 생텍쥐페리에게 영혼의 안식처이자 창작의 샘이 되어 준 것으로 '집'을 들 수 있다. 흔히 "어린 시절의 추억을 먹고 산다"

고 말한다. 따지고 보면 유년 시절은 너무나 짧지만 그 어떤 시기보다 강렬한 기억을 지니게 된다. 생텍쥐페리에게는 어린 시절을 보낸 집의 기억이 너무나 강렬했다. 그 유년 시절의 기억이 작가로서의 정신세계를 지배했고, 나아가 작품세계를 완성했다고 해도 과언이 아니다. 이른바 길들임의 철학을 낳은 『어린왕자』는 생텍쥐페리가 유년기에 살던 집에서 다람쥐와 토끼, 달팽이들과 함께 한 기억으로 만들어진 작품이라고 할 수 있다.

생텍쥐페리는 네 살 때 부친을 여의었지만 귀족인 외할아버지와 할아버지와 친척의 저택에서 번갈아 더부살이를 하면서 유년 시절을 보냈다. 외할아버지는 라몰la Môle이라는 영지와 저택을 소유하고 있었다. 저택 앞에는 정원이 잘 가꾸어져 있고 후원은 숲이 우거져 있었다. 어머니는 커다란 두 개의 새장에 새들을 길렀다. 생텍쥐페리는 나무에도 오르고 다람쥐, 토끼, 생쥐, 달팽이들과 장난하며 길들였다. 어머니 마리는 아들의 삶과 작품에 대해 다음과 같은 문장으로 압축하고 있다. "어린아이는 벌레를 보면 밟지 않으려고 길을 돌아서 다녔습니다. 산비둘기를 길들인다고 전나무 꼭대기까지 오르내렸지요. 사막에서는 영양들을 길들였습니다. 그리고 무어인들을 길들였습니다. 지금도 여전히 그는 계속해서 인간을 길들이고 있습니다."

유년기에 시작한 동물 길들이기는 그가 20대 후반에 조종사로 취직해 사하라 사막에서 근무할 때로 이어진다. 그는 요새에서 영양들이나 카멜레온, 사막의 작은 여우 등을 길동무로 삼고 길들이기도 했다. 집과 사막에서 길들이기의 기억으로 쓴 게 바로 『어린왕자』라고 할 수 있다. 다시 말하면 생텍쥐페리에게 문학의 정신을 키워 준 공간은 귀족인 선조들이 살던 저택, 즉 집이었다. 생텍쥐페리는 어린 시절을 이렇게 말한다. "나의 어머니, 당신은 막 꿈나라로 떠나려던 어린 천사들에게 몸을 숙이시곤 우리들의 여행이 편안하도록, 그 어느 것도 우리들의 꿈을 방해하지 않도록, 침대 시트의 구김살을 펴주고 눈앞에 어른거리던 그림자와 넘실대는 파도를 없애 주셨지요. 마치 하느님의 손길이 바다를 잠재우듯이."

우리가 동경하는 완벽하고 아늑한 집을 그리스어로 '오이코스oikos'라고 한다. 아파트와 같은 편리성만 부각된 그런 집이 아니라 안식과 정주의 기능이 있는 집이다. 생텍쥐페리가는 가문의 이름이 베르사유 궁의 십자군실에 등재될 정도로 천 년의 역사가 훨씬 넘는 참으로 유서 깊은 가문이다. 생텍쥐페리는 언제나 유년 시절을 보낸 집에 대한 그리움과 집으로 돌아가고자 하는 마음을 간직하며 살았다.

그는 어린 시절 동물을 길들였던 라몰 저택을 두고 "전나무와 보리수로 가득한 정원 그리고 내가 사랑했던 고가…… 그에게 활기 넘치게 했던 목소리들로 가득한 그 집의 어린아이"라고 추억한다. 천 년 넘게 내려온 명문가의 후예인 생텍쥐페리는 네 살 때 갑작스레 보험 회사에 근무하던 부친을 여의고 어머니의 지극한 사랑 속에서 성장한다. 남달리 쾌활하고 감수성이 풍부한 데다 몽상적인 소년으로 자란 생텍쥐페리는 자기 집 정원의 담이 중국의 어느 담보다 많은 비밀을 간직하고 있을 것이라 추억한다. "우리 집 정원의 벽은 중국의 벽보다도 더 많은 비밀을 감추어 가질 수 있다." 그가 쓴 『인간의 대지』에 나온다. 즉 그가 살던 고성에 묻혀 있을 조상들의 역사는 말할 것도 없고 어린 생텍쥐페리 자신의 추억 또한 그 집 구석구석에 묻혀 있음을 강조하기 위한 것이다. 그가 마지막 비행을 한 곳도 바로 유년 시절을 보낸 고향이었고 그 이후 실종되었다.

그의 어머니 마리 드 퐁소콜롱브는 프로방스의 귀족(남작) 가문 출신으로 아버지와 할아버지가 작곡가와 성가대 지휘자로 대대로 음악가 집안이었다. 어머니 마리는 음악과 시, 미술에 뛰어났고 그녀가 그린 파스텔 그림은 지금도 리옹 박물관에 소장되어 있다. 예술적인 재능이 풍부한 어머니는 직접 생업에 종사하며 2남 3녀의 자녀를 지극한 사랑으로 키웠다. 어머니는 밤이면 아이들에게 안데르센 동화를 읽어 주었는데 아이들은 즉흥 연출을 하며 놀기도 했다. 시를 좋아한 생텍쥐페리는 어머니가 준 보들레르의 시집을 읽고 그 느낌을 편지로 보내기도 했다. 어머니는 아이들의 지적 성장을 이끈 멘토와도 같은 존재였다.

어머니는 여러 곳으로 옮겨 다니는 힘겨운 생활 속에서도 결코 잃지 않았던 낙천적인 성격과 그녀만의 독창성으로 자녀들을 키웠다. 예술적이고 지적인 어머니 덕분에 생텍쥐페리는 남달리 쾌활하고 감수성이 풍부한 데다 몽상적인 소년으로 자랐다. 성 안에서 생텍쥐페리는 '태양의 왕자'였다. 어머니는 큰아들인 그를 무조건적으로 사랑했다. 그 결과 생텍쥐페리는 아주 제멋대로인 소년으로 성장했다. 호기심이 왕성한 소년이었지만 응석받이로 자랐다. 더욱이 학교 기숙사나 군대에 있을 때도 툭하면 어머니에게 편지를 보내 돈을 부쳐 달라고 요구했다. 어머니는 평생 생텍쥐페리의 뒤치다꺼리를 했다.

그런데 『어린왕자』를 통해 전 세계 수많은 독자를 길들여 온 생텍쥐페리는 정작 자신이 가장 사랑했던 아내만은 길들이지 못했다. 이들 부부는 서로를 길들이지 못했다. 아르헨티나 비행 중에 만난 부인 콘수엘

로와는 평생 불화를 겪었고 서로에게 행복한 동반자가 되지 못했다.

"꽃들은 그처럼 모순된 존재거든! 하지만 난 너무 어려서 그를 사랑할 줄 몰랐던 거야."

『어린왕자』에서의 표현처럼 생텍쥐페리는 아내를 사랑할 줄 몰랐다. 그는 아내에게 자유를 주고 자기는 혼자 하늘 여행을 다니곤 했다. 여행 중 호텔에서도 각 방을 썼다.

생텍쥐페리는 어린아이를 좋아했다. 늘 마음에 담아 다니는 한 어린 녀석이 있었다. 1942년 초 뉴욕의 한 식당에서 그는 냅킨에다 이 어린 아이를 그렸다. 이때 출판업자 히치콕이 무슨 그림이냐고 물었다. "별것 아닙니다. 마음에 담아 가지고 다니는 한 어린 녀석이지요." 이를 본 히치콕은 그에게 아동용 책 출간을 제의하는데, 이것이 바로 『어린왕자』가 되었다.

생텍쥐페리는 늘 "나는 임신한 여인을 좋아하고 젖먹이는 여인을 좋아한다"고 말하곤 했다. 그렇지만 그는 불행한 결혼 생활로 그토록 바라던 아이를 두지 못했다. 천 년 넘게 이어 온 유서 깊은 그의 가문은 아쉽게도 그와 함께 막을 내렸다.

"우리는 마음으로 보아야만 잘 볼 수 있다."

_생텍쥐페리

"나는 초등학교밖에 못 나온 어머니의 비범한 교육 철학을 비로소 깨닫게 된 것이었다. 그것은 자식에 대한 '믿음'이었다. 어머니에게 있어서 우리들 자식은 하나의 신앙이셨다. 어머니는 우리를 그냥 맹목적으로 믿으셨다." 이는 소설가 최인호가 열 살 때 변호사인 아버지가 돌아가시자 하숙을 치며 3남 3녀를 키워 낸 어머니를 회고하며 한 말이다. 최인호는 "자식들에 대한 아내와 나의 불신이 아이들을 괴롭히고 그들을 상처 입히고 있다"면서 자신의 두 아이에 대한 믿음은 어머니의 믿음을 당해 내지 못한다고 고백한다.

최인호는 어머니의 믿음은 나름 과학적인 근거가 있었다고 말한다. 중학교 3학년 때 어머니가 학교에서 담임선생을 만난 일이 있는데 담임선생이 이런 말을 했다고 한다. "네 어머니가 그러시던데, 너는 말이야 잘한다고 잘한다고 칭찬해 주면서 좋은 말로 이끌어 줘야 말을 듣지, 꾸짖고 때리면 더 말을 안 듣는다고 하시던데."

그런데 어머니가 미국 누나 집을 방문하며 체류하는 동안 편지를 보내온 적이 있었다. 당시 최인호는 어머니의 편지를 받고 뜯어 보지도 않고 책상서랍에 넣어 두었다. 어머니가 세상을 떠난 뒤 서랍에서 그 편지를 발견해 뜯어 보고는 이제 세상에 계시지 않는 어머니의 그 따스한 사랑에 목 놓아 울었다고 한다.

생텍쥐페리와 최인호 어머니는 각기 자녀 사랑법이 비슷한 듯하지만 다르다. 생텍쥐페리의 어머니는 귀족 출신의 배경 덕분에 자녀들에게 최고의 오이코스를 제공하며 독창적인 아이로 키워 냈다. 생텍쥐페리의 문학성은 그가 자란 오이코스와 어머니에게서 비롯된 것이다. 다만 생텍쥐페리의 어머니는 자녀들을 너무 응석받이로 키웠고 결국 그것이 결혼 생활의 장애 요인으로 작용했다. 그 결과 생텍쥐페리는 어머니와는 행복했지만 아내와는 행복하지 못했다. 결국 천 년을 이어 온 생텍쥐페리 가의 가문이 문을 닫는 요인이 되고 말았다. 반면 최인호의 어머니는 평소 자녀들을 아무렇게나 대하는 듯해도 예리하게 파악하면서 '믿음'으로 키워 냈다. 어쩌면 어머니로서 자녀 교육은 생텍쥐페리보다 최인호의 어머니가 한 수 위라는 생각이 든다. 졸지에 남편을 사별하고도 2남 3녀와 3남 3녀 자식을 키워 낸 이들 두 어머니처럼 어머니의 지혜로운 자식 사랑의 방정식이야말로 오늘날 위기의 시대를 살아가는 아버지들이 한 수 배워야 하지 않을까. 기업의 최고경영자들도 느닷없는 위기를 겪을지라도 졸지에 남편을 사별하고 자식들을 키워 낸 어머니의 모성 본능으로 무장한다면 그 어떤 위기에도 난관을 돌파할 수 있을 것이다. 어머니는 어쩌면 '어떤 상황에서도 내 새끼를 지켜내야 한다'는 가장 단순하면서도 애절한 모성 본능으로 위기를 돌파할 수 있지 않았을까. 어머니의 모성 본능과 같은 '애절함'이야말로 위기를 돌파하는 위대한 힘이라는 생각마저 든다.

끝으로 생텍쥐페리에게서 알 수 있듯이 결혼은 그 어떤 위대한 현인도 풀기 어려운 문제이다. 필자 주변에도 최근 들어 불화를 겪는 부부들이 부쩍 눈에 띈다. 인생 2막을 시작하면 벌이가 시원찮을 수밖에 없는데, 이때 아내의 눈빛과 표정이 싸늘해지고 마치 남편을 투명인간 취급 했다고 한다. 또 남편의 벌이가 시원찮은데도 아내는 수천만 원의 비상금을 만들어 놓고 돈을 벌어 오지 못한다고 무시한다고 한다. 이때 남자들은 모멸감을 참지 못하는데, 부부의 위기는 이렇게 찾아온다.

"우리는 마음으로 보아야만 잘 볼 수 있다. 본질적인 것은 눈에 보이지 않는다." 생텍쥐페리의 이 말처럼 결혼 생활이야말로 '마음'으로 보아야만 잘 볼 수 있는 것 아닐까? 아버지가 자녀에게 장차 결혼하면 아내와의 화목한 결혼 생활과 사랑의 기술에 대해서도 이야기해 주어야 한다. 좋은 사람을 만나는 눈을 가지는 것이야말로 인생에서 가장 중요한 일일 것이다. 더욱이 결혼은 성공보다 더 중요한 행복의 방정식이 그 안에 있기 때문이다.

04

세상을 통제할 것인가, 세상에 적응할 것인가

"그리스인들은 자신의 삶을 스스로 통제할 수 있다고 확신했다."

_리처드 나스벳

40대 이상 중장년층들이 초·중·고등학교를 다닐 때는 소풍이 학창 시절 가장 멋진 이벤트였다. 초등학생 시절에 빠지지 않는 이벤트는 바로 보물찾기일 것이다. 종이에 보물 이름을 적어 놓고 그것을 찾은 사람이 그 보물의 주인공이 된다. 보물이라고 해야 공책 정도였지만 정말 열심히 찾았다. 이때 보물을 잘 찾는 학생이 있고 반대로 도통 보물찾기에 서툰 학생이 있다. 보물찾기에 서툰 학생은 아마도 숨은그림찾기에도 서툴 것이다. 전체 그림 속에 그럴듯하게 숨어 있어 찾아내기가 여간 어렵지 않다.

심리학자들은 숨은그림찾기 검사를 통해 그 사람이 어떤 사물을 지각할 때 주변 맥락에 영향을 받는 정도를 알 수 있다고 한다. 이것이 바로 허먼 윗킨스 연구 팀이 밝혀낸 '장 의존성field-dependence'이라는 개념이다. 장 의존성은 다양한 방법으로 측정되는데, 그중 이해하기 쉬운 방법이 숨은그림찾기 검사이다. 이 검사는 복잡한 배경에 숨겨진 사물들을 찾아내는 것으로, 장 의존적인 사람은 주변 배경에 너무 주의를 기울여 숨겨진 사물을 쉽게 찾지 못하지만, 장 독립적인field-independent 사람은 주변 배경에 영향을 덜 받고 쉽게 사물을 찾아낸다는 가설이다.

리처드 니스벳(미시간 대 교수)은 『생각의 지도』라는 책에서 사회경제학적인 요인들이 사람들의 인지 습관에 영향을 미친다면서, 이를 장 의존성 개념으로 설명한다. 예를 들어 다른 사람과의 관계가 중요한 농경사회 사람들은 수렵이나 사냥 사회 같은 그렇지 않은 사회의 사람들보다 더 장 의존적이라는 것이다.

나스벳은 역사적으로는 농경에 적합한 민족이나 국가의 경우 장 의존적인데, 대표적인 나라로 중국을 들고 있다. 농경민족은 서로 간의 화합을 중시하며 지주와 소작농 체제에 중앙집권적 권력 구조를 갖는다. 반면 목축이나 사냥, 무역을 주로 해온 민족이나 국가의 경우 장 독립적이라며 대표적으로 고대 그리스를 들고 있다. 사냥이나 무역을 해온 민족은 모든 희생을 감수하면서까지 남들과의 화목을 유지할 필요가 없어 보다 더 많은 영역에서 개인의 자율권을 행사할 수 있었다. 그리하여 시장이나 공회에서 다른 사람과 자유롭게 논쟁하는 습관을 기를 수 있었다. 서양 사람들의 인지 습관과 지각 형성이 장 독립적이라는 것은 그리스 로마 시대에 시작된 사회경제적인 연유 때문이라고 나스벳은 분석한다.

그리스의 에피다우루스라는 곳에 가면 1만 4000명을 수용할 수 있는 고대 극장이 있다. 이 극장은 도심에서 멀리 떨어진 산에 위치해 있다. 그리스인들은 기원전 6세기에 자신이 좋아하는 연극이나 시 낭송을 보기 위해서라면 아무리 먼 거리도 마다하지 않고 이 극장으로 달려와 새벽부터 황혼까지 며칠씩 공연을 관람했다고 한다. 그리스인들은 개인의 자율성을 중시했고 자신의 삶을 스스로 통제할 수 있다는 확신이 유독 강했다. 개인의 자율성을 중시했던 그리스 문화는 자연스레 논쟁 문화를 꽃피울 수 있었다. 호메로스는 남자의 능력을 평가하는 근거로 전사로서의 전투 능력과 논쟁자로서의 논쟁 능력을 들었다. 고대 그리스에서는 일개 평민일지라도 왕의 의견에 반기를 들고 왕과 논쟁을 벌일 수 있었고 설득을 통해 군중을 자기편으로 만들 수 있었다.

여기서 나아가 세상을 '통제'하려는 서양과 세상에 '적응'하려는 동양으로 대조된다고 나스벳은 분석한다. 즉 '세상은 단순하고, 따라서 어떤 일을 성취하기 위해서는 그 일 자체에만 신경 쓰면 된다'고 믿는 서양 사람에게는 세상이 통제 가능한 것으로 여겨지기 쉽다. 그러나 '세상은 복잡하고 세상사는 예측할 수 없이 자주 바뀐다'고 믿는 동양 사람에게는 세상이 통제하기 어려운 곳이 된다는 것이다. 달리 말하자면 동양인들은 나보다 가족이나 조직을 우선시하는 반면, 서양인들은 행위의 주체가 자기 자신이다. 아서 밀러의 〈어느 세일즈맨의 죽음〉은 중국이나 우리나라 등 동양권에서 유독 인기가 높은데, 그 이유는 한 세일즈맨이라는 개인을 중심으로 전개되는 그 연극이 '가족'에 대한 이야기이기 때문이라는 것이다. 물론 동양 내에서도 차이가 있다. 일본은 조직과 관련된 체면을 더 중시하는 반면, 중국은 조직보다 가족의 체면을 중시한다.

“중국 경영자들은 친한 사람들과 함께할 때 더 열심히 일한다.”

_크리스토퍼 얼리

플루타르코스의 『플루타르크 영웅전』에는 로마 시대를 수놓은 수많은 인물이 나오는데, 이들이 바로 세상을 통제하려고 한 대표적인 영웅들일 것이다. 이 중에서도 마르쿠스 브루투스는 어쩌면 장 독립적 사람이자 '나'를 행위의 주체로 인식한 전형적인 인물이라고 할 수 있다. 왜냐하면 브루투스는 동양 사람들에게 중요한 가족의 체면을 고려하기보다 자기 자신을 주체로 행위에 나서기 때문이다. 브루투스는 카이사르와 폼페이우스의 대결에서 폼페이우스를 선택한다. 그런데 폼페이우스와 브루투스는 악연이 얽혀 있다. 브루투스의 아버지는 비극적인 죽임을 당하는데 바로 폼페이우스에게 비참한 최후를 맞았던 것이다. 이때 처형된 브루투스가 뒷날 카시우스와 함께 카이사르를 암살한 마르쿠스 브루투스의 아버지다.

폼페이우스는 술라의 부하가 되면서 승승장구하기 시작해 최고의 인생을 맞는다. 그러나 어느 정도 세력을 얻자 술라에게 은근슬쩍 반기를 든다. 집정관 선거에서 술라가 반대하는 레피두스를 지지해 당선시킨 것이다. 술라가 죽자 레피두스의 전횡이 시작되는데, 레피두스의 토벌군 사령관으로 폼페이우스가 임명된다. 이때 레피두스 반란군에 브루투스의 아버지가 가담한다. 그런데 브루투스의 아버지는 폼페이우스와 싸움도 하기 전에 항복해 버린다. 폼페이우스는 항복한 브루투스를 하루 만에 처형하고 이로 인해 원로원으로부터 집중적인 비난을 받는다. 그런데 마르쿠스 브루투스는 아버지를 처형한 폼페이우스의 휘하에 들어가 일한다. 플루타르코스는 브루투스에 대해 다음과 같이 평가한다.

"브루투스는 나를 위해 사사로운 분노를 버린 사람이다. 그는 자기 아버지를 죽인 폼페이우스에 대한 원한을 억누르고 그와 함께 일하기로 결심했다. 사실 폼페이우스와 카이사르는 개인적으로나 정치적으로 적대적인 관계였다. 그러나 브루투스는 어느 쪽이 더 정의로운가 생각한 뒤 폼페이우스에게 가담했던 것이다."

아버지 브루투스가 레피두스의 반역에 가담해 비참한 최후를 맞은 반면, 그의 아들인 마르쿠스 브루투스는 후일 카이사르의 암살 주모자로 반역에 가담하는데, 결국 로마 시민들의 비난을 받고 자살로 생을 마감한다. 개인사 측면에서는 아버지와 아들이 다 같이 불행한 길을 간 것이다. 그 아들은 장 독립적인 행보를 보였지만 해피엔드가 아닌 불행한 말로였다. 플루타르코스는 "브루투스에게 내려지는 비난 중에서 가장 큰 것은 카이사르가 자기 목숨을 구해 주고 친구들까지 살려 주었으며, 높은 지위까지 내려 주었는데도 그 은혜를 저버리고 카이사르를 암살했다는 점이다"라고 적고 있다. 아버지의 원수인 폼페이우스에게 자신의 일생을 의지한 브루투스는 동양의 인지 습관으로는 쉽게 이해할 수 없다.

로마 시민들로부터 절대적인 신임을 받았던 폼페이우스의 성공을 들여다보면 그리스인들의 장 독립적 사고를 엿볼 수 있다. 폼페이우스의 아버지 스트라보는 로마 시민들로부터 심한 미움을 샀다. 스트라보는 뛰어난 장군이었고, 한 번도 패한 적이 없는 훌륭한 용사였다. 사람들은 그가 살아 있는 동안에는 제대로 기를 펴지 못했지만 그가 벼락에 맞아 죽자 온갖 방법으로 그를 능욕했다. 심지어 그의 시신이 담긴 관뚜껑을 열고 시체를 끌어내기까지 했다. 스트라보가 사람들로부터 그토록 심한 미움을 받은 것은 끝없는 탐욕 때문이었다. 그런 아버지와 달리 폼페이우스는 일찍부터 큰 지지를 얻었다. 로마 시민들은 폼페이우스에게만큼은 그런 원한이나 증오심을 나타낸 적이 없었다. 그는 운명이 뒤바뀌는 경험을 여러 번 했지만 사람들의 사랑과 믿음은 언제나 변하지 않았다. 그에 대한 사람들의 지지와 사랑은 아주 일찍 시작되어 그의 운이 뻗어 나가는 동안 함께 자라났으며, 운이 기울 때까지 계속 이어졌다. 이 역시 아버지와 자식을 분리해 '장 독립적'으로 바라보는 로마인들의 지각 습관 때문으로 분석할 수 있다. 동양에서는 아버지와 자식을 분리해서 이해하기가 쉽지 않다.

그렇다면 기업 경영의 경우 장 의존성과 장 독립성 중에서 어느 쪽이 효율적이고 생산적인 경영으로 이어질 수 있을까. 조직심리학자 크리스토퍼 얼리는 미국과 중국 경영자들에게 혼자 과제를 수행할 때, 같은 고향 출신에 취미가 비슷한 다른 경영자(내집단)와 함께 일하는 것으로 생각할 때, 그리고 다른 지역 출신에 자신과 전혀 공통점이 없는 경영자(외집단)와 함께 일하고 있다고 생각할 때 등 세 가지 조건에서 특정 과제를 수행하도록 했다. 그 결과 중국 경영자들은 혼자 혹은 외집단과 일한다고 생각한 조건보다는 내집단과 일한다고 생각하는 조건에서 훨씬 더 열심히 일한 것으로 드러났다. 반면 미국 경영자들은 혼자 일하는 것으로 생각한 조건에서 가장 좋은 수행 능력을 보였다고 한다. 이게 바로 행위의 주체를 '나'로 보는 서양과 가족이나 조직을 중심으로 보는 동양의 차이라고 한다. 즉 장 의존적인 경우엔 '나' 중심에 자율성을 중시하고 탈조직적인 반면 장 독립적인 경우는 나보다 가족이나 조직 지향적이라고 할 수 있다. 나스벳 교수는 이를 거시적인 관점에서 동양과 서양의 차이, 즉 동양이 장 의존적이라면 서양은 장 독립적이라고 다소 이분법적으로 접근한다.

그러나 미시적으로 접근하면 개인의 경우에도 보물찾기를 잘하는 사람이 있지만 그렇지 못한 사람이 있을 것이다. 보물찾기나 숨은그림찾기에서 보물이나 숨은 그림을 잘 찾는 사람은 장 독립적이라면 이를 잘 찾지 못하는 사람은 장 의존적이라고 할 수 있다. 이를 기업 경영에 접목하면, 만약 자신이 초중고 시절에 보물찾기나 숨은그림찾기에서 두각을 나타냈다면 장 독립적인 성향에 가깝고, 그런 친구를 부러운 눈길로 바라본 사람이라면 장 의존적인 성향에 가깝다고 할 수 있다. 여기에 맞춰 기업 경영에 접목하면 될 것이다.

그런데 브루투스가 자살한 것처럼 폼페이우스 또한 후일 로마의 역적이 되고 비참한 최후를 맞이했다. 이렇게 보면 서양권의 장 독립적 지각 습관과 유대인을 포함한 동양권의 장 의존적 지각 습관을 단순화해서 비교하고 우열을 매기기란 곤란하지 않을까. 물론 언뜻 보기에는 '나'를 주체로 보는 장 독립적 인지 습관이 생산적이고 효율적이다. 하지만 이를 이분법적으로 구분하기에는 너무 단순하고 도식적일 수 있다. 현재 세계적인 경제 위기와 미국과 유럽에서 지속되고 있는 금융위기는 어쩌면 개인의 자율성을 강조한 장 독립성의 한계에서 오는 것으로 분석할 수 있지 않을까. '세상은 단순하고, 따라서 어떤 일을 성취하기 위해서는 그 일 자체에만 신경 쓰면 된다'는 관점에서 세상을 통제 가능하다고 보는 서양의 인지 습관이 서구발 금융 위기의 진원지 아닐까. 서구의 지나친 개인의 자율성 중시 문화는 조직의 생산성을 침해

할 수도 있기 때문이다. 물론 동양의 지나친 조직 중시 문화 또한 조직에 암적이기는 마찬가지다. 그러고 보면 온전한 하나란 없다. 피터 드러커의 말처럼 장점을 강화하는 길만이 단점을 약화시켜 나가는 유일한 해답 아닐까.

05
자신의 입장을 버리고 새로운 관점으로 바라보라

"포용하되 주도권을 가지는 것이 중요하다."

_퇴계 이황

퇴계 이황이 「한낮의 태백성은 병란의 징조(甲辰乞勿絶倭使疏)」라는 상소를 올린 적이 있다. 1545년 명종 원년 중훈대부 이황(1501~1570)은 이 상소를 올려 일본 국왕의 사신 외에 일체 왜인을 거절하기로 한 중종의 결정(1544)에 대해 재고할 것을 청한다. 당시 왜관에 머물고 있던 왜인조차 내쫓은 조선의 대왜국 강경책에 대해 왜인이 '걸화(乞和)'를 요청하고 있다며 이를 윤허할 것을 청하는 상소다.

이황이 상소에서 편 논리는 '왜는 야만이므로 야만은 야만을 대하는 법에 따라야 한다'는 것이다. 이황은 그 예로 중국의 야만족 정책을 든다. 중국의 예를 보건대, 야만인은 비록 침략을 일삼는다고 하더라도 포용하는 게 상책이라는 것이다. 이적금수(夷狄禽獸)라는 말이 있듯이 이적, 즉 오랑캐를 대할 때는 오랑캐의 눈높이에 맞는 외교 정책을 펴야 한다고 이황은 주장한다. "그러므로 금수는 금수로서 키워야 동물로서의 본성에 맞을 것이며 이적은 이적으로서 대해야 그 나름대로 평안할 것입니다. 따라서 옛 임금은 이적을 다스리지 않았습니다." 이황은 "만약 이적에게 군신 상하의 분수를 지키게 하고 예의와 명교(名教)의 길을 따를 것을 독촉하며 반드시 그들과 더불어 시비곡직을 따지고 바로잡자고 한다면 그것은 금수에게 예악의 행사를 치르도록 독촉하는 것과 다를 바 없다"고 조언한다.

한족이 지배하던 왕조에서는 전통적으로 흉노나 만주족, 거란족, 여진족 등이 모두 야만족에 해당한다. 퇴계는 중국의 야만족 정책과 같이 조선도 예의를 모르는 사람, 즉 야만족에게 예의를 들먹이는 것은 상책이 아니라고 조언하는 것이다. "예의를 가르치려는 그런 처사는 그들의 마음을 길들이고자 하면서 마침내 그들의 본성을 거스르게 할 뿐만 아니라 도리어 그들이 이쪽을 치지 않으면 물어뜯거나 할 것입니다"라고 이황은 조언한다.

전통적으로 '소중화'를 내세운 조선에서 일본인들은 야만족에 해당한다. 왜국에 대한 정책 역시 중국의 야만족 정책에 따를 것을 조언하는 것이다. 옛날에 흉노묵돌이 한 고제를 평성에서 7일간이나 포위했고 한의 혜제나 여태후 때는 선우가 패덕하고 오만한 글을 보내왔다. 그러나 고제는 후한 예물을 주어 스스로 빠져나왔으며 혜제도 공손한 말로 선우를 달래 화친을 청했다고 이황은 거듭 주장한다.

퇴계는 다만 야만인들을 포용하되 주도권을 가지는 게 중요하다고 조언한다. 중국의 경우 흉노가 사라지자 즉시 철군한 것이 바로 주도권을 쥔 화평 정책이라는 것이다. "한나라 때 흉노가 화친 약속을 위배하고 다시 침입해 많은 사람을 죽이고 약탈했으며 전란의 봉화가 감천과 장안으로 전파되었습니다. 그러자 문제는 다시 여섯 명의 장군에게 명해 지역을 나누어 주둔하고 수비하게 했을 뿐입니다. 그러다가 한 달이 넘어 흉노가 국경 멀리 사라지자 이에 군사를 돌려 철군시켰습니다." 즉 이황이 야만족의 '걸화'를 받아들이는 화평 정책의 전제 조건은 바로 '주도권'이다. 주도권을 쥐고 있지 않은 채 취하는 화평 정책은 자칫 위장평화 공세에 넘어가 되레 치명적인 급습을 당할 수 있기 때문이다.

이황이 소를 올리던 당시 왜인들은 조선 해안에서 수없이 노략질을 일삼았다. 급기야 조선 조정은 강경책을 내놓았다. 왜관에 머무르던 자들도 모조리 쫓아 버리고 왜인들과 일체의 접촉을 금지하자 왜인들이 저자세로 나왔다. 지금도 그렇지만 일본인들의 민족성 가운데 '강한 자에게 약하고 약한 자에게 강하다'는 말이 있다. 조선 조정이 강경책으로 나오자 왜국은 저자세로 나오면서 꼬리를 흔들며 평화를 애걸하고 있다고 이황은 비유한다. "국위도 이미 떨쳤고 왕위의 법도도 바로잡혔습니다. 그들은 곧 위엄 앞에 겁먹고 은덕 앞에 낯을 붉히고 마음을 혁신하고 잘못을 고쳐 바로잡고 다른 왜인들 때문이었다고 핑계하고 대방(大邦: 큰 나라)에 호소하는 심정으로 스스로 해명하며 머리를 숙이고 충정으로 빌며 꼬리를 흔들며 애걸하고 있습니다." 이어 이황은 "조선의 왕도는 탕탕(蕩蕩)합니다. 남이 속일 거라고 앞질러 의심하지 말며 남이 불신할 거라고 미리 억측하지도 말 것입니다"라며 다시 왜국과 화친 정책을 취할 것을 거듭 간청한다. 이에 반해 조정의 신하들은 왜인에 대한 강경책을 유지할 것을 주문한다. "그들의 죄가 컸다. 이제 막 왜인들과 단절했는데 갑자기 화해한다면 그들을 응징할 수 없을뿐더러

도리어 그들의 모욕을 받아들인다는 허물만 남게 될 것이다."

이런 이유로 조정 대신들은 퇴계의 소를 무시했다. 결국 40여 년 후 조선은 임진왜란의 대전란을 겪게 된다. 퇴계의 소가 말하는 진의를 받아들여 주도권을 쥔 채 화친 정책을 폈다면 임진왜란은 일어나지 않았을지도 모른다. 이후 일본이 조선을 침략하기 위해 치밀하게 작전을 세우고 전쟁을 준비하고 있음에도 조선 조정은 정쟁으로 지새웠다.

"타인의 세계를 이해하는 의사소통 지능."

_롤프 미카엘 하안

남과 북은 서로 물어뜯으며 세계적인 웃음거리가 되고 있다. 남과 북이 서로 물어뜯는 사이, 북한에 대한 중국의 자원 개발이 본격화되고 있다. 대니얼 앨트먼은 『10년 후 미래』에서 미래는 자원을 둘러싼 경제 식민지 전쟁이 가속화될 것으로 예측한다. 과거처럼 국토 전체를 점령하지 않고 영토의 일부를 매입하는 방식으로 진행되는 새로운 식민지 개척은 거의 강제에 가까운 정치적 또는 경제적 협정 형태를 취할 것이라고 앨트먼은 전망한다. 남북한이 티격태격하는 사이 북한은 자원마저 중국에 내주고 있다. 남북한 모두 단기적인 이익에 집착하다 장기적으로 손해를 자초하고 있는 형국이다.

앨트먼은 이 책에서 이른바 딥 팩터deep factor가 중요하다고 주장한다. 각국 경제의 운명은 매 순간 변하는 단기적인 시장의 변화가 아니라 보다 심층적인 요인인 딥 팩터에 달려 있다는 것이다. 딥 팩터란 정치, 경제, 사회, 문화에 내재되어 있어 단기간에 변하기 힘든, 한 국가의 경제 체제를 구성하는 토대가 되는 요인들로, 대표적으로 지리적 위치, 정치 제도, 법률 체계, 인구, 교육 수준 등이 여기에 속한다. 앨트먼은 유사한 딥 팩터를 갖고 있는 국가들이 어떤 과정을 통해 경제 성장과 번영에서 비슷한 수준의 한계점에 도달하고 성장하는지 설명한다. 쉬운 예로 한국이 일본과 유사한 딥 팩터를 보이면 '일본식 장기 정체'에 빠질 수 있다. 더욱이 관료주의와 유교 등 딥 팩터가 일부 유사성을 보여 더욱 우려를 자아낸다.

개인이나 기업이 안정적인 생활과 경영을 하기 위해서는 재테크를 소홀히 할 수 없듯이 국가도 국민들의 안정적인 생활과 국가 경영을 보장하기 위해서는 결코 '국가 재테크'에 소홀하면 안 된다. 국가 재태크는 치밀한 전략과 전술이 뒤따를 때만 국익을 증식시킬 수 있다. 정부 또한 소탐대실하는 우를 범하지 않으려면 퇴계가 상소에서 강조한 것처럼 금수에게는 '금수와 상대하는 기술'이 필요한 것이다.

롤프 미카엘 하안은 『승자의 언어』에서 '의사소통 지능communication intelligence'의 중요성에 주목한다. 의사소통 지능이란 한 사람이 자신이 속한 구조적 범주, 즉 자기 세계를 떠나 자신의 생각과 의도, 소통 과정에 타인의 세계를 접목시키는 능력을 말한다. 의사소통 능력이 뛰어나다는 것이 곧 유능한 말재간이나 언어적 수완이 뛰어남을 뜻하는 것은 아니다. 의사소통 지능은 결코 화자 한쪽에만 국한되지 않으며 반드시 청자, 즉 대화 상대와의 상호 작용을 포함하는 개념이라고 한다.

예를 들면 협상 파트너와 상담하면서 맨 처음, "오늘 안색이 아주 나빠 보이네요. 어디 심하게 편찮으신 것 아니에요?"라는 말로 운을 뗐다고 하자. 스스로의 생각과 느낌을 솔직하게 표현했을지는 몰라도, 결코 지능적인 대화는 아닐 것이다. 이런 안부 인사를 건넨다면 누구라도 기분이 언짢을 것이다. 의사소통 지능의 척도는 타인의 세계를 이해하는 능력이자, 의도한 대로 상대방이 내 이야기를 이해할 수 있도록 하는 능력이다. 상대방을 이해하는 동시에 자신의 소통 방식을 그쪽에 맞추는 데 있는 것이지 내 생각을 솔직하게 있는 그대로 전하는 데 있지 않다는 말이다.

"가능하다면 당신과 얘기하는 상대방이 유리하다는 기분을 갖게 하라. 그러려면 말투에서 상대를 존중하는 태도를 저버리지 않아야 하며, 특히 그것이 어렵게 느껴지는 순간일수록 더욱 주의를 기울여야 한다." 즉 어떤 상황에서든 모든 의사소통의 초점을 될 수 있는 한 긍정적인 면에 맞추도록 노력하는 것이 '승자의 언어'라는 것이다.

560여 년 전이나 지금 여기서 우리에게 가장 필요한 것은 바로 승자의 언어로 무장하는 것이라고 할 수 있다. 중국이 야만족에 취한 정책의 핵심은 바로 승자의 언어로 상대방을 굴복시키며 주도권을 쥔 채 외교 정책을 편 것이다. 이황이 상소를 통해 말한 것도 왜국에 대해 무조건적으로 저자세 외교를 펴라는 것이 결코 아니었다. 임금이 '탕탕한' 자세로 주도권을 쥔 외교 정책을 펼 때 평화를 유지할 수 있다는 것이다. 지금 대북 정책 역시 마찬가지로 볼 수 있다. 대한민국이 탕탕한 자세로 나아간다면 대북 정책의 주도권을 쥐면서 유리한 국면으로 이끌 수도 있을 것이다.

다만 개인이든 기업이든 정부든 누구나 승자의 언어로 무장하되 '나' 중심의 오만함을 버려야 한다. 나 중심의 오만함은 자칫 상대에 대한 부정과 비난으로 흐를 수 있다. “사람들은 남에 대해 부정적인 내용을 말하고자 하는 꾸준한 욕구, 다시 말해 우리는 하고 많은 소통 유형 중에서도 유독 남의 험담을 하고 싶어 한다.” 수학자 카를 프리드리히 가우스를 기려서 만든 ‘가우스 분포(정규 분포)’로 말하자면 이것이 제일 넓은 중간층에 분포한다는 것이다.

승자의 언어 조건은 바로 ‘입장’을 버리고 ‘관점’으로 바라보는 것이다. 입장은 생각의 유연성을 가로막기 때문이다. 반면 승자가 되려면 새로운 관점에 대해 늘 개방적인 자세를 취하는 것이 중요하다. 이황의 상소는 바로 경직된 입장을 버리고 유연한 관점으로 바라보면 누구나 승자가 될 수 있다는 것을 수백 년이 지난 지금 우리에게 웅변해 주고 있다.

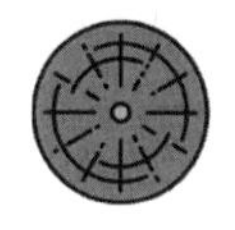

06
그 판에 빠삭해야 직관이 나올 수 있다

"나는 이 세상이 상상력과 예견의 세상임을 알고 있다."

_블레이크

"인생은 단 한 번뿐이다. 남의 인생을 살지 마라. 항상 갈망하라. 바보 같아도 좋다."

몇 년 전 타계한 스티브 잡스는 2006년 6월 스탠퍼드 대학교 졸업식장에 청바지를 입고 나와 이렇게 연설했다. 잡스는 그 갈망으로 우리 시대에 '창조적 즐거움'을 한껏 안겨 주었다. 이제 전 세계인은 검은색 터틀넥 셔츠에 물 빠진 리바이스 청바지를 입고 프레젠테이션을 하는 그의 모습을 더 이상 볼 수 없다. 미혼모에게서 태어나 고졸 출신의 양부모에게 입양된 잡스는 끝내 그의 친부인 압둘파타 존 잔달리를 만나지 않았다. 사무친 마음이 얼마나 지독했을까, 생각하면 친부를 만나지 않은 마음을 미루어 짐작할 수 있다. 잔달리는 시리아 출신이므로, 잡스는 동양과 서양의 혈통을 아울러 가진 글로벌 인재였던 셈이다.

잡스는 대학마저 중퇴하지만 풍부한 독서를 통해 자신을 일으켜 세울 수 있었다. 그는 전공인 물리학보다 철학이나 문학에 심취했다. "내가 다녔던 리드 칼리지에는 플라톤, 오디세우스로부터 시작되어 카프카에 이르는 그 대학의 고전 독서 프로그램이 있었다. 고전 독서 프로그램을 통해 고전의 바다에 빠질 수 있었던 게 애플 컴퓨터의 오늘을 만든 힘이다." 그가 다닌 리드 칼리지는 '방과 후 가장 책을 많이 읽는 대학' 1위에 선정된 학교다. 잡스는 리드 칼리지의 자유분방한 분위기에서 독서를 하면서 동양의 신비주의 정신에 빠져들었다. 자신의 양부모가 모은 평생 재산이 비싼 등록금으로 다 쓰인다고 생각한 잡스는 리드 칼리지를 6개월 만에 자퇴하고 18개월 동안 청강 생활을 했다. "당시에는 참 두려운 결정이었지만, 돌이켜 보건대 그것은 내가 내린 최고의 결정들 중 하나였다. 자퇴를 결정한 순간부터 흥미 없던 필수 과목들을 중단할 수 있었고, 훨씬 더 흥미로운 강의들을 청강하기 시작했다." 잡스는 기숙사에서 지낼 수 없어 친구들의 자취방에 기숙하면서 콜라병을 반납하고 5센트씩 받는 돈을 모아 끼니를 해결했다. 인도 사원인 헤어 크리슈나 사원에서 주는 맛있는 식사를 얻어먹기 위해 매주 일요일 밤이면 마을을 가로질러 10킬로미터 넘는 거리를 걸어갔다. 이 인도의 사원에서 잡스는 동양의 신비주의에 접한다.

시는 흔히 직관의 산물이라고 한다. 이성적이고 논리적인 산물이 아니라는 것이다. 잡스는 한때 영국 시인 겸 화가였던 윌리엄 블레이크(1757~1827)의 시에 깊이 빠져 있다고 했다. 블레이크는 주로 신비로운 체험과 상상력을 시로 표현했다.

"한 알의 모래 속에서 세계를 보고/한 송이 들꽃에서 천국을 보기 위해 / 손바닥 안에 무한을 붙들고 / 시간 속에 영원을 붙잡아라."

블레이크의 시 「순수의 전조Auguries of Innocence」의 도입부다. "손바닥 안에 무한을 붙들고"라는 표현에서 언뜻 아이폰이나 아이패드가 연상된다. 이 시를 읽으면 어떤 영감과 직관의 분위기에 사로잡히는 느낌을 준다. 잡스가 영감을 얻고 그 영감을 테크놀로지로 현실화할 수 있었던 것은 블레이크의 시를 통해서가 아닐까 하는 생각마저 든다. 이 시에는 "주인집 문 앞에 굶주림으로 쓰러진 개는 / 한 나라의 멸망을 예고한다"는 표현도 있다. 전율을 느낄 정도로 강한 울림을 준다.

"나는 이 세상이 상상력과 예견의 세상임을 알고 있다…… 상상력이 있는 사람의 눈에는, 자연은 그 자체가 상상력이다. 인간은 바라보므로, 그는 존재한다. 일단 보는 눈이 이루어지면, 상상의 힘도 생겨나는 것이다."(블레이크의 편지에서)

블레이크는 "인식의 문이 활짝 열릴 때, 우리는 모든 것의 진실한 모습을 볼 것이다"라고 말했다. 진실한 모습을 더욱 확실히 볼 수 있는 깨달음을 위해 인식의 문을 열어 놓을 수 있는 사람이 바로 지도자적 자질을 갖춘 사람일 것이다.

블레이크의 생애와 시의 세계를 엿보면 잡스가 어떤 유대감 같은 것을 느꼈을 법하다. 런던에서 태어난 블레이크는 정규 교육은 받지 못했고, 열다섯 살 때부터 판각화가 밑에서 일을 배웠다. 왕립미술원에서 공부하면서 미술에도 소질을 보였다. 어린 시절부터 비상한 환상력을 지녀 천사와 이야기를 주고받고 언덕 위에 올라 하늘을 만진 체험을 했다고 한다. 그러한 경험과 상상력이 신비로운 시풍을 만들어 냈는데, 그래서인지 『경험의 노래』라는 시집도 있다. 특히 「순수의 전조」에서처럼 그의 시에서는 동양적인 선(禪)의 이미지가 강하게 드러난다.

“새로운 지식의 습득을 가능하게 하는 것은 직관이다.”

_앙리 푸앵카레

잡스 역시 동양적인 신비주의와 선의 세계를 추구한다고 고백한다. 더욱이 블레이크의 시는 열린 세계와 역동적 사고를 꿈꾸고 있는데, 이 역시 ‘잡스 스타일’이라고 할 수 있다. 블레이크는 또한 이성이나 법률, 관습이나 종교가 만들어 낸 사슬로부터 자유로운 삶을 추구하고 있다. 잡스는 블레이크의 삶과 시에서 틀을 깨뜨리는 창조적인 ‘상상 에너지’를 얻을 수 있었던 것이다. 블레이크의 시는 그가 발표할 당시에는 별다른 주목을 받지 못했고 그가 죽은 뒤에도 한동안 아무런 평가를 받지 못했다고 한다. 반면 잡스는 그의 상상력과 환상력의 세례를 받아서인지 당대의 테크놀로지와 트렌드를 앞당겨 구현하며 세상을 놀라게 했다.

시인들은 직관을 중시하는데, 세상을 뒤흔든 리더들도 대부분 직관을 중시한다. 흔히 이병철 삼성 창업자가 논리를 중시하는 스타일이라면 이건희 삼성전자 회장은 직관을 중시하는 스타일이라고 말한다. 물론 리더는 전문가적인 지식이 직관만큼 중요하다. 하지만 전문가적 지식을 뛰어넘는 힘이 직관이라고 할 수 있을 것이다. 직관의 철학적 정의는 감각, 경험, 연상, 판단, 추리 따위의 사유 작용을 거치지 않고 대상을 직접적으로 파악하는 작용을 뜻한다. 여기에는 풍부한 경험이 바탕이 되는데 일종의 경험적 사유라고 할 수 있다. 흔히 하는 말로 ‘그

판에 빠삭해야' 직관이 나올 수 있다는 것이다.

그러나 서구 학계에서는 오랫동안 이성을 신봉하고 직관을 멀리했다. 심리학자와 경제학자들은 '호모 이코노미쿠스', 즉 경제적 인간이라는 개념을 만들어 냈다. 결정의 기계라고 볼 수 있는 경제적 인간은 차가운 이성을 가지고 항상 이익의 극대화를 보장하는 합리적인 선택을 한다. 이 학자들의 가정대로라면 합리성에는 한계가 없다. 이성적 사고는 우리가 가진 모든 정보를 나열하고 그 중요성의 정도를 가늠하며 정확한 답을 찾아낸다고 한다.

그러나 이성적 사유에는 한계가 있다고 한다. 그것이 유명한 '뷔리당의 당나귀'다. 파리의 철학자 뷔리당이 인용했다고 와전된, 유명한 철학적 사고의 유희다. 당나귀가 같은 거리에 있는 같은 크기의 두 개의 건초 더미를 앞에 두고 굶어 죽었다. 그 이유는 선택해야 하는 상황에서 고르려는 대상들의 모든 조건이 같아 당나귀가 그중 하나를 선택할 수 없었기 때문이라는 것이다.

서구에서 순수한 이성의 견고한 신전에 금이 가기 시작한 것은 불과 몇십 년 전이다. 1956년 경제학자 허버트 사이먼(노벨상 수상자)은 '제한적 합리성'이란 용어로 학계에 대대적인 변혁을 불러일으켰다. 그가 말하려 했던 핵심은 어떠한 결정을 내리기 위해 실제로 사전에 모든 필요한 정보를 수집하는 것은 불가능하다는 것이다. 프랑스의 수학자 앙리 푸앵카레는 "논리를 통해 기존의 사실을 증명할 수는 있다. 하지만 새로운 지식을 얻지는 못한다. 새로운 지식의 습득을 가능하게 하는 것은 직관이다"라고 말했다.

잡스는 누구보다 직관적이고 창조적인 리더였다. 잡스가 떠난 지금 그가 남긴 위대한 직관이 어떻게 나올 수 있었는지 살펴보는 것도 의미 있을 것이다. 잡스는 이른바 델포이 방식으로 푸앵카레가 말한 새로운 지식을 얻을 수 있었다고 한다.

"잡스의 접근 방식은 자신에게 필요한 것을 가르쳐 줄 수 있는 사람을 모아 자기 주변에 두는 것이었습니다." 애플에서 쫓겨난 잡스는 넥스트를 창업하고 로고를 만들 때 세상에서 로고를 가장 잘 디자인하는 사람을 찾았는데 그가 폴 랜드다. 또 잡스는 건축에 관심을 가지면서 지식인들에게 누가 건축가로서 가장 성공했는지 물어보았다. 그런 비공식 설문에서 1위를 한 인물이 바로 프랭크 로이드 라이트였다. 이런 방식으로 인재를 모았는데, 델포이의 신탁을 받는 것에 비유해 이를 '델포이 방식'이라고 한다. 이 방식으로 그는 스스로 스타일을 결정하는 데 늘 확신이 부족하다는 단점을 극복했다. 그리고 디자인 등에서 새로운 혁신을 이루어 냈는데, 이를 가능하게 한 것이 바로 직관이라고 할 수 있다. 즉 그의 직관은 우연한 산물이 아니라 새로운 지식을 습득하기 위해 최고의 전문가를 구했으며 그들과 함께 작업하는 과정을 통해 직관을 발휘하며 아이폰 등 혁신적인 테크놀로지를 구현할 수 있었던 것이다.

"도그마에 갇혀 있지 마라."

_스티브 잡스

잡스는 자신이 높이 평가하는 사람들의 평가를 신뢰하고 존중했다. 그렇게 해야 자신의 취향이 어긋난 것이 아니며 존중받을 만하고 사람들로부터 업신여김을 받지 않으리라 믿었다. 왜냐하면 대학을 중퇴한 그는 예술과 미학에 독자적인 사고를 가질 수 없었다. 훌륭한 직관은 지녔지만 통달함으로써 생기는 자신감이 부족했다. 미술이나 건축, 디자인을 정식으로 공부한 적이 없었다. 훈련을 통해 수준 높은 지식에 도달하지 못한 상태에서 부딪힐 수밖에 없는 한계였을 것이다. 그러나 일단 델포이 방식으로 승자를 선정하고 나면, 그는 모든 것을 빠르게 배웠다. 또한 인재를 구할 때 건축가의 경우처럼 지식인들의 여론이 프랭크 로이드로 모아지자 그는 그 위대한 건축가에 대한 모든 책을 통독하며 놀라운 집중력으로 정보를 흡수했다. 그래야만 그 자신이 그러한 인재와 함께 작업할 수 있기 때문이었다.

잡스는 인재를 구할 때도 관습을 탈피했다. 그는 면접 심사에서 지원자들에게 첫 성경험은 언제였는지, 마약을 사용해 본 적 있는지 묻기도 했다. 이러한 질문에 즉각적으로 반응하지 못하는 지원자들에게는 입사 기회가 주어지지 않았다. 그는 지원자들의 그러한 자유로운 태도를 다른 어떤 기업가들보다 높이 평가하기 때문이다. 그런 태도는 그가 선불교에서 배운 신조들이었다. 선불교의 가르침은 합리적이고 분석적인 사고에 반대해 직관과 즉흥성을 강조한다. GE의 전설적인 CEO 잭 웰치도 직관을 강조하는 리더였다. 잭 웰치는 거래할 때는 직관이 꽤 도움이 된다고 말한다. 각종 데이터 분석 자료와 거래장부의 수치는 합리적일 때도 있지만 그저 추정치에 불과하다는 것이다. 그러나 채용 문제에는 잡스와 달리 직관을 개입시키지 말라고 조언한다.

"시간은 제한되어 있습니다. 그러니 남의 인생을 사느라 삶을 낭비하지 마십시오. 다른 사람들이 생각해 낸 결과에 얽매어 사는 도그마에 갇혀 있지 마세요. 다른 사람의 의견이 여러분 내부의 목소리를 잠식하도록 놔두지 마세요. 그리고 가장 중요한 것은, 자신의 가슴과 직관을 따르는 용기를 가지라는 것입니다. 가슴과 직관은 여러분이 진실로 무엇이 되고 싶은지 이미 알고 있습니다. 나머지 모든 것은 부차적입니다."

스티브 잡스가 떠난 지금 남아 있는 사람들에게는 여전히 상상력과 직관에 의한 결단력이 필요하다. 잡스가 스탠퍼드 대학교 졸업식장에서 "가장 중요한 것은 자신의 가슴과 직관을 따르는 용기를 가지는 것"이라고 한 말은, 이제 그가 세상에 남긴 위대한 창작만큼이나 큰 울림으로 메아리친다.

07
인간은 도구를 만들고 도구가 다시 인간을 만든다

"첫사랑이 잊히지 않듯, 첫 정보는 쉽게 잊히지 않는다."

_곽금주

우리는 흔히 미디어의 보도를 통해 세상을 바라보는 창을 만든다. 사람들과 미디어에 보도된 내용이 소재로 이야기를 나눈다. 이때 같은 뉴스를 보도할 때 미디어가 다르면 내용이 달라지지 않는다고 생각한다. 신문으로 보도하든 TV로 보도하든 사람들은 같은 내용으로 받아들인다고 여긴다. 정말 그럴까?

그러나 캐나다의 영문학자이자 미디어 비평가인 마셜 매클루언은 그렇지 않다며 새로운 관점을 제시했다. 이것이 유명한 '미디어는 메시지다The Medium is The Message'라는 명제다. 미디어가 메시지를 옮긴다는 의미가 아니라 미디어에 따라 새로운 감각이 달리 확장된다는 것이다.

같은 내용이라도 미디어가 다르면 내용도 달라지고 세계를 보는 눈도 달라진다. 예를 들어 「춘향전」의 경우 영화로 만들면 시청각적 효과를 중시하는 영화 매체의 특성상 춘향과 이몽룡의 관계를 매우 '육감적'으로 접근하게 된다. 춘향의 절개에 성적 도취와 같은 에로적 색깔이 부각된다. 반면 뮤지컬로 만들면 커다란 무대와 극적인 사건을 강조하는 매체의 특성상 이몽룡과 춘향의 사랑보다는 변학도와 춘향의 관계에 주목함으로써, 사랑이나 의리보다는 남녀 간의 삼각관계를 주요 테마로 부각시킬 수 있다. 「춘향전」은 영화나 TV, 라디오, 마당극 등 어떤 매체로 연출되느냐에 따라 같은 내용을 전달하더라도 달리 감각을 확장하게 되는 것이다.

우리 사회를 뒤흔든 광우병 보도에서 경험적으로 이해할 수 있다. 미국산 쇠고기 수입과 광우병 보도에서 만약 〈PD 수첩〉의 보도가 없었다면 결코 광우병 이슈가 사회를 뒤흔들 수 없었을 것이다. 촛불 시위는 〈PD 수첩〉의 보도로 증폭되어 과잉 이미지를 낳았다고 분석할 수 있다. 방송이 〈PD 수첩〉을 보도하면서 사람들의 감각이 신문 매체에 비해 확장되면서 새로운 이미지를 만들었고, 그 이미지가 과잉 증식되면서 광우병이 마치 실재하는 것처럼 새로운 현실이 되어 버린 것이다.

MBC는 2008년 4월 29일 〈PD 수첩〉에서 '긴급 취재 미국산 쇠고기, 과연 광우병에서 안전한가?'라는 제목으로 방송했다. 여기서 진행자가 다우너 소(주저앉는 소)를 광우병에 걸린 소라고 지칭한 것이 광우병에 대한 위협을 증가시키는 결정적인 계기가 되었다. 이후 왜곡 방송 시비가 붙자 MBC는 생방송 도중 다우너 소를 '광우병 소'라고 지칭한 것은 실수였다고 해명했다. 곽금주(서울대 교수, 심리학)는 "첫인상이 중요하고 첫사랑이 잊히지 않듯, 첫 정보가 중요하다. 미국산 쇠고기를 별다른 지각없이 먹다가 처음 접한 강렬한 정보가 광우병에 대한 정보였기 때문에 나중에 잘못된 정보라는 것을 알더라도 첫 정보가 쉽게 잊히지 않는다"고 말했다.

만약 똑같은 내용으로 신문에 보도되었다면 과연 광우병이 사회가 뒤흔들릴 정도의 국가적인 이슈가 되었을까.

"미디어는 메시지다."

_마셜 매클루언

마셜 매클루언은 1964년에 출간한 『미디어의 이해』에서 '미디어는 메시지다'라는 유명한 명제를 통해 미디어에 대한 고정관념을 전복시켰다. 미디어가 '인간의 감각을 확장시켜 왔다'는 새로운 미디어 개념을 정립했다. 이 명제의 의미는 쉬운 듯하지만 쉽지 않다. 왜냐하면 미디어가 단순히 메시지, 즉 내용을 전달한다는 말이 아니기 때문이다. 흔히 특정 물질을 어떤 그릇에 담든지 간에 그 물질은 변함없는 것이라고 생각해 왔다. 미디어도 마찬가지였다. 미디어는 형식적인 도구일 뿐 중요한 것은 그 안에 담긴 메시지라고 일반적으로 생각해 왔다. 미디어가 달라도 뉴스의 내용은 달라지지 않는다고 생각했다. 그런데 매클루언은 이런 통념을 전면적으로 뒤집었다.

매클루언은 '미디어는 메시지다'라는 명제를 통해 미디어가 단순히 '내용'을 전달하는 도구라는 기존 개념과 전혀 다르게 정의한다. 매클루언은 미디어를 인간 감각을 확장하는 것으로 이해한다. 즉 같은 내용이라도 어떤 매체가 보도하느냐에 따라 인간의 감각이 다르게 반응하면서 인식한다는 것이다.

흔히 우리는 매체라고 하면 거의 자동으로 잡지, 라디오, 텔레비전, 영화와 같은 대중매체를 연상하곤 한다. 그런데 전통적이고 통상적인 개념 규정과 달리 매체를 폭넓게 이해하기도 한다. 마셜 매클루언은 인간의 힘과 감각 및 육체적 기능을 기술적으로 확산, 보완해 주는 모든 것을 매체로 파악할 수 있다고 주장했다. 매클루언은 1964년에 출간한 『미디어의 이해』에서 라디오와 TV, 사진, 영화, 광고 등 전통적인 의미의 매체뿐만 아니라 철도, 주택, 돈, 시계, 자전거, 자동차, 비행기, 무기, 자동화, 게임, 전신, 타자기 등 도구나 수단까지 포함하고 있다. 이 책에서는 인간과 자연을 매개하는 모든 것을 미디어로 이해하고 미디어가 인간의 감각을 확장한다고 주장한다. 미디어는 단순히 송신자와 수신자를 매개하는 커뮤니케이션 도구가 아니라 인간의 연장으로, 예컨대 자동차 바퀴는 발의 연장, 책은 눈의 연장, 옷은 피부의 확장, 전기 기술은 중추 신경의 확장이라는 것이다.

또한 철도는 달리는 일, 수송하는 일, 혹은 바퀴, 선로를 인간 사회에 도입해 온 것이 아니라, 전혀 새로운 종류의 도시와 일과 레저를 낳게 해 종래 인간의 기능을 촉진하고 규모를 확대했다. 철도라는 매체는 단순히 화물이나 승객을 운반하는 역할에 그치지 않는다. 철도가 등장하면서 새로운 종류의 도시들(베드타운, 관광 도시, 탄광 도시 등)과 노동, 여가를 창출했다. 철도는 여가와 여행 문화의 변화를 초래하고 휴양 도시를 만들어 내기도 한다. 철도는 사람이나 사물을 수송하는 기능을 하지만 나아가 도시인들의 전원생활을 가능하게 했고 여가생활을 촉진시켰다.

다 같은 운송 수단인 철도가 기존의 무궁화호만 다닐 때보다 전철이 신설되면 재테크와 관련한 새로운 인간의 감각들을 확장시킨다. 동물적인 본능에 따라 감각이 확장된 부동산 큰손들이 몰려들면서 부동산 값이 폭등하는가 하면 새로운 여가 문화를 창출하고 관련 레저 산업들도 생겨난다는 것이다.

철도는 중심-주변 구조를 확대하고 통합하기도 한다. 예컨대 전철이 천안과 춘천까지 확대되면서 수도권이라는 인식이 확산되었다. 역마다 새로운 역세권이 생기면서 부동산 값이 폭등했다. 투자자들은 귀신같이 이 지역의 부동산을 먼저 사들인다. 이른바 부동산 큰손들이야말로 동물적인 감각으로 돈이 되는 곳을 알고 한발 앞서 투자한다.

다른 한편으로 철도는 운행 시간에 따라 시간에 대한 개념을 심어 줘 인간을 시간 기계로 만들었다. 출퇴근 시간이면 운행 시간에 맞춰 마치 기계처럼 움직이는 것이다.

결국 매클루언은 "우리는 우리가 보는 대로 된다. 우리는 우리의 도구를 만든다. 그리고 그다음에는 우리의 도구가 우리를 만든다"고 말한다. 이는 지금 우리가 사용하는 스마트폰을 보면 쉽게 이해할 수 있을 것이다. 스마트폰을 사용하면 단순히 통화를 위한 도구로 그치지 않고 사용자가 스마트폰에 적응하는 과정을 거치면서 스마트폰이 우리의 의식을 지배하는 또 다른 감각으로 확장되는 것을 경험하게 된다. 잠시라도 스마트폰을 터치하지 않으면 불안하고 단절되는 느낌에 빠져드는 것이다.

매클루언이 말하는 것처럼 인간의 감각기관이 미디어에 따라 다르게 확장되는 것이다. 이것이 바로 '미디어가 메시지다'라는 의미다.

"게으른 사람과 함께 지내다 보면 그 자신도 게을러진다."

_카를 융

카를 융은 로마인들이 언제나 노예들의 분위기 속에서 생활했기 때문에 무의식을 통해 노예의 심리에 젖어든 것이라고 강조한다. "모든 로마인은 노예에게 둘러싸여 있었다. 노예와 노예들의 심리가 고대 이탈리아에 흘러넘쳤고 로마인은 부지불식간에 내면적으로 노예가 되어 버렸다." 게으른 사람과 함께 지내다 보면 그 자신도 게을러진다. 반면 부동산이나 재테크에 밝은 사람과 같이 있으면 저절로 부동산 재테크 전문가가 된다. 그래서 부자와 점심을 먹으라고 하는 것이다.

매클루언은 이러한 관점을 미디어에도 적용한다. 문자와 인쇄술이 눈으로 읽는 시각 중심적인 인간을 형성했다면, 현대의 전기전파 미디어들은 인간 감각의 배치와 강도를 변화시켜서 만지고 싶은 욕망을 자극해 촉각적인 인간형을 만들어 내고 있다. 예쁜 옷을 보면 입고 싶은 욕망을 불러일으킨다. 근사한 저택을 보면 그곳에 살고 싶어진다. 이는 생활 문화뿐만 아니라 의식의 변화를 가져온다. 미디어에 의해 확장된 감각들이 바로 개인들의 의식과 경험을 형성하는 것이다.

여기서 매클루언은 카를 융의 『분석심리학 논고』를 인용하며 비유하는데, "노예들에 둘러싸여 있으면 노예근성에 젖게 된다"고 강조한다. 요즘에는 책을 멀리하고 전자 매체에 둘러싸여 있으므로 인간은 수많은 욕망에 자극받는 '촉각의 노예'라고 비유할 수 있을 것이다.

다른 한편으로 매클루언은 기업체의 경우 자신이 관여하는 일을 미디어의 성격으로 잘 파악한다면 비전 있는 기업으로 운영해 나갈 수 있다고 강조한다. 매클루언은 이에 대한 사례로 IBM과 GE의 사례를 든다. IBM사는 자신들이 사무 장비나 기기를 만드는 일이 아니라 정보를 처리하는 일에 종사하고 있다는 것을 알고 나서야 비로소 명확한 비전 속에서 운영해 나갈 수 있었다.

반면에 GE사는 전구와 전기 시설을 판매해 상당한 이윤을 올리고 있음에도 불구하고 자신이 하고 있는 일이 미국 전신전화 회사 AT&T와 마찬가지로 정보를 이동시키는 것이라는 점을 아직 깨닫지 못했다고 한다. 매클루언이 이 책을 출간한 시점이 1964년이었는데, 그 후 GE사의 성공은 아마도 매클루언의 이 조언을 귀담아 들은 덕분 아니었을까.

여기에 기업들이 매클루언의 명제, 즉 '미디어는 메시지다'를 제대로 이해할 필요가 있는 것이다. 즉 같은 내용이라도 어떤 미디어를 통해 전달되느냐에 따라 메시지도 달라지고 사람들이 세계를 인식하는 방식도 달라진다는 것. 같은 내용이라도 신문으로 보도하느냐 방송으로 보도하느냐에 따라 인간의 감각이 다르게 반응하면서 인식된다는 것이다. 즉 매클루언은 문자와 인쇄술이 '시각 중심적인 인간형'을 형성했다면, 현대의 전기전파 미디어들은 인간 감각의 배치와 강도를 변화시켜서 '촉각적인 인간형'을 만들어 내고 있다는 것이다. 이는 우리 사회에서 그대로 확인된다. 책이나 신문을 보지 않고 TV나 컴퓨터 등으로 인해 우리 사회는 촉각 중심적인 인재들로 넘쳐나고 있다. 촉각적인 인재들이 대학가를 점령하고 있는 것이다.

따라서 기업에서는 인재 선발에도 이 명제를 적용해야 하지 않을까. 기업에서는 영상 매체에 의해 감각을 확장해 온 '촉각적인 인재'들도 필요하지만 인쇄 매체에 의해 감각을 확장해 온 이른바 '시각적인 인재'들도 필요하기 때문이다. 하지만 대학가는 촉각적인 영상 세대가 점령하고 있다. 요즘 대학생들은 아이패드나 스마트폰에 시간을 빼앗기면서도 책을 읽지 않는다. 미디어가 제시하는 '잇 아이템'을 추구하는 획일화되고 전체주의화된 인재들이 우리 사회의 주류가 되고 사회의 중심축이 되고 있다. 마치 노예에 둘러싸였던 로마처럼 '촉각의 노예'에 우리 사회가 둘러싸이게 될지도 모른다.

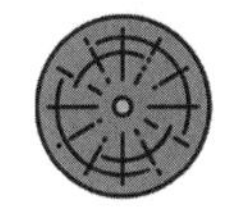

08
극한 상황에서 판을 뒤집는 각성을 하라

"나는 이제 백성의 몸이다. 내가 목숨 바칠 곳은 이곳이다."

_정무공

경주 최 부잣집이 역사 속으로 사라진 지 60여 년이 지난 지금 경주 최 부잣집의 '부(富)'는 지속되지 않지만 그 '명성'은 더 지속되고 있다. 더욱이 이제는 단순한 부자가 아니라 경영학의 연구 대상으로 분석되고 있다. 경주 최 부잣집은 1947년 대구대학교를 설립하는 데 전 재산을 기부함으로써 17세기 중반부터 시작된 청부의 대물림을 마감했지만, 그것은 부의 화룡점정이자 새로운 전설의 시작이 되었다.

경주 최 부잣집이 부자로서 새로운 윤리와 길을 제시할 수 있었던 배경에는 두 번에 걸친 '리더의 각성'이 결정적인 계기가 되었던 것으로 보인다. 한번은 병자호란이라는 국가적 위기에서 가문 리더의 각성이고, 또 한 번은 '명화적'의 가택 침입이라는 가문의 위기 앞에서 가문 리더의 각성이다.

먼저 병자호란이라는 국가적 위기의 시대를 맞아 '문'에서 '무'로 전환한 리더의 각성이다. 경주 최 부잣집은 흔히 '9대 진사, 12대 만석꾼'으로 회자된다. 이 가문이 만석꾼이 된 것은 10대에 걸친 기간이지만 12대라고 하는 것은 만석꾼의 초석을 쌓은 이른바 가문의 기획자까지 포함하기 때문이다. 경주 최 부잣집을 일으킨 가문의 기획자는 정무공 최진립(1568~1636)으로, 이 가문의 중시조다.

경주 최 부잣집은 대대로 문인의 집이었다. 그런데 임진왜란이 발발하고 왜군들이 동래성을 함락하고 경주로 북상하면서 정무공이 거주하는 마을 근처에까지 도달했다. 왜군이 약탈과 온갖 범행을 저지르자 당시 스물다섯 살로 과거시험을 준비하며 학문에 열중하던 정무공은 나라가 위급하고 왜군이 창궐하자 붓을 던져 버렸다. 정무공은 동생 계종과 노복들과 함께 뜻을 모아 경주 부윤에 의병을 청원해 승낙을 받고 의병 활동을 했다. 이때부터 경주 최 부잣집 가문은 문인에서 무인의 집으로 바뀌었다.

정무공은 그때 만석의 부자는 아니었지만 가난한 살림도 아니었다. 노복과 주변의 청장년들을 규합해 의병 활동을 시작한 정무공은 야간에 왜군이 점령 중이던 자신의 별채를 화공으로 공격했다. 말하자면 요즘의 게릴라 전법으로, 수많은 왜병을 죽이고 무기를 노획해서 관가에 바쳤다.

당시 조선이 왜침을 당한 것은 문(文)을 숭배하고 무(武)를 천시한 탓이 작용했다. 무력으로 쿠데타를 일으켜 조선을 연 이성계가 무력에 의해 다시 쿠데타가 일어나는 것을 방지하기 위해 무를 억압했던 것이다. 무인의 천시는 국방의 허술함으로 나타났고, 급기야 왜군이 쳐들어왔던 것이다. 양반은 문반과 무반을 합한 명칭인데, 조선시대에는 무반이 되면 대접을 받지 못했다. 정무공은 무를 기피한 정치적 분위기가 임진왜란을 당한 요인이라고 생각해 스물일곱 살에 무과시험에 응시해 급제했다. 이것이 경주 최 부잣집 가문이 문인의 가풍에서 무인의 가풍으로 바뀐 배경이다.

1636년 병자호란이 발발했을 때 정무공은 예순아홉 살의 노령이었다. 당시 청나라가 침략 조짐을 보이고 있었지만 조정은 당파 싸움으로 아무런 대응도 하지 못했다. 정무공은 공조 참판에 기용되었으나 벼슬을 사양했다. 무반이 문반이 하는 벼슬을 하면 정치적으로 비난받을 수 있고 정쟁에 휩쓸릴 수 있기 때문이었다. 정무공은 끝까지 무인으로 나라에 봉사하기를 원했다. 정2품에 해당하는 공조 참판을 사의한 정무공은 종3품에 해당하는 공주 영장(營將)을 제수 받고 부임해 계급에 구애받지 않고 나라의 명령에 충실히 따랐다. 공주영은 외침에 대비한 임금의 임시 피난 행궁이 있는 곳으로, 성을 더욱 견고하게 축조하라는 명을 받고 부임했던 것이다.

청 태조는 압록강을 건너 6일 만에 개성을 통과하며 파죽지세로 침입해 왔다. 당시 인조는 공주까지 갈 겨를이 없어 남한산성에 피신했다. 음력 12월 혹한이 몰아치는 겨울에 우물은 마르고 양식은 떨어져 갔다. 인조는 전국에 밀사를 보내 관군을 일으켜 남한산성을 포위하고 있는 청군을 쳐달라고 명을 내렸다. 당시 공주 감사 정세규는 연로한 정무공에게 선상에 나가서 싸울 연령이 아니라며 공주 영장의 직위에서 해임시켰다. 정무공은 해임을 받아들이면서도 "나는 이제 백성의 몸이다. 내가 목숨 바칠 곳은 이곳이다"라면서 노비 옥동과 수하를 데리고 경기도 용인 험천에서 청군과 전투를 벌였다. 정무공은 백병전을 했지만 중과부적으로 옥동과 함께 전사하고 말았다. 정무공의 몸에는 화살이 고슴도치처럼 박혀 있었다고 전한다. 며칠 후 인조는 굴욕적인 항복을 했다.

정무공은 가묘에 묻혔다가 고향인 경주에서 장례식을 치렀다. 정무공의 순국은 당시 척화파와 강화파로 나눠 외침을 당하고도 당쟁을 일삼던 조정의 권세가들에 대해 더 이상 정쟁하지 말라는 의미를 전하기 위해서라는 생각마저 든다. 인조는 정무공의 장례식을 경주에서 엄중하게 거행하라는 어명을 내렸다. 정무공은 이후 청백리에 녹선되었다.

경주 최 부잣집의 종손인 최염 옹은 "병자호란 때 순국한 정무공은 청백리로 살았는데 그 손자 대부터 만석꾼이 되었고 청백리로 '청부'의 정신을 전해 준 정무공까지 포함시킨 것"이라고 전한다.

"채권 문서를 돌려주고 도적질한 것을 불문에 부쳐라."

_최국선

두 번째로 만석꾼의 초석을 쌓은 리더의 각성이 경주 최 부잣집을 평범한 졸부에서 청부의 상징으로 탈바꿈하게 만들었다. 당시 명화적의 침입이라는 가문의 위기 앞에서 가문 경영의 리더였던 최국선의 각성이 바로 그것이다.

경주 최 부잣집으로 불리기 시작한 것은 정무공의 손자인 최국선(1631~1681)에 이르러서다. 최염은 대구대학교에 전 재산을 기부해 '마지막 최 부자'로 회자되는 최준 할아버지가 생전에 대대로 전해 내려오는 여러 이야기를 들려주었다고 한다.

최국선은 왕실 사옹원 창봉이었다. 사옹원은 임금의 수라간과 대궐의 음식을 관장하는 곳이다. 경주법주는 최국선이 궁중에서 빚은 술 제조법으로 빚은 술이다. 최국선이 재산을 늘려 만석꾼의 토대를 쌓을 수 있었던 비결은 폭발적인 생산량 증가를 가져온 이앙법과 연관 있다고 한다. 그 시기에 처음 모내기법인 이앙법이 도입되었다. 그전에는 논에 씨를 뿌려서 벼를 재배했다. 이앙법이 보급되려면 먼저 수리시설이 잘 되어 있어야 하는데, 최국선은 보를 만들어 이앙법으로 모내기하는 방법을 시도했다. 이것이 바로 벼의 생산량 증가를 가져온 기술 혁신의 사례였다. 때마침 몇 년간 풍년이 들어 재산이 갑자기 크게 불어나기 시작했다. 최국선이 만석꾼의 토대를 만들기까지는 수리시설로 이앙법이라는 혁신적인 모내기법의 도입과 풍년이라는 기후의 도움이 컸던 것이다. 여기에 더해 최국선은 개간을 적극 시행했다. 이때부터 해마다 재산이 몇백 석씩 불어나면서 만석꾼의 발판이 마련되었다. 다시 말하자면 최국선이 만석꾼이 될 수 있었던 배경에는 이앙법이라는 기술 혁신을 적극 실천했고 개간으로 논을 늘렸기 때문이다. 여기에 기후까지 풍년을 도우면서 행운이 따라 주었던 것이다. 행운은 준비하고 노력하는 자에게 따라오는 덤인 것이다.

최국선은 처음부터 존경받는 부자가 아니었다. 당시 지주는 소작인에게 소작을 주고 8할이나 심지어 9할을 소작으로 거둬 갔다. 예를 들어 10가마를 수확하면 9가마를 지주에게 바쳤다. 그렇다 보니 보릿고개는커녕 섣달을 넘기기도 어려웠다. 소작들은 섣달이 가면 양식이 떨어져 장리(長利)를 썼다. 장리란 양식을 빌리고 다음에 두 배로 갚는 고리채와 같은 것이다. 곡식 한 가마를 빌리면 두 가마를 갚는 식이다. 설 때쯤 쌀이 떨어져 빌리면 추수 후 추석 때쯤 갚는 식이었다. 당시 소작농은 식량난으로 고통이 말이 아니어서 목숨을 걸고 장리를 빌렸다. 최국선도 처음에는 관행대로 장리를 놓았다.

어느 날 도적질을 일삼던 명화적이 횃불을 들고 집에 쳐들어왔다. 횃불을 들고 집에 쳐들어왔다는 것은 신분 노출을 작심한 것이었다. 최국선은 이때 큰 충격을 받았다. 명화적에는 소작농과 그 아들들, 종들도 포함되어 있었기 때문이다. 더욱이 이들은 양식은 안 가져가고 장리를 빌려간 증표인 채권 서류들만 가져갔다.

명화적의 침입을 받은 다음 날 아침, 친척들과 가복들은 명화적에 가담한 배은망덕한 놈들을 잡아 처벌해야 한다고 이구동성으로 말했다. "우리 덕분에 먹고살았는데 이럴 수 있느냐"며 경주 부윤에 고발해야 한다고 저마다 한목소리를 냈다. 모두 처단해야 한다는 말에 최국선은 드디어 입을 열어 다음과 같이 지시했다고 한다. "그만두어라. 경주 부윤에 가지 마라. 남은 채권 문서도 모두 그냥 돌려주어라. 도적질한 것 역시 불문에 부친다."

최국선은 명화적의 가택 침입을 받은 뒤 그동안 자신이 해온 장리 행위를 크게 반성하고 급기야 채권 서류들을 모조리 돌려주는 파격적인 결단을 내렸다. 여기에 그치지 않고 당시 관행대로 8할 이상 받던 소작료도 5할로 전격 인하했다. 이는 당시로서는 유례없는 파격적인 조치였다. 위기를 맞은 결정적인 순간에 최국선은 하룻밤 새 부를 더 축적하는 데 골몰하지 않고 그 반대로 부를 분배하는 조치를 취했던 것이다. 바로 위기의 순간에 리더에게 요구되는 결정적인 국면 전환이었다. 이로 인해 경주 최 부잣집은 이후 300년 동안 존경받는 부자, 청부로서 새로운 부자의 패러다임을 보여 주었던 것이다.

소작료 5할 시행은 17세기 당시 세계적으로도 유례없는 조치였다. 최국선은 가족과 친척들에게 "내가 잘살아도 이웃이 못살면 내가 행복하지 않다"고 말했다고 전한다.

경주 최 부잣집이 최 부잣집으로 사회적 명성을 얻기 시작한 것은 바로 최국선의 '소작료 5할' 전격 시행에서 비롯되었다. 자신의 잇속만 챙기지 않고 이웃과 나눔을 시작한 것이 부자로 가는 지름길이었던 셈이다. 그런데 역설적이게도 소작료 5할 시행 이후 최 부잣집의 재산은 줄기는커녕 오히려 기하급수적으로 불어나기 시작했다.

17세 중엽 당시에는 정보가 잘 유통되지 않았다. 사람의 입이 거의 유일한 정보 유통 수단이었다. 이때 경주 일대에서 논을 팔기 위해 매물이 나오면 소작농들은 마치 경쟁하듯이 제일 먼저 달려와 최 부잣집에 그 사실을 전했다. 다른 지주에게 소작을 하면 8~9할을 주어야 하지만 최 부잣집에서 소작을 하면 소출의 절반을 가져갈 수 있기 때문이었다. 인근 지역의 소작농들은 팔려고 내놓는 땅이 있으면 누구보다 빨리 최 부잣집에 알렸고 그때마다 최 부잣집의 재산은 늘어 갔다. 이때부터 '최 부잣집이 논을 사면 소작들이 박수를 친다'는 말까지 돌았다.

지금은 그 어느 때보다 위기의 시대라는 예측이 많다. 경제도 그렇고 정치도 그렇다. 경제는 상시적 위기에서 나아가 거대한 침몰까지 예고된다. 덜컹거리는 롤러코스터처럼 언제 급격한 위기를 맞을지 모르는 형국이다. 정치 또한 남북한의 대치와 주변 강국의 변수가 언제든 태풍과 같은 위기 속으로 몰고 갈지 알 수 없는 상황이다. 이런 시기에 기업들이 위기 경영에 나서지 않으면 생존의 생태계에서 지속할 수 없을지도 모른다. 이러한 국내외적인 위기 국면을 맞아 급격한 위기 속에서 생존을 도모하고 나아가 새로운 부의 패러다임을 보여 준 역사가 있다면 난폭한 파고 속에서 안전하게 항해를 계속할 수 있는 등대와 같은 지침으로 삼을 수 있을 것이다. 그 사례는 '리더의 각성'으로 조선 후기 최고의 청부 가문으로 회자되는 경주 최 부잣집에서 교훈을 얻을 수 있을 것이다. 다름 아닌 위기 국면에서는 패러다임을 바꾸기 위해 리더의 '각성'이 필요한 것이다. 그 각성은 내 몫을 챙기려 하기보다는 손해를 보는 데서 출발하지 않을까.

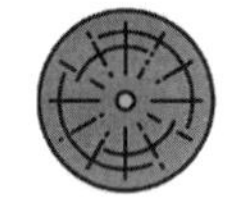

09
틀에 얽매이지 말고 상상하라

옛것에 의탁해 제도를 개혁한다, '탁고개재(托古改制)'

『논어』의 〈술이(述而)〉 편에 "공자는 괴력난신(怪力亂神)에 대해 말하지 않았다"라는 말이 나온다. 괴력난신이란 괴이한 일과 헛된 용맹, 그리고 어지러운 일과 귀신을 의미한다. 일연은 『삼국유사』를 시작하면서 뜬금없이 공자의 이 글을 첫머리로 시작한다. 그것은 바로 김부식은 『삼국사기』를 논박하기 위해서였다. 유학자로 중화주의자였던 김부식은 『삼국사기』를 저술하면서 유가적 관점에 따라 '괴력난신'에 대한 이야기를 싣지 않았다. 반면 일연은 '괴력난신'에 관한 이야기부터 앞부분에 실었다. 괴력난신의 이야기야말로 고대인들의 세계관을 보여 준다고 생각했다.

일연이 괴력난신을 끌어 온 이유는 당대의 고려 사회를 지배했던 유학자들을 설득하기 위해서였다. 먼저 그는 "옛 성인들은 괴력난신에 관해 말하지 않았다"고 인정했다. 그러나 고대의 건국 영웅들은 남다른 점이 있다. 그 점이 바로 '괴력난신'의 내용이기도 하다면서 중국의 고대성인 가운데 괴력난신의 예로 복희씨, 신농씨와 같이 신화 속의 신들을 비롯해 한나라를 건국한 유방까지 거론했다. 이어 "그렇다면 삼국의 시조가 모두 신비하고 기이한 데서 나왔다 한들 어찌 괴이하랴. 이것이 〈기이(紀異)〉 편을 여러 편 앞에 두는 까닭이며 의도다"라고 밝히고 있다. 우리나라 역사가 단군의 이야기로 시작되는 것이 하나도 이상할 게 없다는 뜻이다. 기원전 57년 박혁거세의 즉위부터 우리나라 고대사를 시작한 '정사'인 『삼국사기』에 대한 유쾌한 도발이 아닐 수 없다.

그런데 일연의 논리가 용의주도한 것은 바로 『논어』 〈술이〉 편의 한 구절을 빌려 이른바 '탁고개술(托古改述)'했던 것이다. 탁고개재(托古改制)가 옛것에 의탁해 제도를 개혁한다는 의미라면, 탁고개술은 옛것에 의탁해 '저술(문장)'을 개혁한다는 의미로 쓰일 수 있을 것이다. 일연은 『논어』에 있는 괴력난신으로 글을 앞세운 뒤, 이어서 단군을 소개하며 우리 역사의 시공간을 2000년 더 확장시킨다. 여기서 일연은 공자의 '술이부작(述而不作)' 정신을 철저히 지킨다. 술이부작은 전해져 오는 옛것을 기술만 할 뿐, 창작하지 않는다는 말이다. 즉 선인의 업적을 이어 이를 설명하고 서술할 뿐 새로운 부분을 만들어 첨가하지 않는 태도를 의미한다. 일연도 단군을 소개하면서 중국 남북조시대에 쓴 『위서』를 먼저 인용하고 이어 고기(『단군고기』)에 나오는 단군의 기원을 상세히 전한다. 중화주의자들을 설득하기 위한 장치로 당나라 『배구전』과 『통전』을 더 인용한다.

'단군신화'는 일연의 창작이 아니라 예로부터 전해 오던 기록을 인용한 것을 드러내기 위함이다. 물론 일연은 옛 문헌을 인용하면서 혹시

설명이 부족하다고 생각되면 작은 글자로 부연 설명을 하는 협주(夾註)를 달기도 했다. 김부식도 삼국의 역사를 쓰면서 『위서』나 『고기』의 기록을 당연히 보았을 것이다. 그러나 김부식은 '괴력난신'이라며 쓰지 않았다. 또 우리나라가 요임금 등 중국과 같은 시기에 역사가 시작되었다는 사실도 애써 무시했다. 그러나 일연은 『위서』와 『고기』 등의 기록을 받아들여 여기에 '불교적 상상력'을 가미해 새로운 관점에서 삼국의 역사, 더 올라가 우리 민족의 시원까지 기록했던 것이다. 고대 그리스나 로마 등 신화적 세계로 시작하는 서구에 비춰 볼 때도 일연의 주장이 얼마나 설득력을 지니는지 알 수 있다.

다만 일연도 역사적 상상력에서 한계를 보였다고 한다. 환웅이 신단수 아래에 내려와 곰과 혼인해 단군을 낳은 이야기를 의심 없이 기록하면서 환웅이 내려온 '태백'을 지금의 묘향산이라고 설명한 것이다. 불교적 상상력으로 환웅과 곰의 혼인도 받아들였던 그가 정작 태백의 위치에 대해서는 상상을 포기하고 당시 고려의 영토 안에서 가장 신성시되었던 묘향산으로 설명한 것이다. 괴력난신에 관해서 자유스러웠던 그의 상상력이 영토 문제에서 한반도라는 지형에 스스로 가둬 버렸다는 것이다.

"『삼국유사』의 단군 기록은 상상력의 땅을 펼쳐 보이고 있다."

_이어령

『삼국유사』 원문을 읽으면서 『이어령의 삼국유사 이야기』를 곁들인다면 『삼국유사』의 수많은 이야기가 지닌 의미를 더 깊이 이해할 수 있다. 먼저 이어령은 『삼국유사』에는 우리 민족의 '원형archetype'이 담겨 있다고 말한다. 즉 단군에 나오는 곰은 한국인의 '마음의 기호'라고 말한다. 한국에 있어 산신의 화신은 곰이 아니라 호랑이다. 반면 지명을 보면 웅진을 위시해 호랑이보다는 곰에게서 유래된 지명이 더 많다. 이 두 가지가 바로 우리의 가치관을 상징하는데, 호랑이는 현실적이고 외적인 힘의 상징이며 곰은 이상적이고 내면적 힘의 상징이라고 풀이한다. 호랑이는 조선에서 무반의 상징이 된다. 곰은 힘을 안으로 간직한 자로 끈기와 참을성이 있는 인자(忍者)를 상징한다. 즉 호랑이가 '영웅'을 상징한다면 곰은 '성자(聖者)'를 상징한다. 곰은 뒤에 와서 사슴이나 거북, 학으로 변하게 되어 호랑이와 대조되는 문화, 선비의 조용한 세계의 표상이 되었다. 즉 곰은 덕치주의, 호랑이는 패권주의를 상징(원형)하는데, 인간의 승부에서 곰이 이겼다는 것은 패권주의보다는 덕치주의의 문화성을 우리 민족이 더 높이 샀다는 증거라는 게 이어령의 분석이다.

이어령은 『삼국유사』에 나오는 김유신의 이야기를 통해 동서양 영웅 개념의 차이를 말한다. 고대 이래 서양의 영웅이란 반역과 파멸의 운명을 지고 있다. 해피엔드란 없으며 부서지고 불타 버린 잿더미의 삶, 상처뿐인 영광 속에서 사라지는 자들이다. 이어령은 여기서 통일신라의 위업을 이룬 김유신의 영웅 개념은 서구식 영웅 개념과 다르다며 나폴레옹과 비교해 분석한다. 코르시카의 몰락한 귀족의 후예인 나폴레옹은 현실에 자기를 적응시킨 사람이 아니라 현실을 자기에게 적응시킨 역풍의 영웅이었다. 반면 김유신은 현실에 자기를 순응시키려 했다. 그러기 위해 그는 범인과 다름없는 행동을 취했다.

김유신은 몰락한 가야의 왕손이었다. 골품제가 있는 신라에서는 도저히 대성할 길이 없었다. 결국 그는 신라 왕족인 김춘추와 자기 여동생을 이용해 모략과 간계에 의해 야망의 길을 튼다. 즉 김춘추는 이미 처자가 있는 몸인데도 불구하고 김유신은 어린 여동생 문희로 하여금 그를 유혹하게 유도한다. 김유신은 축국 경기를 하다가 소매가 찢긴 김춘추에게 그것을 기워 준다는 구실로 문희의 방에 집어넣는다. 언니(보희)가 있었지만 더 젊은 동생이 유혹하게 한 것이다. 처녀인 문희는 성혼도 하지 않고 불륜의 씨를 잉태하게 된다. 김유신은 그것을 재빨리 역이용해 김춘추의 정실부인이 되도록 일을 꾸민다. 그리고 시치미를 떼고 문희를 태워 죽이려고 연극을 꾸민다. 그것도 선덕 여왕이 첨성대 구경을 하고 남산에 올라 놀이할 때 그 기회를 놓치지 않고 자기 집 문 앞에다 불을 지른다. 결국 김유신의 계책은 성공한다. 김유신은 임금까지 속인 것이다. 여기서 김유신의 영웅적인 모습보다는 '모사'의 음흉한 모습을 볼 수 있다. 아무리 삼국 통일의 야심이 컸다 해도 그것이 어린 동생의 청춘을 팔고 김춘추의 가정을 파괴한 김유신의 행동을 합리화시킬 수는 없다.

『삼국유사』를 보면 '간계'에 의한 싸움이 용서받았던 사실이 도처에서 발견된다. 살인자는 용서받아도 비겁자는 용납 안 되는 유럽의 윤리는 '영웅의 윤리'에 속한다. 그러나 폭력의 영웅을 부정하는 '성자의 윤리'에서 그 투쟁은 지략의 싸움, 즉 간계에 의존할 수밖에 없다. 『삼국유사』에서는 권위의 상징인 왕들 가운데서도 좋지 못한 지모, 약간 비겁한 수단이 관대하게 대우받는 경우가 많다. 이방에서 들어와 신라 4대 임금이 된 탈해는 나중에 왕이 되지만 신라로 들어와 한 이방인으로 정착하는 데 모략을 써 남의 집을 빼앗는다. 그는 호공의 집에 몰래 숯을 묻어 두고 이튿날 그 집을 찾아가 그것이 자기 조상들이 살던 집이라고 주장한다. 관가에 고발하자 관에서는 탈해에게 그 증거를 대라고 한다. 탈해는 본디 우리 조상은 대장장이였는데 잠시 이웃 시골에 간 동안 다른 사람이 빼앗았다고 말하면서 그 땅을 파보면 알 것이라고 한다. 그의 말대로 관가에서 땅을 파자 미리 묻어 두었던 숯이 나온다. 탈해의 술수에 넘어간 것이다. 이는 서동의 설화에서도 마찬가지다. 선화 공주가 서동을 사랑한다는 노래를 퍼뜨려 공주를 위기에 빠뜨리고 쫓겨나자 서동은 길에서 기다렸다가 공주를 차지하기 때문이다.

'성자의 윤리'에서는 아내가 역신에게 빼앗긴 처용처럼 복수하지 않는다. 대신 정당하게 앞에서 싸우지 않고 이면에서 싸우는 치사스러운 '모략의 문화'라는 전통을 만들어 내기도 한다. 아름다운 전통도 이렇게 뻗어 가면 오늘날 우리가 겪고 있는 정쟁과 분파의 악덕으로 나타나기도 한다고 이어령은 지적한다. 『삼국사기』의 원형 담론을 통해 현재 우리 사회의 부정적 단면들을 들추어 낼 수 있다는 것이다. 즉 우리 사회가 분열되고 기업 등 조직에서 모략이 횡행하는 것은 투쟁보다 끈기를 요구하는 '성자의 윤리'가 드러내는 부정적인 징후들이라고 할 수 있다.

『삼국유사』에서는 먼저, 기존 제도권의 '틀'에 안주하지 말라는 교훈을 얻을 수 있다. 김부식은 당시 고려 사회에 뿌리 깊게 자리 잡은 중화주의를 사상의 중심축으로 삼은 결과, 우리의 역사를 중국의 역사와 대등하게 내세울 수 없었다. 반면 일연은 중화주의의 틀을 허물고 거기에 불교적인 상상력으로 삼국의 역사를 서술함으로써 『삼국사기』가 지니는 역사의 한계를 넘어 상고시대까지 확장할 수 있었다.

또한 일연은 『삼국유사』에서 단군을 내세우기 위해 치밀한 설득 장치를 앞세웠는데 바로 '탁고개술'이다. 김부식은 『삼국사기』를 쓰면서 우리나라의 전통 자료와 문헌들을 무시하고 중국 자료에 전적으로 의존했다. 일연은 『위서』 등 중국의 자료는 27종을 인용했지만 우리 자료는 50종 넘게 인용했다. 고기, 향가, 비문, 고문서, 전각 등 출처도 다양하게 인용했다. 다양한 전거를 인용한 '탁고개술'로 일연은 『삼국유사』를 통해 무엇보다 역사의 영역을 확대할 수 있었다.

마지막으로 '역사적 상상력'이 얼마나 중요한지 새삼 알 수 있다. 미국은 9·11 테러가 일어난 후 이른바 '대미 테러 공격에 대한 국가위원회'를 만들어 3년여 동안 조사 활동을 벌였다. 조사위원회가 내놓은 결론은 '상상력의 부족'이었다. 즉 세계무역센터와 같은 초고층 빌딩에 비행기가 돌진하는 테러에 대비하지 못한 것은 이런 유형의 공격이 발생할 것이라는 상상을 하지 못했기 때문이라는 것이다. 김부식은 우리 민족의 역사를 기원전 57년부터 시작하면서 상고시대로 확장할 기회를 원천적으로 막아 버렸다. 이에 일연은 『삼국사기』가 가지는 역사 서술의 틀을 과감히 허물고 『삼국사기』보다 2000년을 더 확장시킬 수 있었던 것이다.

이어령은 "일연이 『삼국유사』에 적은 단군 기록은 반 페이지도 안 되는 기록이지만 그 내용은 한국 영토의 수만 페이지처럼 여겨지는 상상력의 땅을 펼쳐 보이고 있다"고 말한다. 그 상상력의 땅이 신화 공간인데 맨 먼저 나오는 땅의 이름은 아사달이다.

후기구조주의자 가타리와 들뢰즈는 우리가 살고 있는 이 공간을 계량 가능한 공간과 계량 불가능한 공간으로 나눈다. 지금까지 서구 합리주의 역사와 산업 문명이란 바로 이 계량 가능한 공간을 정복하고 소유하는 것이었지만, 앞으로 인류를 좌우할 공간은 바로 계량 불가능한 공간이라고 한다. 하늘과 바다가 바로 그곳이다. 또 역사가 미치지 못하는 영원성을 담고 있는 시원의 공간인 신화도 바로 계량 불가능한 공간이다. 앞으로 우리 민족이 혹은 우리 사회가 또는 우리 기업들이 도전해서 뻗어 가야 할 공간은 바로 신화와 같은 계량 불가능한 공간일 것이다. 그 공간을 확장하기 위해서는 바로 과감하게 틀을 깰 수 있는 인재, 치밀한 논리로 설득할 수 있는 인재, 상상력이 뛰어난 인재가 필요하다. 우리가 유려한 문장으로 포장된 정사인 『삼국사기』 못지않게 정사의 부스러기를 담았다는 『삼국유사』를 민족의 자산으로 가치 있게 보는 이유가 여기에 있다.

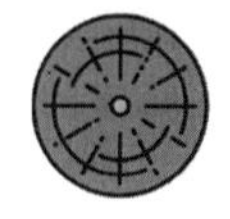

10
창의적 사고는 규범을 깨는 곳에서 나온다

"그리스 비극은 예방적 치료력을 가진다."

_니체

길고 긴 연극사에서 참다운 비극의 시대는 두 번밖에 없었다고 한다. 그리스 비극 시대와 셰익스피어 비극 시대를 두고 하는 말이다. 말하자면 역사상 위대한 비극 작가는 아이스킬로스와 소포클레스, 에우리피데스 등 고대 그리스 3대 비극 작가와 영국의 셰익스피어를 포함해 네 명뿐이라는 것이다. 이 시대에 유독 위대한 비극 작가와 작품이 나올 수 있었던 이유로 이디스 해밀턴은 『고대 그리스인의 생각과 힘』에서 그들이 살았던 시대를 꼽는다. 비극은 기원전 5세기 그리스의 산물로, 기원전 480년 살라미스 해전의 전후 시대상을 반영하고 있다.

당시 그리스는 페르시아 전쟁에서 승리하면서 국력이 가장 강했다. 셰익스피어 시대도 엘리자베스 왕조가 영국사상 가장 융성했다. 나라가 융성했기 때문에 국민들은 인간 개개인의 생명이 존엄하고 귀중하다는 사실을 자각했다. 당시 자신감에 충만한 그리스인들의 마음과 정신을 축복하고 나아가 그 자신감을 경계하고 미래를 대비하기 위한 '세례식'이 어쩌면 야외극장에서 비극 관람이었을 것이라는 생각마저 든다.

니체는 『비극의 탄생』에서, 그리스 비극은 그리스 민족의 청년기, 민족의 젊은 시절에 유행했다며 "페르시아 전쟁을 수행했던 민족은 필요불가결한 건강 회복의 음료수로서 비극을 필요로 했던 것"이라고 적고 있다. 또한 니체는 그리스 비극은 "젊음에서 오는 노이로제"라고도 표현했다. 그는 그리스 비극 합창단의 기원을 탐색하면서 '비극의 탄생'에 대해 썼다. 여기서 니체는 흥성한 시대에는 오히려 이 성함이 오래가지 않고 다시 절망하고 파멸할 수 있다며 추악한 인간상을 적나라하게 보여 주는 비극 작품을 보면서 삶에 대한 궁극적 구원을 갈구한다는 것이다. 그런데 니체는 플라톤의 말을 빌려, 그리스 온 땅에 최대의 축복을 가져온 것은 '디오니소스적 광기'였다고 강조한다. 그리스인의 육체가 한창 꽃피고, 그리스인의 영혼이 생명력으로 넘치고 부풀었던 저 수 세기 동안, 어쩌면 풍토병적인 광란으로 비극이 발생했다는 것이다. 흔히 디오니소스로 상징되는 광기는 충동적이고 비합리적인 것이어서 부정적인 요소로 간주되었는데 니체는 이를 과감히 '복권'시킨 것이다.

특히 그리스에서 비극이 인기를 끌고 국가적 행사로 성대할 수 있었던 것은 바로 비극이 지닌 '예방적 치료력' 때문이라고 니체는 강조한다. 비극은 '가장 잔인한 이야기들의 원형'이라고 하듯이 인간의 가장 추악한 밑바닥까지 들춘다. 마치 추악을 통해 선한 인간, 광기를 통해 합리적인 인간이 되도록 예방주사를 맞게 해준다는 것이다. 그 중재를 바로 비극이 한다며, 이것이 바로 비극이 지닌 최고의 가치라고 니체는 말한다. 소크라테스는 "인간의 가장 큰 축복은 신이 보내신 광기를 통해서 우리에게 온다"고 했다. 비극을 보면서 디오니소스적 도취의 절정에 달하면 관객들은 가면을 벗고 삶과 죽음이 존재하는 현실과 직면하게 된다. 인간으로서의 한계를 인식하고 자신의 존재에 대해 자각하게 되는 것이다. 그리스 비극의 유명한 인물인 프로메테우스와 오이디푸스 등도 모두 저 본래의 주인공인 디오니소스의 가면에 지나지 않는 셈이다.

창의적인 혁신을 이끌어 내는 '디오니소스적인 인재'

디오니소스적 광기는 에우리피데스의 비극 『바코스의 여신도들』에서 가장 잘 엿볼 수 있다. 테베의 왕 펜테우스는 디오니소스 신의 숭배를 거부하고 사람들을 축제에 참여하지 못하게 했다. 이에 그치지 않고 펜테우스는 "그 더러운 전염병을 내게 옮기지 마세요"라며 디오니소스의 신성을 부정하고 새로운 신으로 경배받는 디오니소스를 잡아오라고 한다. 펜테우스의 탄압에 대한 보복으로 디오니소스는 펜테우스의 어머니 아가베와 그의 누이들과 테베의 여인들을 언덕으로 불러들여 광란의 바코스(디오니소스의 로마식 표기로 바카스, 바쿠스로도 표기한다) 주연을 벌인다. 그러자 펜테우스는 디오니소스에게 바코스 신도들과 전쟁을 하겠다고 선언한다. 디오니소스는 인간인 주제에 신과 겨루어 싸운다면 파멸뿐이라고 펜테우스에게 경고한다. 펜테우스는 표면적으로는 디오니소스적인 광기에 맞서 싸우는 이성적인 인간의 전형(아폴론적 인간)이라고 볼 수도 있지만 오직 폭력으로 사태를 해결하려는 비이성적 통치자로 참혹한 최후를 맞는다. 결국 펜테우스는 새롭게 등장한 디오니소스 신에 대한 경배를 거부한 그 오만에 찬 행동으로 그것도 어머니의 손에 의해 갈기갈기 찢겨 죽임을 당한다. 즉 펜테우스는 디오니소스의 광기에 걸려 여장 차림으로 광란의 축제를 벌이는 바코스의 여인들에게 자신도 모른 채 이끌린다. 그리고 펜테우스는 광기로 제정신이 아닌 채 주연에 참여한 자신의 어머니 아가베에 의해 갈기갈기 찢겨 죽는 것이다. 아가베가 자신의 아들의 머리를 사자머리인 줄 착각하고 베는 것이다. 그러자 외할머니인 카드모스는 이렇게 외친다.

"아, 네가 저지른 일이 어떤 것인지 너 자신이 알 수만 있다면! 그 고통이 얼마나 크랴. 차라리 지금 상태 그대로 머물러 있을 수만 있다면 행복하진 못할지라도 자신의 불행은 모를 것인데……."

우리는 참혹한 일을 당하면 차라리 모르는 게 더 나을 것이라고 말하곤 한다. 자식을 짐승으로 착각하고 찢어 죽인 어머니를 보고 관객들은 디오니소스적 광기에 전율하며 누구에게나 닥칠 수 있는 참혹한 운명과 삶의 광기를 경계했을 것이다. 또한 디오니소스적 축제에 참가한 여성들은 가부장적 남성 중심 사회에 대한 해방감을 느끼게 해주고 일상적인 규범과 질서를 전복하고자 하는 충동을 완화하거나 해소할 수 있게 해주었을 것이다. 예전 우리나라 여인들이 봄날 진달래꽃으로 '화전'을 부치며 한바탕 놀이를 하면서 남성 중심 사회에서 억눌린 욕망을 분출했던 것처럼 말이다.

이 비극에서처럼 디오니소스 제의가 맡은 사회적 기능은 '정화'였다.

디오니소스 제의는 전염되기 쉬운 비이성적 충동으로부터 개개인을 정화했으며, 이 충동들이 억제되면 춤추는 광기의 발작이나 집단적 히스테리를 불러온다. 이 충동들이 발작을 일으키지 않게 하려면 엑스타시스(황홀경) 상태로 나아가야 한다. 엑스타시스를 통해 인간은 스스로 통제된 질서로부터 자유로움을 느낄 수 있다, 그러므로 디오니소스 제의는 엑스타시스를 통해 국민의 잠재된 불만을 완화시킬 수 있었던 것이다. 그리스 도시 국가에서 국가가 연극 경연을 관장한 이유가 여기에 있다.

니체는 '디오니소스적 도취'를 아리스토텔레스에서 시작된 카타르시스와 같은 선상에 둔다. 디오니소스적 도취는 비극의 궁극적 목표인 예술적 초월 상태, 즉 카타르시스의 경험을 가능하게 한다는 것이다. 결국 디오니소스적 도취는 예술적 경험으로 승화되어 비극의 형이상학적 정신의 토대가 된다. 카타르시스의 효용은 감정적으로 균형 상태에 있지 않은 자들을 자극하고 흥분하게 이끌어 격한 감정을 발산해 정서적 평정을 회복시키는 데 있다. 즉 카타르시스 또는 디오니소스적 도취로 고통으로부터 삶을 구원하는 것, 이것이 바로 비극의 정신이라는 것이다.

니체에 따르면, 그리스 비극 속에는 아폴론적인 것뿐만 아니라 디오니소스(바코스)적인 것으로도 상징되는 두 가지 예술적 충동이 존재한다. 그런데 그리스인들의 창조적 정신은 '아폴론(로마식 표기는 '아폴론')' 보다는 '디오니소스'에서 구현된다고 니체는 분석한다. 여기서 아폴론적인 요소는 그리스 조각과 건축에서 발견되는 억제, 조화 등이며 디오니소스적 요소는 모든 규범을 뛰어넘고자 하는 디오니소스 주신의 광란과도 같은 것이다. 공포와 허무에 직면하면서도 아폴론적인 예술로 승화함으로써 그리스인은 디오니소스적인 광기를 정복했다는 것이다. 니체 이후 많은 연구자가, 디오니소스가 지닌 무질서와 광기 등 비합리성에도 불구하고 디오니소스 정신이 인간 정신의 사유적 해방에 상당히 많은 기여를 했다는 점을 인정한다. 니체는 비극 작품이 지닌 디오니소스적인 광기에 처음으로 주목해 이를 비극의 탄생으로 결부시켰다. 광기와 충동으로 폄훼되었던 디오니소스는 마침내 위대한 예술의 원동력으로 대접받게 된 것이다. 그래서 니체의 철학을 '디오니소스적 긍정의 철학'이라고 한다.

디오니소스적 광기의 긍정적 측면은 기업이나 사회, 국가라는 조직에서도 적용할 수 있다. 이성과 합리성, 질서와 규범은 조직을 유지하고 관리하는 데 필수적이다. 이것이 아폴론적 요소이고 이를 중시하는 사람을 아폴론적 인간이라고 한다. 또한 열정과 충동, 광기는 언뜻 조직의 질서와 규범을 해칠 수 있다. 하지만 창의적 사고와 아이디어는 바로 새로운 생각을 통해 규범을 혁신할 때 나올 수 있다. 열정이 죽은 조직은 더 이상 발전할 수 없다고 하는 것은 바로 이 때문이다. 여기서 '디오니소스적 인재'가 필요하다. 달리 말하자면 조직은 '아폴론적인 인재'에 의해 합리적이고 이성적으로 유지되지만 이것만으로는 부족하다. 창의적인 혁신을 이끌어 낼 수 있는 디오니소스적인 인재가 필요하다.

만약 지금 회사가 대형 프로젝트를 수주하거나 영업 이익이 괄목할 만한 성과를 내면서 최고로 융성하는 국면을 맞고 있다면 그 경영자는 어떻게 해야 할까. 니체에 따르면 페르시아 전쟁에서 승리한 아테네인들은 그리스 비극에서 운명과 신 앞에서 몰락한 주인공을 보며 자신의 삶과 인생을 되돌아보았다. 젊음이 폭발하는 시기에는 희극이 아니라 비극을 보아야 한다는 것이다. 성취하고 성공하고 위대함을 노래하는 시기에는 반대로 그 성취와 성공, 위대함으로 인해 희생당하고 고통받는 사람들도 있기 마련이므로, 이들의 운명에 귀를 기울여야 한다는 것이다. 언젠가 자신도 그런 운명에 빠질 수 있기에 경계하고 또 경계하기 위해서일 것이다.

지금까지는 아폴론적 인간이 디오니소스적 인간을 지배해 왔다고 해도 과언이 아니다. 인간뿐만 아니라 조직, 나아가 국가를 지배해 왔다. 흔히 인간의 잠재된 욕망은 디오니소스 축제에서처럼 분출 대상이라기보다 통제와 절제 대상으로 간주되어 왔다. 조직에서 충동적인 사람은 회사의 경영을 위협하는 적으로 인식되기도 한다. 이러한 분위기로 사람들은 대부분 디오니소스적 열정과 광기를 아폴론적 이성과 규범으로 통제하려고 했다.

그러나 기업에서 창의적이고 혁신적인 아이디어와 제품을 생산해 내기 위해서는 아폴론적 인재와 함께 디오니소스적 인재도 함께 육성해야 한다. 아폴론적 인재가 '갑'이고 디오니소스적 인재가 '을'이 아닌 것이다. 둘은 때로 충돌하고 대립할 수 있지만, 서로의 특성을 잘 발휘한다면 모두가 조직의 혁신적인 성장을 이끌 수 있다. 즉 이들은 갑과 을의 관계가 아니라 대등한 역할을 하는 인재들인 것이다. 다만 조직의 안정기에는 아폴론적 인간이 갑의 역할을 할 수 있다면 혁신기에는 디오니소스적 인간이 갑의 역할을 할 수 있을 것이다. 즉 질서와 규범, 이성과 합리성을 중시하는 아폴론적 인재는 기업의 안정기에는 필요하지만 새로운 도약을 해야 하는 혁신기에는 열정과 광기를 지닌 디오니소스적 인재가 더 필요하기 때문이다. 안정적 성향의 인재들만 있는 곳은 결코 발전하지 못한다. 이것이 니체가 『비극의 탄생』에서 강조한 경영적 측면의 결론이라고 할 수 있다.

"그리스인을 구원한 것은 예술이다. 그리고 예술을 통해서 스스로를 구원한 것은 삶이다." 니체는 『비극의 탄생』에서 "너희는 먼저 '차안(此岸)의 위로인 예술'을 배워야 할 것이다"라고 말했는데, 그리스 비극은 그 작품을 읽는 것만으로도 우리 자신을 위한 애도의 노래가 될 것이다. 뿐만 아니라 혁신과 안정을 염원하는 최고경영자나 개인들도 그리스 비극이나 니체의 『비극의 탄생』을 읽고 그 행간의 의미를 되짚어 볼 수 있을 것이다.

02

마음가짐을 얻다

02

"내가 혼자 완락재에서 잘 때인데, 한밤중에 일어나 창을 열고 앉았더니, 달은 밝고 별을 깨끗하며 강산은 텅 비어 조용하고 쓸쓸해서, 천지가 열리기 이전의 세계인 듯한 생각이 들었다."

퇴계 이황의 제자들이 쓴 『퇴계선생문집』에 실려 있는 글이다. 한밤중에 일어나 달과 별을 보는 퇴계의 모습이 눈에 선하게 그려진다.

필자는 몇 년 전 아들과 함께 지리산 종주를 할 때 퇴계 이황이 500년 전에 경험했던 심야의 농익은 달빛을 경험한 적이 있다. 그날 세석산장에서 잠을 자다 12시를 아침인 줄 알고 갑자기 잠에서 깼다. 일어난 김에 잠시 물을 마시러 샘물이 있는 개울가 근처로 가는데, 세석산장에 온통 눈부신 달빛들이 농익게 타오르고 있었다. 그 순간의 모습이 지금도 눈에 선하다. 인문학을 접하면서 때로는 일상의 경험이나 일들을 대입해서 생각해 보는 것도 하나의 즐거움이다.

행운은 우연히 찾아온다고 한다. 그러나 행운은 성실한 사람에게만 덤으로 찾아온다고 말하기도 한다.

"행운은 매우 중요한 요소이다. 하지만 이런 행운을 차지할 수 있는 사람은 대부분 제대로 준비되어 있고 끈기 있는 쪽이며, 대개 그런 사람이 훗날 전기 작가의 주인공이 되는 것이다."

이는 20세기를 수놓은 400명의 성공 요인을 분석한 빅터 고어츨의 『세계적 인물은 어떻게 키워지는가』에 나오는 말이다. 이를 공식화하면 '큰 인물=준비+행운+끈기'로 나타낼 수 있다. 인문학을 처음 공부할 때는 머리가 지끈거리고 한 페이지만 읽어도 졸리지만 끈기 있게 읽다 보면 언젠가 행운의 주인공이 될 수 있을 것이다.

11

편안한 삶에 절대 타협하지 마라

"나는 피곤하지 않다. 하지만 날이 저물었다."

_니코스 카잔차키스

자신의 삶에 다시 뜨거운 열정을 채우고 싶다면 필자는 주저 없이 니코스 카잔차키스(1883~1957)의 『영혼의 자서전』을 추천하고 싶다. 열정이 식은 삶이라면 이 책이 강렬한 에너지로 보답할 것이라고 생각해서다. 카잔차키스가 죽기 2년 전에 쓴 이 작품은 그의 자서전인데, 정말 믿기지 않을 정도로 강렬한 문체로 젊은 날을 묘사하고 있다. 청년 시절의 방황과 여행 등 삶의 격정을 그린 이 책은 커다란 울림으로 가득하다. 미처 완성하지 못하고 그가 세상을 떠나자 부인 엘레니 카잔차키가 마무리했다고 한다.

부인은 이 책의 말미에 "카잔차키스는 신에게 10년만 더 그의 일을 완수해 할 말을 모두 다 하고 '속이 텅 빌 수 있도록' 10년만 더 달라고 요구했다"고 한다.

"시각 후각 촉각 미각 청각 지성 – 나는 내 연장들을 거둔다. 밤이 되었고, 하루의 일은 끝났다. 나는 두더지처럼 내 집으로, 땅으로 돌아간다. 지쳤거나 일을 할 수가 없기 때문은 아니다. 나는 피곤하지 않다. 하지만 날이 저물었다."

카잔차키스는 이렇게 고하고 지상을 떠난다. 그의 곁에서 33년 동안 살아온 부인은 "그가 저지른 나쁜 행동 때문에 부끄러움을 느꼈던 순간이 단 한 번도 없었다. 그는 정직했고 꾸밈이 없었고 결백했으며 다른 사람들에게는 한없이 다정했으나 자신에게만은 가혹했다"고 말한다. 동양에서 가장 오래된 고전인 『주역』에 나오는 말이 '자신에게 엄격하고 남에게 관대하라'는 것이다. 흔히 대부분 사람들은 자신에게 관대하고 남에게 엄격하기 때문이다. 이 세상을 살다 간 이들 중에서 그 이름으로 존경의 염원을 담아 호명되는 이들은 대부분 자신에게 엄격하고 남에게 관대했다. 카잔차키스도 그랬다고 부인은 고백한다. "난 베르그송의 말대로 하고 싶어 – 길모퉁이에 나가 서서 손을 내밀고 지나가는 사람들에게 구걸하는 거야. '적선하시오, 형제들이여! 한 사람이 나에게 15분씩만 나눠 주시오.' 아, 약간의 시간만, 내가 일을 마치기에 충분한 약간의 시간만이라도 얻었으면 좋겠소. 그런 다음에는 죽음의 신이 얼마든지 찾아와도 좋아요."

그러나 카잔차키스는 마지막 삶을 다하는 그 순간에 자신이 더 할 일이 남았으니 제발 '시간 좀 달라'고 신에게 간구한다. 그는 일흔네 살의 길지도 짧지도 않은 삶을 살았다. 동양의 위대한 성인 공자는 일흔두 살까지 살았으니, 위대한 현자도 대부분 70 인생을 넘지 못했다. 뜻대로 행해도 어긋나지 않는다는 '고희(古稀)'가 바로 일흔의 나이를 가리킨다. 아직 다하지 못한 일이 남은 카잔차키스는 부인에게 이렇게 말했다. "난 하고 싶은 말이 너무나 많아. 나는 세 개의 웅대한 주제, 세 개의 새로운 소설 때문에 또다시 고통받게 되었어. 하지만 난 우선 『영혼의 자서전』을 끝마쳐야 해."

그렇지만 신은 카잔차키스에게 더 이상의 시간을 '적선'하지 않았다. 1956년 가을에 『영혼의 자서전』을 쓰기 시작해 채 마치지 못하고 이듬해 10월 26일 펜을 떨구고 말았다. 하지만 그는 1년 만에 상상을 초월할 정도로 자서전을 써 내려가 20대까지 마무리할 수 있었다. 그의 『영혼의 자서전』이 거기서 끝날 수밖에 없었던 것은 바로 그의 죽음 때문이었다.

인생에서 시간만큼 엄혹하고 냉정한 게 있을까. 시간은 누구에게나 가장 공평하게 적용된다. 다만 그 시간 속에서 자신만의 시간표를 얼마나 잘 짜고 관리하고 이행하느냐에 따라 그 시간의 총량이 달라진다. 그는 마지막에 펜을 잡을 수 없어 부인에게 받아 적게 하다 그것도 제대로 되지 않자 이런 말을 한다. "난 연필을 손에 쥐어야만 생각이 머리에 떠올라." 글을 쓰는 이들이라면 공감이 가는 대목이다. 연필을 쥐고 마지막 한 방울의 에너지라도 쏟아 글을 쓰고 싶지만 그렇게 되지 않았던 카잔차키스의 난감한 얼굴을 떠올려 본다.

그의 유년 시절과 청소년 시절, 대학 시절과 집을 떠나 본격적으로 방랑이 시작된 파리 체류 시절까지, 즉 20대까지 카잔차키스의 삶을 생생하게 만나 볼 수 있는 책이 바로 『영혼의 자서전』이다. 또한 위대한 영혼의 작가, 자유의 작가 혹은 투쟁의 작가가 나오기까지에는 아버지가 있었다. 그야말로 글도 깨우치지 못한 무지한 아버지였지만 아들의 성장과 그 후 작가로 성장하기까지 크나큰 영향을 미치는 존재가 되었다.

카잔차키스는 터키의 식민 지배를 받은 크레타에서 태어났다. 아버지는 글도 배우지 못한 촌부였지만 크레타 독립 투쟁의 선봉에 섰다. 아버지는 화약으로 변색된 종이에 간략한 편지를 아들에게 보내왔다. "터키 놈들과 싸우며 난 할 바를 다하고 있단다. 너도 싸워야 하니, 꿋꿋하게 버티면서 크레타 출신이라는 사실을 잊지 마라. 무기로 돕지는 못하더라도 넌 머리로 도울 능력을 갖추었겠지? 머리도 역시 총이야. 나로 하여금 부끄럽게 하지 마라!"

이 편지를 받은 카잔차키스는 크레타 전체를 어깨에 걸머진 기분이 들었다. 그는 훗날 크레타를 떠나 생활하면서 늘 크레타의 흙 한 줌을 몸에 지니고 다녔다. 방황의 시절이나 벅찬 고뇌의 순간에도 그 흙을 꼭 쥐며 큰 힘을 얻었다고 한다. 결국 그는 아버지의 말대로 무기가 아닌 머리로 조국의 명예를 드높인 셈이다. 달리 말하자면 카잔차키스를 자유와 영혼의 작가로 만든 것은 아버지의 '남성적 훈육'이라고 할 수 있다.

"여행에서 만난 위대한 항해자들이 나를 자극했다."

_니코스 카잔차키스

카잔차키스가 자유로운 영혼의 작가로 불리게 된 것은 여행 덕분이었다. 카잔차키스는 대학에 다닐 때부터 여행을 시작했는데, 그의 삶과 문학의 시작이자 완성은 다름 아닌 여행이라고 할 수 있다. 카잔차키스는 크레타의 집에 돌아오면 이내 다시 떠나고 싶었다. 한번은 어머니가 울면서 물었다. "언제까지 넌 방랑만 할 생각이니? 언제까지 말이야?" 어머니의 근심을 뒤로하고 그는 어머니의 손에 입을 맞추면서 죽을 때까지 방랑할 거라는 말을 하고 싶었으나 속으로 삼켰다.

"그러나 몇 달 만에 나는 또다시 압박감을 느꼈다. 길들이 좁아졌고 집이 답답해졌으며 마당의 박하나무와 금잔화는 향기를 잃었다. 옛 친구들이 눌러앉아 살아가는 모습을 보고 나는 두려움에 사로잡혔다. 나는 사무실의 네 벽 안에 절대로 갇히지 않고 편안한 삶과 절대로 타협하지 않고, 필요성과 절대로 계약하지 않겠다고 결심했다." 요즘 청년들이 배워야 할 점이 아닐까 싶다. 그는 자주 항구로 내려가 바다를 보았다. 바다는 자유의 문 같았다. 그는 그 문을 열고 뛰쳐나가자고 다짐한다. "나는 아직도 젊음의 탐욕과 오만에 시달렸고, 여행을 해서 세상을 넓혔던 위대한 항해자들과, 절대성을 추구했던 테바이의 은자들이 내 마음속에서 충동질을 했다."

그의 자서전을 읽으면 독자는 어느새 방황과 불면의 밤을 지새우던 청춘의 날들로 데려다주면서 미지의 세계를 향해 떠나고 싶은 충동에 휩싸인다. 카잔차키스의 아버지는 아들이 대학을 졸업한 뒤 1년간 여행을 허락해 주었고 그는 여행을 마쳤다. 하지만 아들은 여전히 취직을 하려고 하지 않고 또 떠날 생각을 한다. 그는 이 도시에서 저 도시로 분주히 돌아다녔다. 그림과 조각품과 성당과 궁정들, 그리고 여인들을 엄청난 탐욕과 갈망으로 보고 또 보았다. 그리고 "아름다움은 무자비하다"라는 유명한 말을 남긴다.

대학을 졸업하고 취직하지 않은 채 빈둥거리며 지내던 어느 날 카잔차키스는 용기를 내어 아버지에게 말했다. "아테네 대학교로는 충분하지가 않습니다. 전 더 훌륭한 무엇을 배우고 싶어요. 외국으로 나가고 싶어요." 아버지는 당장은 그가 크레타에서 취직하거나 사무실을 내어 일자리를 갖게 하고 싶었지만 그건 아버지의 바람일 뿐이었다. 아버지는 거칠고 교육을 받지 못했지만, 아들의 '지성의 발전'을 위한 일이라면 그 무엇도 거절하지 않았다. 아버지는 결국 대학을 졸업하고도 취업할 생각조차 하지 않고 다시 먼 곳으로 떠나기를 갈망하는 아들을 보낸다. 아버지는 항구까지 데려다주면서 아들의 손을 꼭 쥐고 말했다.

"잘 가거라. 몸조심하고. 그리고 정신 똑바로 차려!" 이 말은 세상의 아버지라면 누구나 자식에게 해주고 싶은 말일 것이다. 아주 상투적이지만 여기에는 거친 세상에서 싸우며 살아가야 하는 자식에 대한 걱정과 부성애가 오롯이 담겨 있다.

여기에서 '자식은 언젠가 떠나보내야 한다'는 진리를 재확인하게 된다. 세상으로 나아간 자식은 세파를 뚫고 홀로서기를 하면서 비로소 아버지의 삶을 느끼게 된다.

결국 유럽 여행에 오른 카잔차키스는 파리도서관에서 니체를 처음 접한다. 뜻밖에 한 여성이 다가와 니체의 얼굴처럼 생겼다며 니체의 책을 가져다준 것이다. 그는 니체 이야기는 들었지만 니체가 쓴 책을 한 권도 읽어 보지 못했다. 창피하고 부끄러웠다. 『차라투스트라』를 접한 카잔차키스는 엄청난 문화적 충격을 받았다. 그길로 니체가 깨달음을 얻었다는 제네바로 순례의 길에 나섰다. 니체의 어머니가 살던 집을 찾아냈고, 엥가딘에서 봄의 햇살을 받으며 니체가 처음 영원회귀의 환상에 감격했던 피라미드 같은 바위를 찾았다. 카잔차키스는 20대 후반에야 비로소 니체를 접하고 순례길에 나섰으며 세계적인 작가로 우뚝 설 수 있었다.

세계적인 금융 회사인 시티그룹이 한 세미나에서 보여 준 실험이 있다. 그 실험은 돌, 자갈, 모래, 물 네 가지로 항아리를 채우는 실험이었다. 사람들이 항아리를 채우는 방법은 제각각이었다. 어떤 사람들은 이 중 한 가지 또는 두 가지만으로 항아리를 채웠다. 또한 자갈이나 모래로 먼저 항아리를 채워 큰 돌은 넣어 보지도 못하는 사람들도 있었다. 이 실험의 요체는 바로 큰 돌을 언제 넣느냐에 달려 있다. 즉 큰 돌을 먼저 넣지 않으면 영영 들어갈 자리가 없다. 우선순위를 정해서 순서대로 돌, 자갈, 모래, 물의 순으로 넣으면 네 가지는 서로 방해받지 않고 조화를 이루면서 항아리를 채울 수 있다고 한다.

이 실험에서 배울 수 있는 교훈은 바로 우선순위를 정하는 것이다. 일의 우선순위는 기업의 업무를 처리할 때만이 아니라 개인이 자신의 삶을 살아가는 데도 필수적이다. 특히 인생의 고비마다 먼저 '큰 돌'을 정하고 집중하는 게 가장 중요하다는 교훈을 도출해 낼 수 있을 것이다. 달리 말하면 인생에서 가장 중요한 계획(큰 돌)들을 우선 시기별로 세우고 거기에 따라 세부적인 계획(자갈)과 그 계획을 뒷받침해 줄 지침(모래)과 일상에서의 실행 사항(물)을 정하는 것이라고 하겠다.

카잔차키스는 젊은 날 자신의 삶의 우선순위를 취직이나 일자리에 두지 않았다. 그가 우선순위를 둔 것은 더 넓은 세상을 알고 싶은 방랑의 여행이었다. 그 우선순위는 결국 그를 자유와 투쟁의 작가로 만들었다. 다만 필자는, 카잔차키스가 어쩌면 마지막에 자신의 삶을 방심하지 않았을까, 하는 생각을 해본다. 그가 마지막에 전 인생을 담은 『영혼의 자서전』을 쓸 계획을 세워 두었더라면 좀 더 일찍 계획을 실행했어야 하지 않았을까. 그랬더라면 시간을 적선해 달라고 간구하지 않아도 되지 않았을까. 물론 인생이란 예정한 대로 가다가도 느닷없이 돌부리를 만나 넘어지기도 하지만 말이다. 이때 대부분의 사람들은 넘어져도 툭툭 털고 일어나 다시 갈 길을 향해 나아간다. 하지만 카잔차키스처럼 운명의 시간이 남아 있지 않다면 달리 손을 쓸 수 없게 된다. 카잔차키스의 『영혼의 자서전』을 읽으며 그의 젊은 날을 따라 여행을 떠나 보자. 그리고 다시 젊은 날의 회상을 통해 지금의 나를 되돌아보고 성찰하면서 다시 살아갈 날을 계획해 보자. 그것이 나를 이기는 길이다.

12
군자는 소인의 욕망을 멀리한다

"군자는 덕을 생각하고 소인은 땅을 생각한다."

_공자

한 해를 마무리하는 연말이 되면 누구나 한 번쯤 자기반성을 하기 마련이다. 과연 올 한 해 의미 있게 살았는가, 남에게 피해를 주지는 않았는가, 한 번쯤 되돌아보게 된다. 누구나 항상 착하게만 살아갈 수는 없다. 때로는 남에게 거짓말을 할 때도 있고, 자기 자신의 위선을 눈감아 줄 때도 있기 마련이다. 어느 방향으로 더 많이 기울었느냐에 따라 삶의 방향이 결정될 것이다. 거짓말이나 나쁜 일은 아주 적게 하고 대신 착한 일을 많이 하고 거짓말을 하는 경우가 아주 적다면 이른바 '군자'의 삶이라고 해도 지나치지 않을 것이다. 물론 그 반대는 소인의 삶이라고 할 수 있겠다.

공자는 군자와 소인에 대해 이렇게 구분한다. 군자는 회덕(懷德)하고 소인은 회토(懷土)한다. 즉 군자는 덕을 생각하고 소인은 땅을 생각한다. 또한 군자는 형벌을 생각하고(懷刑) 소인은 은혜만 생각한다(懷恩). 이는 『논어』의 〈이인(里仁)〉 편에 나온다. 군자는 자기 인격과 수양에 힘쓰고 소인은 편하게 살 수 있는 곳만 찾으며, 군자는 혹시라도 법에 저촉되지 않을까 조심하는데, 소인은 누가 내게 특별한 호의를 보여 주지 않나 기대한다는 뜻이다.

"소위 군자와 소인의 차이란 어떤 절대적인 경계가 있는 것이 아닙니다. 군자도 수시로 소인으로 변할 수 있고, 소인 또한 때로는 군자의 도를 지닐 수 있습니다." 이는 중국의 현자로 통하는 남회근이 쓴 『주역계사』에 나오는 말이다. 남회근은 이 때문에 도둑에게도 도가 있다면서, 이런 관점에서 보면 세상에서 어떤 사람이 좋은 사람이고 어떤 사람이 나쁜 사람인지 구별하기가 매우 어렵다고 말한다.

때로 착한 친구가 쉽게 이혼하는 경우를 보게 된다. '저 친구 같으면 부인과 평생 싸움 한번 안 하고 지낼 텐데……' 하는 생각이 드는 친구인데 신혼을 얼마 보내지 않고 이혼하는 것이다. 물론 마음씨가 고약한 사람도 이혼을 하지만 상대적으로 마음씨 착한 사람은 이혼을 하지 않을 거라고 생각하기 십상이다. 남회근의 다음 글은 이런 경우를 두고 한 말이 아닐까.

"좋은 사람도 어떨 때는 아주 나쁠 수 있습니다. 그 사람이 평시에 너무 좋았기 때문에 오히려 원래 나쁜 사람보다도 훨씬 더 감수하기 힘들 수 있습니다. 좋은 사람이기 때문에 도리어 고집스럽고 융통성이 없습니다. 아무리 바꾸려고 설득해도 바뀌지 않습니다. 원래 나쁜 사람보다 더 곤란하지요." 한마디로 착한 사람이 고집을 한번 부리면 꺾기가 쉽지 않다는 말이다. 남회근은 나아가 '군자인 척하는 사람'이 위험하다고 지적한다. "이 때문에 옛사람들은 차라리 소인은 쓸 수 있어도 군자인 척하는 자는 쓰기 어렵다고 한 것입니다. 군자인 척하는 자보다는 소인이 오히려 다루기 쉽지요."

공자의 손자인 자사가 지은 『중용』에는 군자인 척하는 소인을 다음과 같이 말하고 있다. "소인은 한가롭게 지낼 때는 거침없이 불선을 행하다가 군자를 보면 그런 일이 없었다는 듯이 자신의 불선함을 가리고 자신의 선함을 드러낸다." 기업에서도 군자인 척하는 직원들이 있을 것이다. 근무시간에 컴퓨터로 열심히 주식 정보를 들여다보며 재테크에 몰입하면서 '열심히 일하는 척하는 모습'이 바로 그것이다. 『중용』은 이어 혼자 있을 때 한 불선은 얼굴에 드러나기 마련이라고 한다. "그러나 사람들은 그 속을 훤히 들여다보고 있으니 무슨 도움이 되겠는가. 이것은 진실로 '마음속에 있는 것은 밖으로 드러난다'고 한다." 회사에서 부서의 상관이나 최고경영자라면 부하나 임직원들의 불선이 읽히기 마련이다. 그 불선을 읽을 능력이 없다면 그 자리에 앉을 재목감이 아닐 것이다.

그러나 남회근은 "군자나 소인은 어린애들이 TV를 보면서 좋은 사람과 나쁜 사람을 얼른 판별해 내듯 그렇게 용이한 일이 아니다"라고 말한다. 이때는 그의 말과 행위 속에서 판별해 낼 수밖에 없다. 그렇다면 군자와 소인은 어떻게 차이를 드러낼까. 남회근에 따르면 공자는 군자의 도가 드러나는 곳은 '출처어묵(出處語默)'이라는 네 글자로 요약한다. 누구나 경험하듯이 인생의 문제는 참으로 '출처'의 문제라 할 수 있다. 그래서 옛사람들은 삶에서 제일 어려운 부분이 출처의 문제라고 말했다. 더욱이 사회가 어지럽고 정쟁이 치열할 때, 과연 세상에 나서야 할지 나서지 말아야 할지는 매우 어려운 문제다. 기업들도 경제 위기에서 내년에 공격적인 투자를 해야 할지 말아야 할지 여부로 여간 고민이 아닐 것이다. 출처의 문제는 개인뿐만 아니라 조직도 예외가 아니다. 또한 어떤 일에 대해 침묵할 것인지 말할 것인지도 여간 중요한 문제가 아니다. 말해야 할 때 말하지 않으면 소인으로 전락하고 만다. 그렇다고 아무 때나 말하면 그 역시 소인으로 되고 만다. 그래서 공자는 군자란 마땅히 나서야 하느냐 물러서야 하느냐, 또는 마땅히 말해야 하느냐 말하지 말아야 하느냐 하는 것, 즉 출처어묵에 달려 있다고 말하는 것이다. '출처어묵'이 군자와 소인의 기준으로 삼을 수 있는 경계라는 말이다.

"현인은 남의 장점을 찾아내고, 소인은 남의 결점을 들추어 낸다."
_오긍

연말이 되면 생각나는 소설이 있다. 바로 영국의 자수성가형 소설가인 찰스 디킨스가 쓴 『크리스마스 캐럴』이다. 인색한 구두쇠를 상징하는 스크루지는 바로 이 소설에서 유래한다. 주인공인 에브니저 스크루지는 말리의 상점을 공동 경영했는데 말리가 먼저 죽자 혼자 경영한다. 언제나 냉기를 뿌리고 다닌 스크루지는 맷돌 손잡이를 꽉 움켜쥔 손아귀처럼 인색하기 짝이 없는 사람이라고 묘사되어 있다. "쥐어짜고 누르고 움켜쥐고 벅벅 긁어모으고 한번 잡으면 절대 놓지 않는 탐욕스러운 늙은 죄인! 사무실은 얼음 창고처럼 으스스했는데, 크리스마스라고 해서 사무실 온도를 단 1도라도 올리는 법이 없었다. 거리에서 그를 붙잡고 반가운 얼굴로 '어이, 스크루지, 어떻게 지내나? 언제 한번 우리 집에 놀러 오게'라고 말하는 사람은 아무도 없었다. 거지들도 그에게는 한 푼도 구걸하지 않았고……."

한 신사가 방문해 기부를 부탁하자, "날 좀 가만히 내버려 두시오. 신사 양반, 나 자신이 크리스마스에 별로 즐겁지가 않기 때문에 게으른 사람들까지 즐겁게 해줄 여력이 안 되오"라며 외면한다. 그는 음침한 선술집에서 홀로 저녁 식사를 하고 독신자 아파트에서 잔다. 누구를 위해 돈을 벌고 모으는지도 생각하지 않고 오직 구두쇠로 살아가는 게 목적인 양 인색한 삶을 계속한다. 그러던 어느 날 동업자였던 제이컵 말리가 유령으로 에브니저 스크루지 앞에 나타난다. 말리는 앞으로 3일 동안 과거, 현재, 미래의 유령을 차례로 만난다고 그에게 전한다. 먼저 과거의 유령은 스크루지의 가여운 어린 시절로 데려간다. 이어 견습생 시절 자신들을 키워 준 마음씨 따뜻한 페그위치 부부를 만난다. 잠시 그는 견습생 시절 페그위치 부부를 다시 보면서 방금 자신의 직원에게 따뜻한 말 한두 마디라도 건넬 걸 그랬다고 생각하기도 한다. 이어 조금씩 근심과 탐욕의 그늘이 지기 시작한 자신의 얼굴과 대면한다. 스크루지는 탐욕스러운 구두쇠가 되어 가는 자신을 본다. 다음 날 밤 '현재의 유령'이 그를 찾아온다. 현재의 유령을 따라 스크루지는 조카가 놀고 있는 모습을 엿본다. 조카는 삼촌 스크루지를 다음과 같이 그리고 있다. "동물, 그중에서도 살아 있는 동물이되, 혐오스럽고 야만스러우며, 으르렁거리고 꿀꿀대며……." 조카는 삼촌을 '혐오감을 주는 인간 이하'라고 말하는 것이다.

그다음 날 밤 스크루지는 '미래의 유령'에게 인도되어 급기야 자신이 죽은 후의 모습을 보게 된다. 미래의 유령은 스크루지가 죽고 난 다음 날로 데려간다. 그가 운영하는 상점이나 집 안의 물건이 모두 강탈당한다. 침대 위에는 모든 것을 약탈당하고 빼앗긴 채 지켜 주는 이도, 울어 주는 이도, 돌봐 주는 이도 하나 없는 남자의 시신이 놓여 있다. 스크루지는 교회의 묘지 터에 묻힌 자신의 초라한 묘지를 보고 나서야 비로소 자신이 살아온 삶을 후회하기 시작한다. 결국 미래의 유령에게 "이게 환영이라면 앞으로는 다르게 살겠다"고 간청한다.

"무엇보다 기쁘고 다행스러웠던 점은 지금껏 저질러 온 잘못을 바로잡을 시간이 아직 남아 있다는 사실이었다! 그는 무릎을 꿇고 하느님과 크리스마스를 찬양했다. 간밤에 유령에게 애원하면서 격렬히 흐느낀 탓에 얼굴은 눈물범벅이었다."

스크루지는 칠면조를 사서 한 번도 찾지 않았던 조카 프레드의 집에 가져간다. "스크루지와 말리 씨 사무실이 맞습니까"라며 찾아왔던 신사에게 기부금도 내놓는다. 밥에게 월급을 올려 주고 난롯불도 지펴 사무실을 따뜻하게 한다. 스크루지는 유령에게 자신이 한 약속보다 더 많이 베풀며 살았다. 인색한 구두쇠였던 스크루지는 유령과의 만남 이후 좋은 친구이자 너그러운 주인, 선량한 시민으로 살았던 것이다. "어떤 사람들은 스크루지의 달라진 모습을 보고 웃기도 했지만 스크루지는 그들이 웃든 말든 별로 개의치 않았다. 처음에 사람들의 비웃음을 각오하지 않으면, 이 세상엔 영원히 아무 일도 일어나지 않는다는 사실을 알 만큼 현명했기 때문이다." 그는 수많은 사람을 위해 베풀면서도 자신에게는 완벽한 금욕주의자로 살았다.

디킨스는 다시 태어난 스크루지가 자선을 베풀며 뛰어다니는 모습을 보여 줌으로써 희망적인 미래의 모습을 제시한 것이다. 달리 말하자면 디킨스가 보여 준 스크루지라는 인물은 소인의 삶에서 군자의 삶으로 나아갈 수 있다는 표상을 보여 준 것이라고 할 수 있다. 나아가 디킨스는 이 소설을 통해 국가의 상황이 절망적인 경우 당연히 더 부유한 계층의 가정부터 솔선수범해 자선을 실천하면 그 효과가 동심원처럼 확산되어 더 따뜻하고 공평한 사회가 될 것이라는 믿음을 널리 알렸던 것이다. 지금 우리 사회의 리더들이 읽어야 할 책이 어쩌면 『크리스마스 캐럴』 아닐까.

오긍이 쓴 『정관정요』에는 동덕(同德)과 붕당(朋黨)이라는 표현이 나온다. 『정관정요』는 당 태종의 덕치 비결을 쓴 책인데, 태종은 위징이라는 직언을 하는 관리를 옆에 두고 통치했다. 위징은 태종에게 군자와 소인을 비유하며 군자의 길로 나아갈 것을 직언한다. "소인에게도 작은 선이 없는 것은 아니옵고 현인에게도 작은 과오가 없는 것은 아니옵니다. 하오나 현인의 작은 허물은 백벽의 작은 흠집과 같은 것이며, 소인의 작은 선은 무딘 칼이 어쩌다가 한 번 잘 드는 것과 같은 것이옵니다. 소인의 작은 선을 참된 선이라 하고 현인의 작은 허물을 진짜 악이라고 하는 것을 옥석혼효(玉石混淆)라고 하옵니다. 현인은 남의 장점을 찾아내지만 소인은 남의 결점을 들추어 내는 법이지요." 위징은 "무릇 선을 가지고 함께 일하는 것을 동덕이라 하옵고, 악을 가지고 일을 꾸미는 것을 붕당이라 하옵니다"라고 진언한다.

결국 리더가 '동덕 경영'과 '붕당 경영'의 경계에서 어느 쪽으로 가느냐에 따라 그 조직은 흥하느냐 쇠하느냐의 길로 접어들게 된다. 물론 리더는 옥석혼효의 어리석음에 빠지면 안 된다. 이는 가정이든 기업이든 국가든 마찬가지다. 누구든지 군자와 소인의 경계선에서 유혹당하며 넘나들 수 있다. 이때 '땅'과 '이익'을 탐하는 소인의 욕망을 멀리한다면 우리가 사는 세상이 좀 더 아름답지 않을까.

13
우둔하지만 끈기 있게 기다려라

“한 치의 명성을 얻으면 비방은 그 열 배나 돌아온다.”

_박지원

이젠 소셜 네트워크 서비스SNS를 활용하지 않으면 비즈니스를 할 수 없다. 베스트셀러가 되려면 트위터나 카페 커뮤니티 등 SNS를 활용하지 않으면 안 된다. 그만큼 SNS를 활용한 마케팅이 중요하다는 말이다. 비단 브랜드나 상품뿐만 아니라 정치인이나 유명인, 심지어 소설가나 판사조차 SNS를 통한 소통에 나서고 있다. 최근에는 유명인들이 SNS를 적극 활용하며 자신의 발언을 강화하고 사회적 영향력을 행사하는 게 문화이자 트렌드가 되고 있다. 트위터를 활용하지 않으면 자칫 소통을 못하는 이미지로 덧칠될 수도 있기 때문이다.

문제는 SNS가 일방향이 아니라 쌍방향이어서 자칫 ‘신상 털기’의 대상이 되거나 댓글로 난타당할 수도 있다는 점이다. 보이지 않는 손들에 의해 언어의 폭력에 시달리면 엄청난 심리적인 후유증을 겪게 된다. 자신이 잘못하지 않았는데도 비난 대상이 되면 자기 내면에 상처를 입는 '자아 위축ego deflation'에 빠질 수 있다. 이로 인해 우울증이나 대인 기피증을 겪게 되고, 심하면 자살로 이어질 수도 있다. 이른바 '내공' 혹은 속된 말로 '맷집'이 없으면 이러한 심각한 후유증에 시달리게 되는 것이다. SNS의 문제가 아니더라도 사회생활을 하자면 누구나 대인 관계나 직장 관계, 사업 관계 등으로 인해 때로는 비난과 비판 대상이 되기도 하는데, 이처럼 엄청난 스트레스를 받으면 자아 위축에 빠질 수도 있다.

때로는 글쓰기를 직업으로 하는 작가나 칼럼니스트, 언론인 등도 자신이 쓴 글로 비난을 받으면 자신감을 잃고, 심지어 절필로 이어지기도 한다. 예민함으로 자신의 재능을 스스로 닫은 작가도 있다. 쉰한 살 때 쓴 『테스』로 우리에게도 유명한 토머스 하디(1840~1928)는 영국 문학을 풍부하게 만든 최고의 소설가로 꼽힌다. 그러나 하디는 뜻하지 않은 혹평을 받은 뒤 다시는 소설을 쓰지 않았다. 하디는 19세기 말 영국 사회의 인습과 편협한 종교인의 태도를 용감히 공격하고, 남녀 간의 사랑을 성적인 면에서 대담하게 폭로했다. 그 때문에 당시 도덕가들로부터 맹렬한 비난을 받고, 쉰다섯 살 때 『미친한 사람 주드』를 끝으로 장편소설 집필을 그만두었다. 하디는 10년 정도 글쓰기를 중단하다 1903년부터 5년 동안 대서사 시극 『패왕The Dynasts』을 쓰며 재기했다. 웨스트민스터 사원에 묻힌 위대한 작가였지만 비난이 항상 뒤따랐다. 한때 미술 평론가가 되려고 했던 그는 시 짓기에 뜻을 두어 작품을 썼으나 인정받지 못해 소설을 쓰기 시작했다. 그런데 점점 어두운 내용이 많아짐에 따라 세상의 비난을 받기도 했다. 그것은 그가 지내온 불안한 시대를 반영한 것이었지만 독자와 평론가들의 몰이해로 심한 마음의 상처를 입고 자아 위축에 빠졌던 것이다.

수많은 비난에 시달렸던 연암 박지원(1737~1805)은 "한 치의 명성을 얻으면 비방은 그 열 배나 돌아오는 법이다"라고 토로했다. 연암은 "옛 사람의 말 가운데 '걸핏하면 비방을 받지만 그래도 명성은 따른다'라는 말은 아마도 허무맹랑한 말인 것 같다"고 했다. 세상은 시대정신을 앞서 전파하려는 연암에게 찬사보다 늘 비방을 일삼았다. 『열하일기』가 세상에 나오자 그의 글을 놓고 비방의 말들이 난무했다. 심지어 정조까지 그에게 『열하일기』가 문체를 어지럽게 했다면서 반성문을 쓰게 했다. 그는 『열하일기』로 인해 자신에게 가해지는 집단 이지메에 심한 자조를 하기에 이른다. 지금 『열하일기』의 존재를 생각하면 선인들의 행각이 부끄럽기조차 하다.

그런데 19세기 영국 낭만파 시인에 영향을 끼친 토머스 채터턴(1752~1770)을 자살로 몰고 간 것도 그에 대한 비난에 가까운 비평이었다. 물론 "사람들에게 나쁜 점은 결코 말하지 않는다. 좋은 점만 이야기한다"는 벤저민 프랭클린의 성공 비결도 있다.

"때로 둔감함은 정신을 안정시키고 좋은 기분을 유도한다."

_와타나베 준이치

그러나 세상에는 프랭클린과 같은 이들보다 비난하고 나쁜 점을 말하려고 하는 이들이 더 많은 법이다. 직장에서는 정기적으로 인사 이동

바람이 부는데, 이때 새로운 자리에 오르면 실적에 대한 압박감과 함께 전임자와 비교당하곤 한다. 이때 주위에서 왈가왈부하는 말에 신경 쓰면 이 또한 엄청난 스트레스로 다가온다. 이때 필요한 덕목이 바로 내공 혹은 맷집일 것이다. 달리 말하면 둔감력 혹은 후흑이라고 한다. 와타나베 준이치가 쓴 『둔감력』은 의사 출신인 그가 병원에 근무할 때 겪었던 동료의 이야기를 소개하고 있다.

대학 병원에서 교수에게 늘 야단맞는 의사가 있었다. 그 의사는 야단맞을 때마다 거의 반사적으로 "예, 예"라는 한마디로 웃어넘겼다. 꺼벙이 스타일인 그는 상사들에게 야단맞기 좋은 타입이었다. 교수에게 야단맞을 때면 동료들에게 불쌍해 보일 정도였다. 그러나 그 의사는 "예, 예" 하고 가볍게 두 번 반복해서 대답하곤 했다. 교수의 그 어떤 잔소리도 쇠귀에 경 읽기 식으로 처리했다. 동료들과 눈을 마주치면 싱긋 웃기도 했다. 다시 잔소리를 해도 즉시 "예, 예" 대답해, 잔소리와 대답이 일정한 리듬을 타고 반복되곤 했다. 이게 그 의사 특유의 '야단맞는 기술'이었다. 세상을 살아가다 보면 때로는 망각도 필요하다. 특히 자신에게 불리하거나 신경 거슬리게 하는 것들은 잊어버리는 게 여러모로 도움이 된다. 그는 후일 최고의 명의가 되었는데, 야단맞을 때마다 "예, 예"라고 한쪽 귀로 흘러넘긴 게 비결이었던 것이다.

'둔감하라'고 하면 부정적인 뉘앙스가 풍기기도 하지만, 이 책의 핵심은 "좋은 의미의 둔감함이 필요하다"는 것이다. 와타나베는 "때로 둔감함은 정신을 안정시키고 좋은 기분을 유도하며 신체적으로는 피의 흐름을 원활하게 유지시킨다"고 강조한다. 건강하려면 온몸의 피를 잘 흐르도록 하는 게 중요한데, 이를 위해서 먼저 신경을 편안하게 안정시키는 것이 필요하다는 것이다. 최고 명의가 된 그 의사는 교수가 아무리 야단쳐도 의도적으로 둔감력을 발휘해 언제나 혈액이 원활하게 흐르고 있었던 것이다. "거인은 둔감하다!" 즉 성공한 사람들에게서 볼 수 있는 공통적인 지혜가 둔감력이라고 한다. 너무 예민하고 순수한 것은 성공가도에서 때로 함정이 될 수 있다는 것이다.

와타나베 준이치 역시 그의 동료 의사처럼 둔감력을 뼈저리게 경험하고 의식적으로 둔감해지려고 노력했다고 한다. 그는 성형외과 의사로 일하면서 소설에 도전했고 결국 작가로 변신하는 데 성공했다. 한때 원고를 들고 찾아간 출판사로부터 수없이 거절당했지만 그때마다 세인의 비난과 비평에 신경 쓰지 않으면서 둔감력을 발휘했다. 언젠가는 자신의 글이 출판될 수 있다는 믿음과 자기 확신을 가지고 둔하게 기다린 결과 소설이 출간될 수 있었다. 결국 1970년 『빛과 그림자』로 일본의 가장 권위 있는 문학상인 나오키상(63회)을 수상했다.

와타나베는 "둔감하라, 당신의 재능이 팍팍 살아난다!"고 조언한다. 직장에서뿐만 아니라 연애, 사업이나 인간관계에서도 꼭 필요한 게 '둔감력'이라는 것이다. 비유하면 '귀가 얇은 사람은 성공하기 어렵다'는 말로 표현할 수 있지 않을까.

이른바 '운둔근(運鈍根)'은 이병철 삼성그룹 창업자의 경영 철학이다. 운은 우둔하면서도 끈기 있게 기다리는 사람에게 온다는 말이다. 운을 잘 타고 나가려면 역시 운이 다가오기를 기다리는 일종의 둔한 맛이 있어야 하고 운이 트일 때까지 버텨 내는 끈기와 근성이 있어야 한다는 뜻이다. 이때 귀가 얇으면 결코 기다리지 못한다. 둔함은 때로 부정적인 요인으로 비판받지만 성공의 필수 요소인 셈이다.

“낯가죽이 두껍고 마음속이 시커멓지 않으면 위대한 간웅이 될 수 없다.”

_리쭝우

처세의 재능으로서 ‘둔감력’이 중국에서는 ‘후흑학’으로 정립되기도 했다. 청 말기의 리쭝우(李宗吾)가 쓴 『후흑학(厚黑學)』이 바로 그것이다. 난세를 평정한 중국 통치술은 ‘후흑’이란 말로 집약할 수 있다. 영웅호걸들의 성공 비결이 ‘후(厚)’와 ‘흑(黑)’ 두 글자로 귀결된다는 것이다. 후란 바로 낯가죽이 두껍다(面厚)는 것이고, 흑이란 바로 마음이 검다는 시커먼 속마음(心黑)을 의미한다. 즉 “철두철미 낯가죽이 두껍고, 마음속이 시커멓지 않으면 위대한 간웅이 될 수 없다”는 문장으로 요약된다. 이 세상에서 성공하려면 두 글자를 명심해야 한다는 것으로, 이것이 이른바 ‘승자의 심리학’이다.

‘면후(面厚)’의 전형으로 『삼국지』의 유비를 꼽는다. 유비는 늘 전투에 패했으며 그 패배는 그의 무능을 보여 주었다. 그러나 유비는 패전할 때마다 고향 사람들 앞에서 미안하다고 크게 울곤 했다. 그 때문에 사람들은 유비가 인의롭다고 여겼고, 그래서 유비가 패전할 때마다 사람들은 오히려 그를 높이 받들었다. 후흑으로 표현하면 유비도 낯가죽이 두꺼운 인물이었다. 다만 인의로운 면에서 내공을 발휘했던 것이다.

‘심흑(心黑)’의 전형으로는 조조를 꼽을 수 있다. 어느 날 조조는 난을 피해 친구 집에 들렀다. 친구는 돼지를 잡아 조조에게 대접하라고 집안 사람들을 불러 이야기했다. 이를 엿듣던 조조는 자기를 죽이려 하는 줄 알고 식솔들을 모조리 죽였다. 발을 동여맨 돼지를 발견했을 때에야 자신의 잘못을 알아차렸다. 서둘러 도망가다 집으로 돌아오던 친구를 만났는데 그 친구마저 죽였다.

천하의 기재로 불리는 제갈량은 낯가죽이 두꺼운 사마의를 만났다. 사마의는 성을 지킬 뿐 결코 출정하지 않았다. 제갈량은 여섯 번이나 기산에 출정해 위나라를 정벌하려 하지만 결국 아무런 공로도 세우지 못한 채 돌아갔다. 기산에서 제갈량은 격장법을 썼다. 그는 연지 한 통과 여인의 옷 한 벌을 사마의에게 보내면서 이런 말을 전했다. "당신이 아녀자처럼 감히 출정하지 못한다면 이 연지를 바르고 아녀자의 옷을 입으시오." 그래도 사마의는 출전하지 않았다. 결국 제갈량도 뾰족한 수가 없었다.

후흑학에서도 손인이기(損人利己)는 금물로 여긴다. 손인이기란 타인에게 해를 끼치면서 자신의 이익만 도모한다는 의미다. 그래서 자신의 이익을 도모할 속셈이라면 겉으로는 많은 사람의 이익을 수호한다는 깃발을 내걸어야 한다. 또한 혼자 독차지할 생각이라면 겉으로는 너도 좋고 나도 좋은 일이라는 인상을 풍겨야 한다. 나의 이익은 나와 다른 사람의 관계 속에서 실현되기 때문이다. 그래서 후흑의 대가라 할지라도 혼자서는 이익을 독차지할 수 없다. 술수나 부리면서 아무 거리낌 없이 타인의 이익을 해친다면 자신의 이익을 챙길 수 없다는 것이다. 타인에게 해를 끼치면서 자신의 이익만 도모하는 행위는 후흑의 대가에게도 금기 사항인 것이다. 유비가 존경받는 반면 조조가 냉혈한으로 표적이 되는 것은 이런 차이 때문일 것이다.

14
사람은 누구나 열등감을 극복하고 일어선다

"본부인의 자리를 차지하기 위해 애쓰는 후처 콤플렉스."

_에니크

이혼이 급증하면서 이른바 '후처' 혹은 '계모'에 대한 담론도 더 이상 금기시되지 않고 있다. 요즘 드라마에서도 현실에 있을 법한 '있는 그대로'의 후처 이야기가 그려지고 있다. 여성학자 나탈리 에니크는 『여성의 상태』에서 서구 소설에 나타난 여성상을 분석 고찰하면서, 18세기부터 현대에 이르기까지 250여 편의 서구 문학 작품을 통해 다양한 상태의 여성들을 다루고 있다. 여기서 에니크는 본부인의 지위와 함께 '후처 콤플렉스'를 규명한다. 후처는 전처(본부인)와 마찬가지로 합법적인 부인이지만 전처에 대한 열등감을 공유한다고 주장한다.

에니크에 따르면 각자의 역할은 각사가 처한 위치나 공간, 시간 속에서 결정된다. 전처와 후처의 경우도 마찬가지다. 그러나 한 자리를 차지했다고 믿고 있는 누군가(후처)가 그 자리는 타인(전처)의 자리라는 것을 깨닫게 되었을 때 혼란을 경험하고 정체성에 상처를 입을 수 있다. 전처나 후처는 역할들의 '동일성'에도 불구하고 경험하는 동일성의 감정이 다른 것이다. 즉 후처는 동일성의 감정에 손상을 입고 동일성의 위기를 경험하는 것이다. 이때 후처는 전처를 밀어 내고 본부인 자리를 차지하기 위해 애쓰는데, 이것이 바로 '후처 콤플렉스'다. 에니크는 "그것은 첫 번째 여자로 유일하고도 모든 지위를 차지한 여자를 위한 지위"라고 말한다.

후처 콤플렉스는 어쩌면 기업의 최고경영자와 연관시켜 생각해 볼 수 있을 것이다. 후처라는 지위는 최고경영자들 역시 전처에 이어 들어온 후처의 지위처럼 전임 CEO에 이어 직무를 맡아 역할을 제고하고 자신의 위상을 새롭게 포지셔닝해야 하기 때문이다. 미국에는 이른바 '18 Club'이라는 신조어가 유행하는데, 이는 18개월 이내에 회사를 떠나는 CEO들을 지칭하는 말이다. 생존 경쟁에서 살아남기 위해 CEO들은 전임의 전철을 밟지 않으려고 '차별화'를 시도할 것이다.

이때 전임이 '실패한 CEO'라면 심리적 부담감을 덜 받지만, '성공한 CEO'나 '장수한 CEO'라면 후임자의 심리적 부담이 상당히 클 수밖에 없다. 성공한 전임자의 그림자가 회사 곳곳에 후광을 드리우고 있을 것이기 때문이다. 이는 마치 본부인에 이어 들어온 후처가 맞닥뜨리는 상황과 비슷하다고 할 수 있다. 에니크는 대프니 듀 모리에의 추리소설 『레베카』를 예로 든다. 『레베카』에서는 윈터 부인으로 불리는 본부인이 만델리 성을 지배하고 있다. 후처로 들어온 젊은 신부 또한 윈터 부인으로 불리지만 집 안 곳곳에 '본부인 윈터 부인'이 남아 있다는 사실을 알아채고 놀란다. "나는 이 의자 위에서 휴식을 취할 본부인이 아니었다…… 다른 여인이 꼭 지금의 나처럼 똑같은 은제 커피포트로 커피를 따르고, 같은 잔을 입술로 가져가고, 몸을 구부려 이 개를 쓰다듬었겠지.” 소설에서 ‘후처 윈터 부인’은 ‘본부인 윈터 부인’을 욕망하는 타자로 갈망한다. “그래 봤으면. 난 충동적으로 말했다. 진주 목걸이를 하고 검정 새틴 드레스를 입은 서른여섯 살쯤 되는 부인이 되어 봤으면 하고 말이다.” 후처에게 본부인은 욕망의 대상, 즉 ‘타자’로 존재하는 것이다.

기업의 CEO의 세계에서도 전임이 성공한 CEO나 장수한 CEO라면 후임 CEO에게 전임 CEO는 ‘욕망하는 타자’로 비칠 수 있다. 욕망의 대상이 된다는 것은 자신이 결핍의 존재, 열등한 존재임을 인정한다는 말이다. 전임 CEO가 우월한 존재로 다가오면서 그를 뛰어넘기 위해 부단히 노력해야 한다는 말이다. 물론 CEO들이 최고의 실적을 내기 위해 애쓰는 것은 당연하다. 이때 성공한 전임 CEO의 거대한 아성이 존재할 경우에는 자칫 열등감까지 더해질 수 있다. 그는 ‘성공한 전임’의 성과를 뛰어넘는 결과를 내야 한다는 이중의 압박감을 감당해야 하는 것이다. 이것을 본부인의 아성을 뛰어넘고 남편의 사랑과 신뢰를 얻어야 하는 후처라는 포지셔닝과 겹치는 영역으로 볼 수 있는 것이다.

다른 한편으로 성공한 본부인이 아니라 ‘실패한 본부인’일 경우도 있다. 이 경우의 대표적인 역사적 사례는 영국 헨리 8세와 그의 부인들을 들 수 있다. 영화 〈천일의 앤〉은 여러 번 영화로 만들어지기도 했는데, 헨리 8세는 정비인 캐서린과 앤 볼린, 제인 시무어, 캐서린 파아 등 세 명의 계비를 두었다. 헨리 8세는 앤 볼린과 결혼하기 위해 이혼을 결심하면서 로마 가톨릭교회로부터 파문당한 장본인으로, 그만큼 역사에 회자되는 영국 왕도 드물 것이다. 그는 네 번 결혼했는데 정비인 캐서린은 딸 메리를, 첫 번째 계비인 앤 볼린은 딸 엘리자베스를, 두 번째 계비인 시무어는 에드워드를 두었다.

앤 볼린은 '후처 콤플렉스'에 시달리면서 왕의 사랑을 독점하려고 한다. 정비인 캐서린이 왕자를 출산하지 못해 왕의 사랑을 받지 못하는 '비운의 왕비'였기에 앤에게는 '영광의 미래'만 있을 것처럼 보였다. 앤은 아들만 낳으면 그녀가 바라던 권력을 향유할 수 있는 위치에 있었다. 그러나 아들이 아니라 딸을 낳으면서 앤의 행복은 불행으로 급전된다. 이렇게 되자 앤은 왕의 사랑을 잃을까 봐 조급증을 내고 그럴수록 왕의 사랑은 멀어진다. 헨리 8세의 바람기가 다시 도져 부부 관계는 불신으로 파탄 난다. 1534년 앤은 상상 임신에 이어 유산을 하게 된다. 급기야 앤은 자기 오빠를 포함해 다섯 명의 남자와 근친상간을 하고 반역을 조장했다는 죄목으로 체포된다. 그녀와 성관계를 가졌다고 의심되는 남자들도 모두 고소당한다. 1536년 5월 2일에 앤은 포박당한 채 런던 탑에 투옥된다. 그녀는 간통, 근친상간, 반역죄로 고발당하고, 결국 후비가 된 지 1000일 만에 참수당하는 비운의 왕비로 전락하고 만다.

또 다른 한편으로, 기업의 최고경영자들이 실패한 전임 CEO에 이어 자리에 올랐다면 전임에 대한 콤플렉스 없이 홀가분하게 업무에 임할 수 있다. 그렇다고 하더라도 그에게 영광의 미래가 기약된 것은 아닐 수 있다. 오너의 사랑과 신임을 독차지하기 위해 조급증을 내고 부하들에게 과격하게 대하면서 이중적인 오만한 리더십을 드러낸다면 앤 볼린과 같은 처지로 전락할 수 있기 때문이다. 특히 기업에서 최고경영자 자리는 위로부터 사랑과 신뢰를 얻는 것도 중요하지만 아래로부터의 사랑과 신뢰도 그에 못지않게 중요하기 때문이다.

콤플렉스는 열등감을 이겨 내는 에너지

'후처 콤플렉스'의 핵심은 어쩌면 가부장적인 질서에서 '후처로서 살아남기'라고 할 수 있다. 후처로서 살아남기의 핵심은 가부장적이고 신분적인 질서 아래에서는 아들의 출산이라고 할 수 있다. 소설 『삼국지』를 읽다 보면 원소가 영웅호걸의 쟁패에서 사라지고 마는데, 그 원인이 바로 원소의 후처와 후계 문제에 있다. 원소는 전처소생의 원담과 원희, 후처 유 씨 소생의 원상을 두었다. 원상은 두 형에 비해 영웅호걸의 자질을 타고났다며 원소의 총애를 받는다. 여기서 『삼국지』가 그려 낸 계모 유 씨에 대한 묘사는 계모에 대한 편견을 강화시키기에 충분하다. 대부분 후처에게서 태어난 아들은 아버지로부터 사랑을 독차지한다. 뒤늦게 아들을 본 아버지에게 그 아들은 눈에 넣어도 아프지 않을 자식인 것이다. 이때 후처는 그 아들에게 모든 것을 주기 위해 '헌신'한다. 원소의 후처 유 씨는 자신의 소생인 원상을 후계자로 삼기 위해 온갖 계략을 서슴지 않는다. 원소는 여러 책사의 의견을 수렴해 '왕자의 난'을 방지하기 위해 결국 장남 원담에게 후계 자리를 물려주기로 결심하지만 때는 이미 늦고 만다. 후처 유 씨가 먼저 손을 쓴 것이다. 결국 원소가 죽자 '형제의 난'으로 이어지고 원소가는 역사에서 사라진다.

여기서 '후처 콤플렉스'에 대해 인간 경영학적 차원에서 한 가지 물음을 던져 봄 직하다. 즉 후처는 아들을 출산함으로써 자신의 열등한 처지를 벗어나 신분 상승의 꿈을 대리 충족하려는 욕망이 작용하는 것 아닐까. 에니크에 따르면 후처의 특성상 스스로 자기가 차지한 지위가 첫 번째가 아니라는 것을 의미한다는 사실을 알게 되는 순간 자신을 결핍

한 존재로서, 완전하고 꽉 찬 존재가 아닌 타자(본부인)보다 열등한 존재로서 인식한다는 것이다. 즉 후처는 본부인에게 선점권에서도 빚지면서 열등감으로 자책한다는 것이다.

콤플렉스는 열등감을 이겨 내는 에너지가 되기도 한다. 이런 견지에서 본다면 후처 콤플렉스 또한 악한 측면과 선한 측면이 동시에 깃들어 있다. 즉 후처는 자신의 시간 속의 질서에서 오는 후처 또는 계모라는 한계를 벗어나기 위해 부단히 노력한다. 이때 아들의 출산과 그 아들을 통한 욕구의 대리충족에 지나치게 집착하면 「장화홍련전」과 같은 악한 계모의 신화를 덧칠할 수 있다.

그런데 후처 콤플렉스에서 중요한 변수는 '계모의 자녀'들이다. 후처가 그 자리의 한계와 살아남기 위해 때로 악한 계모의 모습을 보일지라도 그 자녀가 어머니의 욕망에 동조하지 않고 지혜롭게 처신한다면 악한 계모를 '탈색'시킬 수 있다는 것이다. 우리 주변에서 이런 가정들의 모습을 간혹 목격하곤 한다. 전처와 계모의 자녀로 이루어진 가정에서 유달리 이복형제자매 간에 화목한 가정이 있는가 하면 이복형제자매 간에 서로 나뉘어 반목하고 질시하고 서로 증오하기조차 하는 경우를 볼 수 있다. 후자의 대표적인 유형이 바로 「장화홍련전」에서 계모인 허씨 부인에게 동조하는 장쇠를 들 수 있다. 장쇠는 욕망에 눈먼 어머니에 부화뇌동하면서 누나를 사지로 몰아간다.

따라서 어느 조직에서든지 리더가 아들을 통해 욕망을 대리충족하려는 후처처럼 독단적이고 자신의 욕망을 채우려 들 경우, 조직 전체가 위기에 처하고 서로 반목질시하며 증오하는 등 갈기갈기 찢기는 조직으로 전락할 수 있다. 이때 재산 또한 전처소생의 자녀를 철저하게 배제하고 자신의 소생 자녀에게만 준다면 가족 내 불화는 정점에 달한다. 반면 리더에게 유능하고 '지혜로운 조력자'가 있어 리더십을 발휘한다면 리더(후처)의 약점까지도 메워 주면서 조직을 건강하고 화합된 방향으로 이끌 수 있는 것이다.

하지만 '후처의 살아남기' 전술은 중장기적으로는 조직을 치명적인 위기에 빠뜨릴 수 있다. 그것은 역사상으로는 헨리 8세와 그의 후처들에게서, 문학 속에서는 「장화홍련전」이나 원소와 그의 후처인 유 씨 부인의 사례가 담긴 『삼국지』를 통해서도 확인할 수 있다. 다만 악한 후처 혹은 악한 계모의 모습을 보이는 '후처로 살아남기'에서 단기적으로 배울 점도 있다. 에니크의 분석처럼 후처는 전처에 이어 아내 혹은 어머니의 자리를 차지하기 때문에 남편과 전처소생의 자녀에게 사랑과 신뢰를 얻기 위해 외면적인 노력을 다해야 하기 때문이다. 자신의 불리한 약점을 극복하고 자녀를 통해 야망 혹은 욕망을 대리충족하기 위해 눈물겨운 투쟁을 감수한다. 이때 전처소생으로부터 모욕을 당하기도 한다. 모름지기 기업도 창업 초기 혹은 위기에 처했을 때 우선 살아남고자 한다면 굴욕을 감수하면서 신뢰를 얻을 때까지 저자세를 감수하는 '후처의 살아남기'에서 타산지석을 얻을 수 있을 것이다.

15
멋은 짧고 성실함은 길다

"교묘한 말과 위선적인 얼굴을 한 사람은 인덕이 없다."

_공자

어느 봄날 관광버스를 타고 광양 매화꽃 구경을 간 적이 있다. 관광버스로 가면 '의무방어전'(?)을 치러야 하는 게 단골 풍경이다. 그날도 이른바 '무진장(무주, 진안, 장수의 오지를 비유하는 말)' 구간을 가던 중에 장년의 아저씨가 올라탔다. 직접 재배한 도라지를 분말로 가공해서 팔기 위해 세일즈에 나선 수더분한 아저씨였다. 요즘 말로 하면 '완전' 시골 촌부였는데 그게 믿음을 더 주었다. 시골 촌부가 말끔한 정장 차림으로 올라왔다면 오히려 믿음이 경감되었을 것이다. 촌부는 흔들리는 버스에 서서 곧바로 '영업'을 시작했다. 도라지만을 팔아서는 제대로 이윤을 남길 수 없어 직접 분말로 만들었다고 한다. 분말 1병당 2만 원짜리인데 1만 원을 받는다고 했다. 분말을 들고 버스 안을 돌기 시작하자 놀랍게도 너도나도 하나씩 샀다. 놀라운 장면이었다. 어눌한 말솜씨와 허름한 옷차림의 농군이었지만 그 차림새가 오히려 도라지 분말 영업에 '신뢰'를 더해 준 것 같았다. 나도 한 병 샀다. 그 촌부의 영업을 보면서 영업의 기본은 번지르르한 '말솜씨'가 아니라 꾸밈없는 '진정성'이라는 것을 새삼 실감했다.

우리 사회에는 성공에 대한 신화들이 있다. 얼굴이 잘생기고 키가 커야 한다는 신화는 요즘 청소년 사이에 광범위하게 확산되고 있다. 소망의 단계를 지나 열망의 지경에 이르고 있다는 느낌마저 든다. 극히 일부 청소년들은 심지어 키를 늘리는 수술마저 마다하지 않는다. 또 여성들은 고통을 감내해야 하는 성형 수술도 감행한다. 그래서 요즘에는 이른바 '스펙'에 외양 가꾸기와 말 잘하기 아카데미에 다니는 것도 필수 코스다. 정말 외양이 중요할까. 흔히 영어를 잘해야 성공한다고 말하고 너도나도 영어 열풍에 허둥대지만 사회생활을 하다 보면 영어 잘하는 능력이 성공에 반드시 필수적인 것은 아님을 알 수 있다. 외모는 더더욱 그렇다.

여기에 더해 또 하나의 신화는 성공하려면 '언변이 좋아야 한다'는 것이다. 쉽게 말해 말을 잘해야 한다는 것이다. 정말 언변이 중요할까. 물론 정치인이나 대통령 등 다른 사람 앞에서 대중 연설을 자주 해야 하는 사람들은 '말 잘하는 능력'이 필수적이지만 그렇지 않은 직업에 종사하는 대부분의 사람들에게는 필수적인 능력이 아닐 수 있다.

그런데 공자는 이미 2500년 전에 이를 직시하며 인간관계의 핵심을 짚어 냈다. "그래서 내가 말재주 있는 자를 싫어하노라." 이는 『논어』〈선진〉 편에 나오는 말로, 공자는 이를 오부녕자(惡夫佞者)라고 했다. 『논어』를 읽으면 몇 가지 핵심적인 문구가 반복해서 나오는데 '오부녕자'도 그중 하나다. 녕(佞)은 말재주가 있는 것, 아첨하는 것을 가리킨다. 공자는 말 잘하는 이를 가장 싫어한다고 제자들에게 거듭 말한다.

"자주색이 붉은색의 빛과 자리를 빼앗는 것을 미워하며, 교묘한 말재주가 나라를 전복시키는 것을 미워한다(惡紫之奪朱也 惡利口之覆邦家者, 양화편)." 공자는 말재주가 인간관계를 혼란에 빠뜨리고 다른 사람을 해칠 뿐만 아니라 나라 전체를 혼란에 빠뜨릴 수 있음을 경고하고 있다. 자주색은 붉은색에 가깝기는 하지만 붉은색은 아니다. 자주색은 진짜처럼 보이지만 실제로는 전혀 다른 가짜인 것이다. 공자는 진짜 같은 가짜, 즉 사이비에 대해 경계한 것이다.

최인호는 소설 『유림』에서 공자의 이 말을 인용하고 있다. 조선시대 중종 때 조광조의 권력 독점에 위기를 느낀 세력들이 친위 쿠데타를 모의한다. 그 중심에 남곤이 있었다. 남곤은 조광조의 측근인 정광필을 설득하려고 은밀히 만났다. 남곤은 정광필에게 중종의 밀지를 보이며 조광조를 제거하기 위한 친위 쿠데타 계획에 동조할 것을 권유했다. 남곤의 말에 정광필은 "나는 다만 자주색이 붉은색을 빼앗을까 두려워할 따름이오"라고 대답했다. 그는 자신의 심경을 『논어』에 나온 말을 인용해 밝혔던 것이다. 자주색은 붉은색(군왕, 권력)과 비슷하지만 권력욕에 눈먼 세력을 지칭한 것이다. 정광필은 쿠데타를 모의하는 남곤 세력을 자주색에 빗대며 권력에 눈먼 정상배들이라고 비난한 것이다.

『논어』에는 가장 먼저 말에 대한 경계가 나오는데 '교언영색'이 그것이다. "교묘한 말과 위선적인 얼굴을 하는 사람은 인덕이 많을 리가 없다(巧言令色 鮮矣仁, 〈양화〉 편)."

나아가 공자는 말을 잘하는 사람은 끝내 덕이 없는 사람이 될 것이라

고 확언한다. 주위에서 잘생기고 그럴듯하게 말을 잘하는 사람들이 오히려 사람들로부터 배척당하는 경우를 흔히 볼 수 있다. 자기주장만 늘어놓고 남의 말에는 결코 귀를 기울이지 않는다. 그런 사람은 늘 혼자이고 위기에 처할 때 그를 도와주는 사람도 없다. 공자가 해로움이 되는 세 벗, 즉 손자삼우(損者三友) 중 하나로 말을 잘 꾸미거나 과장되게 하는 이를 꼽는 이유도 여기에 있다. "아첨하며 남의 비위를 잘 맞추는 사람(便辟), 앞에선 치켜세우다 뒤에선 비방하는 사람(善柔), 말을 과장되게 하는 사람(便佞)과 사귀면 곧 해가 된다." 편벽은 책임을 회피하는 편의주의자에 해당하고, 선유는 대인 관계만 좋은 사람이다. 여기서 흥미로운 사실은 유달리 대인 관계가 좋은 사람을 공자는 군자로 보지 않았다는 점이다. 흔히 한 10분만 이야기를 나누면 형님 동생 하는 사이가 될 정도로 대인 관계가 유달리 좋은 사람이 있다. 특히 정치인 중에 이런 사람들이 가끔 화제가 되기도 한다. 그런데 『논어』에 따르면 '선유'형 인간은 손자삼우에 해당한다. 물론 이를 교조적으로 해석할 필요는 없겠지만 경구로 삼을 만하다. 아마도 주변에서 보는 '유들유들한 사람'이 여기에 포함되지 않을까.

손자삼우에 속하는 사람들은 우리 주위, 친구들, 혹은 가족 중에도 있을 것이다. 공자는 그래서 일침을 가한다. "나이 마흔이 되어서도 여전히 미움을 받는다면 그의 인생도 끝이다."(〈양화〉 편) 우리 주위를 둘러보면 불혹을 넘겨서도 자신의 말만 앞세우며 독불장군식으로 살아가는 사람들을 흔히 볼 수 있다.

"글쎄요."

_함석헌

"완전히 이루어진 것은 모자란 듯합니다. 그러나 그 쓰임에는 다함이 없습니다. 완전히 가득 찬 것은 빈 듯합니다. 완전히 곧은 것은 굽은 듯합니다. 완전한 솜씨는 서툴게 보입니다. 완전한 웅변은 눌변으로 보입니다." 노자의 『도덕경』에 나오는 말이다. 이 부분을 말하면서 역자 오강남은 함석헌의 예를 든다.

함석헌 선생께 무슨 질문이든 던지면 첫마디가 "글쎄요"였다. 문자 그대로 동과 서, 고와 금의 거의 모든 사상에 통달하다시피 한 그분이 어찌 말을 잘 못하셨을까? 그분은 미리 짜인 각본 같은 대답이나 일차 방정식처럼 직선적인 대답을 준비하고 다니지 않으셨다. 진정으로 속에서 우러나는 소견을 그때그때 듣는 사람의 사정에 알맞게 말씀하시려니 청산유수처럼 될 수가 없고 자연히 주저하는 듯, 더듬는 듯한 감을 줄 수밖에 없었던 것 아닐까? 미리 꾸미고 다듬은 말이 아니라 진정으로 우러나오는 말, 지극히 자연적인 마음 상태에서 나오는 말, 도에 입각한 말은 이렇게 눌변처럼 보인다. 그러나 이보다 듣는 사람의 심금을 움직이는 것이 어디 있겠는가?

함석헌 선생의 사례는 바로 『논어』의 '오부녕자'에 적확하게 대입할 수 있는 대목이라고 할 수 있다. 물론 말은 어눌한 것보다 세련되게 잘하는 것이 유리할 것이다. 단, 여기서 한 가지 전제되어야 할 것이 바로 '진정성'이다. 진정성이 없다면 아무리 말을 잘해도 한낱 공허한 언변으로 들릴 것이다.

“공자는 향당에서는 공손하여 마치 말을 못하는 사람과도 같았으나, 종묘나 조정에서는 조리 있게 말을 잘하면서도 오로지 삼갔다. 조정에서 상대부들과 대화할 때는 순한 듯했고, 하대부들과 대화할 때는 편안한 것처럼 했다.” 이는 사마천의 『사기세가』에 나온다. 『논어』를 보면 공자의 언변은 무릎을 치고도 남는다. 가장 말을 잘하는 사람으로 치면 아마도 공자가 으뜸일 것이다. 그런 공자는 스스로 말을 조심했다. 동네 사람들과 같이 있을 때는 그 역시 촌부가 되어 어눌하게 말했다. 장소와 상황에 따라 말하는 태도를 달리했던 것이다. 촌부 앞에서는 촌부들을 배려해 말을 아꼈다. 그러나 말을 해야 할 분위기가 될 때도 늘 신중을 기했다.

공자는 성인이라서 당연히 그래야 한다고 생각할 수 있겠지만 그 역시 한 인간이었다. 그래서 공자도 군자와 소인은 경계가 뚜렷한 게 아니라 군자도 소인이 될 수 있고 소인도 군자가 될 수 있다고 말한다. 다만 그 경계는 ‘말’을 앞세우는가 아닌가에 달려 있다는 것이다. 공자의 수제자 ‘공문십철’에서 말을 가장 앞세우는 자공은 늘 스승의 걱정거리였다. 자공이 어떻게 하면 군자가 될 수 있는지 묻자 공자는 이렇게 대답했다. “네가 말하려고 하는 것을 먼저 실행하라. 그러고 나서 말한다면 충분히 군자라 할 수 있다.”

『논어』는 케케묵은 고전이 아니라 우리 시대에도 살아 숨 쉬는 최고의 자기 계발서라고 할 수 있다. 매일 쏟아져 나오는 자기 계발서를 죄다 섭렵해도 『논어』 한 권만 못하다고 강조하는 이들도 있다. 이미 인간관계의 에센스는 『논어』에 다 들어 있다는 것이다. 공자의 이 말은 요즘 ‘실행이 답이다’라는 책 제목을 떠올리게 한다.

"그러므로 유익함 때문에 사랑하는 사람들은 자신에게 이롭기 때문에 사랑하며, 쾌락 때문에 사랑하는 사람들도 자신에게 유쾌하기 때문에 사랑한다. 또한 그들은 상대의 인품을 사랑하는 것이 아니라 유용하거나 유쾌한 범위 안에서 사랑한다…… 한쪽이 더 이상 유쾌한 인물이 못 되거나 유익한 인물이 못 되면 다른 한쪽이 더 이상 그를 사랑하기를 그치기 때문이다."

세계 최고 부자가 꼽는 성공의 최고 덕목은 우리가 흔히 간과하는 '성실'이라고 워런 버핏은 강조한다. "멋은 짧고 성실함을 길다." 이는 카네기멜론 대학교 교수로 있다가 암으로 세상을 떠난 『마지막 강의』의 저자 랜디 포시가 한 말이다. 이 말을 뒤집으면, 폼생폼사하면 일시적으로는 성공할 수 있을지라도 장기적으로는 큰 성공을 이룰 수 없다는 의미이다. 달리 말하면 '폼생폼사'형과 말을 번지르르하게 잘하는 '오부넝자'형은 단기적으로는 성공에 도취할 수 있을지라도 장기적으로 성공 신화의 주인공이 될 수는 없다는 뜻이다. 빌 클린턴식의 표현을 빌리면, "문제는 진정성이다, 바보야!"가 아닐까.

16
능력이 뛰어난 사람보다 인성을 갖춘 사람이 강하다

최고의 보험은 다름 아닌 '사람'.

택서고망(擇壻苦望) 혹은 택부고망(擇婦苦望)이라는 말이 있다. 사위나 며느리를 맞고자 간절히 고대하던 마음을 뜻한다. 사람 사는 집에 가장 큰 일은 사람을 맞아들이는 일일 것이다. 그러고 보면 며느리나 사위를 맞는 것처럼 중요한 일이 있을까. 그래서 '사윗감 하나 잘 고르면 인생역전이 달리 없다'는 말도 한다. 더욱이 요즘 딸 가진 부모들은 대놓고 "나처럼 궁상맞게 살지 마라. 돈 많은 사람한테 시집가라"고 말하기도 한다. 또 요즘 딸 가진 부모들은 아들 가진 부모들이 부럽지 않다고 한다. 여성의 사회 진출이 활발해지면서 딸들이 아들 못지않게 성공하고 부모에게도 더 잘해주기 때문이다. 부모들도 아들은 키워 봤자 속만 썩인다며 딸 예찬론을 편다. 미래에 대한 최상의 '보험'은 사람이 아닐까 하는 생각마저 든다.

박경리의 소설 『김약국의 딸들』은 구한말과 일제강점기 통영을 배경으로 김약국의 가족사를 그리고 있다. 박경리 선생이 서른일곱 살 때 쓴 작품으로 그의 출세작이다. 그 나이에 3대에 걸친 가족사를 그린 소설을 썼다는 게 참으로 믿기지 않는다.

이 소설에서 김약국네는 사위를 잘못 들인다. 강택진(김약국의 성수를 좋아했던 연순의 남편. 성수와는 사촌지간)은 처가의 재산에 눈독을 들이고 장가를 왔다. 강택진은 처갓집에 뻔질나게 드나들며 장모(송씨 부인)의 환심을 산다. 결국 한밑천 잡은 참에 동문 밖에 약국을 하나 차린다. 하지만 아내가 죽자마자 돈 많은 과부의 딸과 혼인하고 옥화라는 작부와 바람을 피운다. 딸 가진 부모라면 사윗감을 잘 맞아야 한다는 생각이 절로 든다.

사윗감을 잘못 고르면 멸문지화를 당하기도 한다. 요즘과 달리 조선 중기부터 당쟁이 극심해지면서 결혼을 잘못하면 집안이 풍비박산나기도 했다. 이때 시작된 것이 '그들만의 리그'다. 당쟁이 본격화된 17세기 이후 조선에서는 결혼 또한 당파와 당색을 떠날 수 없었다. 죽고 죽임을 당하는 서슬 퍼런 정치판에서 당파가 다르면 언제든지 원수지간이 될 수 있기 때문이었다. 결혼은 대부분 자신의 당파와 당색의 카테고리 내에서 이루어졌다. 아직도 영남 명문가에서는 노론이라고 하면 손사래를 친다. 이렇게 해서 조선시대 중기에는 이른바 배타적인 통혼 문화가 자리 잡기 시작했다.

그런데 당색과 당파가 다른 사윗감을 골라 가문을 구하고 동서 화합을 이룬 이가 있다. 바로 조선 중기 남인의 영수이자 학자인 우복 정경세(1563~1633)다. 우복은 경북 상주군 청리면에서 태어나 열여덟 살에 상주 목사로 부임한 서애 유성룡의 문하에 들어가 유성룡에 이어 퇴계의 학맥을 잇는 수제자가 되었으며 홍문관 대제학과 이조 판서 등을 지냈다.

정경세가 사위로 발굴한 인재는 후일 이조 판서와 대사헌을 역임한 노론의 거두이자 대학자인 동춘 송준길(1606~1672)이다. 우복은 동춘의 인간됨을 한눈에 알아보고 사위로 삼았다. 우복의 스승은 서애 유성룡으로, 인재 선발에서 보면 그 스승에 그 제자였던 셈이다. 알려져 있다시피 서애는 무명의 이순신과 권율 등을 발닥해 임진왜란을 승리로 이끈 최고의 공신으로 꼽힌다.

우복이 동춘을 사위로 삼은 것이 대단한 뉴스거리는 아닐 수 있지만 그 내력을 보면 결코 그렇지 않다. 바로 당파와 당색에 의해 주도되는 시대였기 때문이다.

송준길은 붕당이 지배하던 정치 질서 속에서 퇴계 이황과 율곡 이이—사계 김장생의 노선을 동시에 두루 섭렵했다. 그의 노선은 율곡 이이—사계 김장생으로 이어지는 기호학파다. 동춘은 퇴계를 학문적으로는 수용했지만, 정치적으로는 율곡의 노선을 따랐다.

우복은 어떻게 당파가 다른 동춘을 사위로 맞이할 수 있었을까. 우복에게는 2남 2녀가 있었는데, 그중 막내딸은 마흔을 넘겨 얻었다. 우복은 딸이 스무 살이 다 되도록 결혼시키지 못했다. 우복은 신랑감을 고르고 또 골랐으나 당대의 비주류인 자신의 당파(남인) 내에서는 마땅한 사윗감을 고르지 못했다. 막내딸 사랑이 지극했던 우복은 막내의 배우자만큼은 당대의 최고 엘리트와 맺어 주고 싶었던 것이다. 그러자면 인재들이 놀렸던 당시 지배 세력인 서인(기호학파)에서 찾아야 했다.

당시 퇴계학파의 수제자인 우복으로서는 일대 모험이 아닐 수 없었다. 당연히 자신이 속한 당파로부터 눈총을 받기 마련이고, 자칫 잘못하다

간 기회주의자로 몰릴 수도 있었다. 막내딸에 대한 사랑은 이런 우려마저 날려 버렸다. 그는 자신의 당파에서 마땅한 사윗감을 고르지 못하자 충청 지역으로 눈길을 돌렸다. 우복은 당시 교류가 깊었던 사계 김장생(1548~1631)에게 넌지시 인재를 추천해 달라고 부탁했다. 우복보다 다섯 살 많은 사계는 기호학파의 예학을 대표하고 있었고 우복은 퇴계학파(영남학파)의 예학을 대표하고 있었다.

사계의 문하에는 동춘 송준길과 우암 송시열, 초려 이유태 등 그 지역의 준재들이 붐비고 있었다. 고심 끝에 우복은 사윗감을 찾아 사계를 찾아갔다.

"우복이 연산에 와서 청년들이 공부하고 있는 학당의 문을 열었다. 이때 방 안에 세 명의 청년이 있었다. 우암 송시열, 동춘 송준길, 초려 이유태가 편한 자세로 쉬고 있던 참이었다. 예고도 없이 나이 많은 사람이 불쑥 찾아와 방문을 들여다보니 세 청년이 취한 태도는 각기 달랐다고 전해진다. 이유태는 바닥에 누워 있다가 벌떡 일어나 문밖에까지 쫓아 나와 우복에게 큰절을 올렸다. 누군지는 모르지만 일단 나이 든 어른이니 큰절부터 올리고 본 것이다. 송준길은 일어나서 옷매무새를 가다듬었다. 그러나 송시열은 방바닥에 그대로 누워 있었다고 한다. 이 세 사람의 각기 다른 대응을 목격한 우복은 사계에게 다음과 같이 말했다. 이유태는 너무 급하다. 송시열은 너무 과하다. 어른이 왔으면 일단 일어나기라도 해야 할 것 아닌가. 송준길은 중용지도(中庸之道)가 있다."(「조선일보」, '조용헌 살롱'에서 인용)

우복은 송준길을 사위로 낙점했다. 우복은 송준길이 당쟁이 극심한 시대에 요구되는 '중용'의 도를 갖고 있다고 판단했던 것이다.

퇴계와 서애의 제자로서 골수 남인 집안인 정경세 가문과 서인 명문인 송준길 가문 사이의 파격적인 혼사는 이렇게 맺어졌다. 우복의 눈은 정확했다. 영남의 남인 집안을 처가로 둔 동춘은 노론과 남인이 대립하는 상황에서도 송시열과 평생을 함께한 온화한 인물이었다. 장인이 죽고 처가가 어려워지자 상주로 내려와 10년 동안 처가살이를 했다. 이때 송준길은 상주에 흥암서원을 긴립했는데 영남 노론의 중심 역할을 했다.

요즘 당대의 핵심 인재 중에서 이런 사윗감이 있을까. 정경세를 연구한 김학수는 "노론의 영수를 사위로 둔 우복 가문은 다른 남인 가문에 비해 영남에서 정치적 외풍을 덜 받고 후손들이 학문에 힘쓰며 가격(家格)을 이어 갈 수 있었다"고 분석한다. 최상의 보험은 다름 아닌 '사람'이었던 것이다.

이기적 엘리트보다 인성 엘리트를 찾아라.

백사 이항복과 권율의 관계는 한 세대 이후의 우복 정경세와 그의 사위 동춘 송준길의 경우와 다른 듯하면서도 닮은꼴 이야기를 제공해 준다. 우복이 동춘이라는 핵심 인재를 사윗감으로 발탁한 것처럼 백사 또한 당대의 핵심 인재로서 권율의 부친에 의해 사윗감으로 발탁되었다.

조선시대의 인재 중에서 빼놓을 수 없는 인물로 백사 이항복(1556~1618)을 꼽을 수 있다. 그는 청백리의 상징으로 회자되는데, 그의 후손인 우당 이회영은 '노블레스 오블리주'의 상징적 인물이다. 우당 이회영은 다섯 형제와 함께 전 재산을 팔아 1910년 만주로 건너가 독립운동에 헌신했다.

백사 이항복은 독학으로 당대의 핵심 인재가 된 '자수성가형' 인물의 전형이다. 부친 이몽양이 형조 판서를 역임했지만 그는 아버지의 보살핌을 거의 받지 못했다. 그는 가르침을 주는 스승도 없이 혼자서 공부했다. 그는 아홉 살 때 부친상을, 열여섯 살 때 모친상을 당해 4남 3녀의 형제가 흩어져 살았다.

백사는 스물다섯 살 때 과거시험에 4등으로 합격해 관직에 진출했다. 하지만 그의 이름은 이보다 앞서 세상에 알려졌다. 백사는 한양의 4부 학당에서 치는 시험에 연이어 장원을 차지해 명망가들로부터 사윗감 1순위에 올랐던 것이다. 먼저 그의 재능을 알아본 이는 당시 영의정 권철이었다. 권철은 백사의 재능을 한눈에 알아보고 그를 손녀의 신랑감으로 낙점했다. 권철은 다름 아닌 권율(1537~1599)의 아버지이다. 이로써 백사는 열아홉 살에 권율의 사위가 되었다.

백사는 당대의 핵심 인재답게 일찍이 율곡 이이에 의해 발탁되어 그와 정치적 노선을 함께했다. 서른 살에 이조 판서에 오르는가 하면 서른세 살에 좌의정에 올랐다. 임진왜란 때 줄곧 도승지와 병조 판서, 우의정 등을 맡았고 마흔다섯 살 때 영의정에 올랐다. 반면 장인인 권율은 관직에 뜻을 두지 않고 공부에만 전념하다 사위보다 2년 늦은 1582년 마흔여섯 살의 늦은 나이로 과거에 급제해 관직에 나갔다. 처음에는 하급직에 머물다 서애 유성룡에 의해 이순신과 더불어 발탁되었다. 하급 무관에서 파격 승진한 주인공답게 권율은 임진왜란 7년간 조선 군대의 최고 지휘관(도원수로 지금의 육군참모총장)으로 활약했다. 백사는 장인이 죽은 이듬해 도원수에 오르기도 했다. 이로 미루어 보면 임진왜란 기간

(1592~1597) 중 다섯 번이나 병조 판서로 일했던 백사는 장인과 더불어 전란을 이끈 두 주역인 셈이다.

백사와 권율은 나란히 임진왜란이 끝난 뒤 공신에 올랐다. 권율은 선무공신 1등에, 백사는 호성공신 1등과 오성 부원군에 책록되었다. 여기에 백사의 동서도 포함되는데, 권율의 또 한 명의 사위인 정충신(1576~1636)이다.

광주 지역 노비 출신인 정충신은 권율을 도와 전라도의 여러 전투에서 크게 공헌했다. 나중에는 면천을 받고 권율의 사위가 되었다. 유명한 광주의 금남로는 그의 이름에서 따온 것이다. 정충신은 인조반정 이후 이괄의 난 때도 도원수 장만을 도와 반란군을 토벌하는 데 큰 공을 세워 금남군이라는 시호를 받았다. 정충신을 발굴한 이가 바로 백사 이항복이었고 그와 동서의 연까지 맺은 것이다. 이는 엄격한 신분 사회에서 이례적인 일이었다.

가문이든 기업이든 국가든 가장 중요한 일이 사람을 들이는 일일 것이다. 한 집안에 사위나 며느리를 맞으면 집안의 가세를 위협하기도 하고 가세를 흥하게도 한다. 회사의 경우 인재 충원 문제는 아무리 강조해도 지나치지 않다.

우복 정경세가 사위로 발탁한 송준길과 권철이 사위로 발탁한 백사 이항복은 모두 당대의 핵심 인재였지만 자신만을 아는 이기적인 인재가 아니었다. 이들은 바로 '인성 엘리트'였다고 할 수 있다. 요즘에도 신민의식이나 자신만을 아는 이기적인 엘리트보다 도덕성을 갖추면서 다른 사람을 배려할 줄 아는 인성 엘리트가 우리 시대의 핵심 인재상이라고 할 수 있을 것이다.

17
넘치는 것을 경계하라

나아갈 때 나아간, '청음 김상헌'.

'주류보다 더 높은 곳에 청류가 있다.' 김훈의 소설 『남한산성』을 읽으면서 언뜻 이런 생각이 떠올랐다. 한 평자의 말처럼 『남한산성』은 우리 사회를 지배해 온 '실리'와 '명분'의 싸움이 어디서부터 시작되었는지를 잘 보여 준다. 지금도 때로 턱없다고 생각되는 명분론이 실리론을 이기는 경우를 접하곤 한다. 특히 정치 세계가 그러한데, 선거에서는 언제나 명분의 힘이 우위에 있다.

역사에서 보듯이 주류는 명분과 실리에 따라 각기 파벌을 이루면서 노선을 달리한다. 이때 최고 정책 결정권자가 이들 주류, 즉 명분파와 실리파 가운데 누구의 손을 들어 주느냐에 따라 주류 간의 헤게모니가 갈린다. 실리파는 언젠가 명분파에 덜미를 잡힌다는 것이 역사가 말해 주고 있기에 보다 세련된 정책과 전략적 접근이 필요하다. 그것이 실리파의 숙명이자 한계라고 할 수 있다.

병자호란 당시 예조 판서였던 청음 김상헌과 이조 판서였던 지천 최명길은 척화파와 주화파를 대변하는 당대의 주류 엘리트였다. 당시 주류들은 청과 전쟁을 불사하자는 척화파와, 굴욕을 당하더라도 화친을 해야 한다는 주화파로 양분되었다. 외면상으로는 일단 실리를 견지한 주화파가 승리했다. 하지만 전쟁 이후에는 상황이 달라졌다. 주화파는 당장의 살길을 찾느라 굴욕을 자초했다는 반대파들의 비난에 직면했다. 조선이 전쟁의 참화에서 벗어나긴 했지만 청의 속국이 되면서 국가적 자존심에 큰 상처를 입었기 때문이다.

결국 주화파는 정치 현실에서는 주류가 되었지만, 역사에서는 '청류(淸流, 명분과 절의를 지키는 깨끗한 사람들을 비유적으로 이르는 말)'로 대접받지 못했다. 오히려 권력의 헤게모니에서 밀려난 척화파들이 청류로 평가되었다. 국가의 자존심을 소리 높여 외친 이들은 역사 앞에서 언제나 당당할 수 있었다. 청에 끌려가는 등 일시적으로는 '죽은 목숨'이었지만 역사에서는 결코 죽은 목숨이 아니었다. 척화파들은 권력 투쟁에서는 졌지만 주류 간의 선명성 경쟁에서는 늘 우위를 점했다. 척화파는 '주류 위의 청류'가 되었다. 김상헌이 국왕 앞에서 국왕의 명령에 따라 최명길이 작성한 항복 문서를 찢을 수 있었던 용기는 여기에서 나온 것이다.

병자호란으로 청에 항복할 당시 청음 김상헌은 예순여덟 살로 예조 판서, 지천 최명길은 쉰두 살로 이조 판서였다. 김상헌은 자결을 시도하다 수포로 돌아가자 고향인 안동에 은거했다. '청심루'를 지어 끝까지 청을 멀리한다는 입장을 견지했다. 반면 최명길은 영의정에 올랐다. 병자호란이 끝나고 1641년에 청나라가 명을 치기 위한 원군을 요청하자 김상헌은 상소를 통해 이에 반대했다. 이에 다시 위험인물로 지목되어 일흔한 살 때 청으로 압송되었다가 살아서 귀국해 여든세 살에 세상을 떠났다.

김상헌에게서 얻을 수 있는 또 다른 교훈은 명분은 결코 사사로운 것이 아니라 국가를 위한 대의적인 것이어야 한다는 사실이다. 이는 군자가 '출처(出處)'를 선택할 때 가장 중요한 요소다. 만약 사사로운 것이라면 그 명분은 결코 큰 힘과 후광 효과를 얻을 수 없다. 김상헌은 바로 '나아갈 때 나아간' 것이다. 자신의 사사로운 이익이나 취향을 위해 나아간 것이 아니라 국가적 위기 앞에 목숨을 내놓으며 나아간 것이다. 그는 야만적인 청나라에 항복하기보다는 항전을 부르짖음으로써 국가적 자존심을 견지했다. 국왕은 항복해서 국가적 수치를 겪었지만, 이 때문에 청음의 항전 의지는 더욱 돋보였다. 눈앞의 실리를 좇은 인조는 역사 앞에서 영원히 죽었지만, 장기적인 명분을 추구한 청음 김상헌은 영원히 살 수 있었던 것이다.

고위 관리나 학자가 죽으면 『조선왕조실록』에 죽은 자에 대한 사후 평가인 졸기(卒記)가 실렸다. 김상헌의 졸기는 무려 6,915자에 이른다. 이는 아주 이례적으로 긴 졸기에 해당한다. 율곡 이이는 3,444자, 퇴계 이황은 2,526자다. 서계 박세당, 다산 정약용, 연암 박지원 등 걸출한 인물들은 아예 졸기가 없다. 이들은 모두 주류가 아니거나 명분보다 실리를 주창했기 때문이다.

'300년 동안 15명의 정승과 6명의 대제학, 1명의 청백리, 9명의 장신(將臣), 그리고 3명의 왕비를 배출함. 이어 순조 이후 철종까지 약 60년 동안 세도정치로 권력의 화신이 됨.'

이는 '후 안동 김씨'가 17세기 이후 300년 동안 일군 인재 성적표다. 당시 정치 세계에서는 주화파가 득세했지만 그 이후의 역사에서 성공 시대를 연 것은 아이러니하게도 주화파에 밀려난 척화파인 청음의 후손들이었다.

김상헌을 배출한 안동 김씨는 고려시대에 시작되어 600년 동안 단 한 명의 과거 합격사를 내시 못한 한미한 가문이었시반, 17세기 중엽부터 인재를 쏟아내기 시작했다. 그 시작은 바로 청음 김상헌이었다. 위대한 인물의 탄생은 그 후손들에게 역할 모델이 되기에 충분했다. 청음의 손자 김수흥, 수항 형제가 나란히 정승에 오른 데 이어, 김수항의 아들은 이른바 '6창(창집·창협·창흡·창업·창즙·창립)'으로 이름을 날렸다. 김상헌 형제의 충절은 그의 후손들에게 무한한 자존감으로 작용했고, 그것은 핵심 인재의 배출로 나타났다고 볼 수 있다.

그러나 절대 권력은 부패하기 마련이라는 액턴 경의 경구처럼 18~19세기 세도정치를 주도한 가문 가운데 하나가 바로 (신)안동 김씨였다. 안동 김씨의 화려한 혼맥은 세도정치로 이어졌고, 청음에서 시작된 충절과 '겸퇴(謙退)'의 정신은 어느덧 잊혔다. 즉 권력에 도취되어 오만해진 것이다. 조선 후기 권력을 좌지우지한 김상헌가의 드라마틱한 성장사가 여러모로 경영학적인 텍스트가 되기에 충분하다.

주류 위에 청류, 청류 위에 계일이 있다

안동 김씨와 함께 조선 후기를 주도한 세력 중 하나가 연안 이씨 그룹이다. 이는 '연리광김(延李光金)'이라는 말로 회자된다. '연리광김'은 연안 이씨와 광산 김씨를 일컫는데, 조선 시대에 대제학을 가장 많이 배출한 가문(각 7명씩)을 상징하는 말이다. 고위 공직자를 많이 배출하는 것도 가문의 경사였지만 대제학은 그보다 더 큰 영광으로 여겨졌다. 대제학 출신은 '문형(文衡)'이라 불리며 우대를 받았다. 문형은 '온 나라의 학문을 바르게 평가하는 저울'이라는 뜻이다. '연리광김'은 높은 공직보다 정신적 품격을 추구하는 것이라고 할 수 있을 것이다.

연안 이씨는 저헌 이석형으로부터 고손자인 월사 이정구(1564~1635)로 이어지고, 그로부터 3대에 걸쳐 대제학이 나오면서 조선 최고의 가문으로 자리 잡기 시작했다. 문장가인 월사 이정구 가문에서만 무려 72명의 문과 합격자를 배출해 새로운 소종파를 만들었다. 또한 정승 6명, 대제학 7명이 월사 후손에서 나왔다. 특히 이정구-이명한-이일상에 이르면서 3대 대제학을 배출했다. 조선시대에는 벼슬로는 정2품이지만 대제학을 배출한 집안을 으뜸으로 쳤다. 3대에 걸쳐 대제학을 배출한 가문은 연안 이씨에서 시작해 광산 김씨 사계 김장생 가문, 전주 이씨 백강 이경여 가문, 대구 서씨 약봉 서성 가문뿐이다. 그중에서 이석형 가문이 처음 기록을 세웠다.

변방에 머물던 연안 이씨의 중앙 진출도 흥미롭다. 저헌의 조부는 이종무다. 이종무는 이성계가 조선을 세우는 데 일조해 개국공신에 책훈된 인물로 대마도를 정벌했다. 이종무와 그의 아들 이회림이 잇달아 태조와 태종의 신임을 얻어 각기 공신에 오르면서, 황해도 연안 출신으로 변방의 하급 관료에 머물던 연안 이씨는 중앙의 사대부 가문으로 변신할 수 있었다. 이는 당대의 주류 세력으로 진입했음을 의미한다. 그러나 이석형 – 이정구 가문은 김상헌 가문의 길을 가지 않았다. 권력의 유혹을 견제한 것은 600년을 이어 온 가훈 덕분이었다. 그것이 바로 '계일정'이다.

가문이든 기업이든 성공하려면 초기에 원칙과 철학을 만드는 창업자 혹은 기획자가 존재한다. 사가독서(젊은 문신들에게 휴가를 주어 학문에 전념하게 한 제도)와 집현전 학사를 역임한 이석형은 연안 이씨 가문의 기획자 역할을 했다. 그는 요즘의 CEO처럼 창업기의 초석 쌓기와 아울러 가문의 정신적 지향점을 남겼는데, '계일(戒溢)'이 바로 그것이다. 계일은 '넘치는 것을 경계한다'는 뜻이다.

저헌은 현재 서울대병원 치과병동 건물이 자리 잡은 터에 있던 자신의 집에 '계일정'이라는 정자를 만들었다. 그의 자손이나 찾아오는 손님이나 제자들에게 부귀영화가 넘치게 하지 말고 적정하게 억제하라는 가르침을 전하는 인생 교실로 삼기 위해서였다. 집 앞에 연못을 만들고 물을 채워 맑은 물에 자신을 비추어 반성하고 물이 5분의 4쯤 차면 밑으로 빠지도록 했다. 물이 넘치지도 모자라지도 않게 조절해 자손들이나 찾아오는 손님들에게 매사를 분수에 맞게 하라는 훈계를 전했던 것이다. 그는 후손들이 이름을 얻는 데 넘치지 말고, 권력을 얻고 행사하는 데 넘치지 말며, 재물을 얻는 데 넘치지 말고, 먹고 입고 사는 데 넘치지 않는 지혜를 습득하기를 바랐다.

흔히 우리 역사에서 대학자는 동국 18현으로 상징된다. 조선 후기 최내 인새 곳간 역할을 한 신 안동 김씨나 연안 이씨의 경우 문묘에 배향되는 인물을 배출하지는 못했다. 이것이야말로 세상사가 공평한 것임을 보여 주는 예라고 할 수 있지 않을까. 고위 관료에 이어 대학자까지

배출했다면 최고 권력을 독점한 가문으로 세상 사람들의 두려움과 원망의 대상이 될 수도 있었을 것이다. 하지만 연안 이씨는 최고의 인재 산실이었으되 '계일'을 가훈 삼아 그 한계를 설정함으로써 역사상 아름다운 가문으로 남을 수 있었다. 이는 넘침을 경계하지 못하고 세도정치로 민심을 잃은 신 안동 김씨와 대비된다. 그 차이는 바로 '계일'이라는 원칙의 유무에 달려 있었던 것이다.

연안 이씨들은 수많은 인재를 낸 월사 후손 가운데 왕후가 없다는 사실을 자랑스럽게 여겼다. 외척은 권력의 견제를 받거나 권력을 남용할 우려가 있는 자리였다. 제대로 벼슬길에 나아가도 왕후의 덕으로 벼슬을 얻었다는 비판을 받기 십상이었다. 연안 이씨는 이러한 권력의 속성을 경계해 왕후로 간택되는 것을 꺼렸다. 정조는 이러한 사정을 알고 『홍재전서』에서 "앞으로 간택이 있어도 연안 이씨는 단자도 내지 말고 그대로 전통을 이어 가라"고 했다.

저헌과 월사의 후손들은 '계일'을 가훈으로 삼아 지금까지 실천해 오고 있다. 18대 종손 이홍배 씨는 현재 용인시 모현면 안골마을의 종가를 지키면서 '계일정신문화원'을 운영하고 있다. 1988년에는 집 앞에 작은 연못을 만들고 '계일정'을 지어 그 정신을 기리고 있다. 무려 600년을 이어 오며 '넘침'을 경계한 저헌의 가르침을 구현하기 위해 애쓰고 있는 것이다. 안동 김씨와 연안 이씨에서 배울 수 있는 것은 "주류 위에 청류가 있고 청류 위에 계일이 있다"는 말로 표현할 수 있지 않을까.

18
모든 것을 내려놓고 양보할 수 있는가

"아우에게 왕위를 양보하고 싶다."

_효령 대군

이른바 '청권(淸權)'이란 말이 있다. '청권'의 유래는 중국 주나라의 태백과 우중 왕자가 아버지인 태왕 고공단보의 뜻을 헤아려 아우 계력에게 왕위를 양보한 미덕을 칭찬하며 공자가 '청권'이라고 칭한 데서 비롯되었다. 사마천이 쓴 『사기』의 〈주(周) 본기〉에 나오는 이야기다.

은나라가 기울고 주나라가 신흥 강국으로 떠오를 때의 일이다. 주나라의 태왕에게는 아들이 셋 있는데, 장자는 태백, 차자는 우중, 셋째는 계력이었다. 고공단보의 장남 태백은 부왕의 뜻이 막내아들 계력에게 있음을 알고 둘째 우중과 함께 형만이란 땅으로 달아나 왕위를 양보했다고 전한다. 계력은 형들을 모셔 오려고 노력했으나 이들은 머리를 깎고 오랑캐의 흉내를 내며 응하지 않았다고 한다. 그리하여 계력에 이어 그의 아들 창에 이르러 주나라의 전성시대를 열었는데, 그가 바로 문왕이다. 문왕에 이어 아들 발이 왕위를 계승해 은나라를 이기고 천하를 통일했는데 그가 무왕이다. 이렇듯 주 왕실이 천하를 얻은 공은 태백과 우중 형제의 양보, 즉 청권에 근원하였다고 사마천은 평하고 있다.

우리나라에서도 청권의 사례로 효령 대군이 회자된다. 효령은 아버지 태종이 아우인 충녕(세종)에게 왕위를 물려주고 싶어 하는 의중을 헤아려 아우인 충녕에게 왕위를 양보했다. 이에 세종은 "나의 형이 곧 청권"이라고 칭송했고, 정조는 효령의 사당을 청권사로 사액(賜額)했다. 현재 서울 방배동에는 효령을 기리는 청권사가 있다. 주나라의 태백과 우중, 그리고 조선의 효령 대군 사례에서 보듯이 '착한 양보'의 미덕을 실행하는 '청권'은 공동체를 새롭게 통합하고 융성하게 하는 새로운 에너지를 만들어 낸다. 그것은 한 개인이 권력 의지를 포기한 것에 그치지 않고 공동체의 도덕성 회복과 리더십 강화와도 연결되어 있다.

요즘 우리 사회는 공동체의 위기를 맞고 있다. 그것은 사회 지도층의 부도덕성이 초래한 측면이 클 것이다. 사회와 국가 공동체는 안중에 없이 자신의 권력욕을 채우기 위해 부도덕한 행위도 서슴없이 행하고 있다. 수단이 목적을 정당화하는 행태도 보인다. 오직 결과만이 중시되는 듯한 모습도 보인다. 뇌물을 주고 자리를 얻기도 한다. 그러면서도 너무 당당하게 변명한다. 공동체의 위기는 리더들의 신뢰 위기에서 온다. 리더가 앞장서서 희생하지 않으면 그 누구도 희생하려 들지 않을 것이기 때문이다.

'칼레의 시민Die Bürger von Calais'이라는 말은 노블레스 오블리주를 상징한다. 영국과 프랑스 간에 왕위 계승 문제가 발단이 되어 일어난 백 년 전쟁 때 영국군이 칼레 시를 포위했다. 이때 칼레 시민들은 영국군의 포위망 속에서 1년 정도 버티며 저항했다. 칼레 시민이 저항한 중심에는 바로 리더의 자기희생이 있었다.

당시 칼레 시의 시장인 쥐앙 드 뷔안은 오랫동안 영국군에 포위되어 식량이 고갈되자, 목숨을 구하기 위해 영국 왕에게 칼레 시를 넘겨주려 했다. 이때 영국의 왕 에드워드는 항복 조건을 내걸었다. 그것은 칼레 시민 가운데 가장 명망 있는 여섯 명이 속옷만 걸치고 모자도 쓰지 않은 채 목에 오랏줄을 감고 칼레 시와 요새의 열쇠를 들고 성 밖으로 나와 항복하면 주민들의 목숨을 살려 주겠다는 것이었다. 시장은 시민들을 공회당으로 불러 모아 영국 왕의 요구 조건을 받아들이기로 결정지었다. 이때 칼레 시에서 부자로 소문난 외스타슈 드 생피에르 등 여섯 명의 시민이 칼레 시민들의 목숨과 도시를 구하기 위해 영국 왕 앞에 나서기를 자청했다. 시장은 칼레 시민들의 통곡 소리를 들으면서 영국 왕의 요구대로 준비된 여섯 명의 인질을 성문 밖의 영국군 진영으로 인도했다. 영국 왕은 그들의 처형을 명령했다. 그러나 임신 중이던 영국 왕비가 왕에게 장차 태어날 아기를 생각해 그들을 사면해 달라고 간청하자, 이에 왕이 감동해 이들을 살려 주었다고 기록은 전한다.

여기서 여섯 명의 '칼레의 시민'이 노블레스 오블리주의 상징이 된 것이다. '모든 시민의 안전을 보장하겠다. 하나 시민들 중 여섯 명을 뽑아 와라. 그들을 칼레 시민 전체를 대신하여 처형하겠다.' 영국 왕의 서슬 퍼런 항복 조건은 달리 표현하면 여섯 명이 자원하지 않으면 칼레 시민 모두를 처형하겠다는 말이었다. 시민들은 한편으론 기뻤으나 다른 한편으론 여섯 명을 어떻게 골라야 할지 고민에 빠졌다. 제비뽑기를 하자는 사람도 있었다. 그때 부유층 중 한 사람인 외스타슈 드 생피에르가 죽음을 자처하고 나선 것이다. 그 뒤로 고위관료와 상류층 등이 직접 나서 영국의 요구대로 목에 밧줄을 매고 자루 옷을 입고 나타났다. 그 '상류층 여섯 명'의 희생으로 모든 칼레 시민은 목숨을 건졌다. 이 일은 세계사적으로 노블레스 오블리주를 이행한 역사적 사례로 꼽히고 있다.

여기서 외스타슈 드 생피에르 등 여섯 명의 칼레 시민이 보여 준 희생정신이야말로 또 다른 의미의 '청권'이라고 할 수 있을 것이다. 부자로서의 모든 기득권과 삶의 욕망을 스스로 포기하고 대학살의 기로에 선 공동체를 살리기 위해 자신의 귀중한 몸을 희생한다는 것이야말로 청권의 가장 높은 경지라고 할 수 있기 때문이다. 이는 자신의 권력과 자리에 대한 욕망을 내려놓지 않고서는 불가능한 일이다.

"욕망을 내려놓고 걸어 나가라, 빛 속으로."
_외스타슈

1917년 독일 표현주의 작가인 게오르크 카이저는 『칼레의 시민들』이라는 희곡을 썼다. 그런데 카이저는 단순히 역사적 사실을 희곡으로 옮기는 데 그치지 않고 여섯 명의 시민을 확대해 일곱 번째 인물을 추가함으로써 갈등 구조를 확대시켰다. 카이저는 사건의 중심을 영국 왕이 요구한 여섯 명의 시민이 누가 되느냐의 문제에서, 선발된 일곱 명의 시민 가운데 어느 한 사람이 제외되어 생존하느냐의 문제로 옮긴 것이다. 희생과 죽음의 공포 앞에서 추한 인간상으로 전락하는 과정을 보여 주면서 아울러 새로운 영웅상을 제시하려 한 것이다.

카이저의 희곡에서는 먼저 희생정신을 행위로 보여 주려던 선발된 시민들의 의지는 생존의 욕구로 뒤바뀐다. 일곱 명의 시민은 최후의 만찬처럼 함께 식사를 나누고 제비뽑기를 통해 제외될 한 사람을 정하려고 한다. 그러나 이제까지 그들이 보여 주었던 숭고한 희생정신은 더 이상 찾아볼 수 없고, 서로 내심 일곱 번째 시민이 되길 바란다. 제비뽑기로 제외될 사람을 결정지으려던 외스타슈는 여기에 실망하고 제비뽑기 대신 다음 날 아침 동이 틀 무렵 시청 앞 장터에 제일 먼저 도착하는 여섯 명을 선발인으로 결정짓자고 제안한다. 결국 다음 날 아침에 시민들이 몰려들고, 그들이 지켜보는 가운데 외스타슈를 제외한 여섯 명의 시민이 집에서 출발해 약속 장소에 도착한다. 하지만 외스타슈는 모습을 드러내지 않는다. 이 사실에 군중은 분노한다. 가장 먼저 스스로 처형을 자처한 외스타슈가 이제 자신만 살겠다는 꼼수를 부렸다고 비난한다. 급작스러운 리더의 배신에 술렁거리는 군중 앞에 외스타슈의 아버지가 아들의 관을 싣고 나타난다. 그리고 아들의 마지막 말을 전한다.

"걸어 나가라, 빛 속으로!" 외스타슈가 남긴 말은 여섯 명의 시민에게 '새로운 행동가'가 되어 생존의 끈에 매달려 어둠의 세계로 회귀하지 말고 빛의 세계를 향해 앞장서 나설 것을 강조한 것이다. 즉 공동체를 구하겠다고 나선 리더들마저 너나없이 자신만 살겠다고 나서자 공동체는 급속하게 파괴되어 갔고, 이때 외스타슈가 자신을 희생함으로써 공동체를 구한 것이다. 이야말로 자기 자신의 목숨마저 공동체를 위해 양보한 '청권'의 극치라고 할 수 있을 것이다. 카이저는 이러한 극적 구성을 통해 확고한 윤리적 확신에 근거한 내면의 정신만이 이들의 새로운 행동에 실천적 의지와 힘을 실어 줄 수 있음을 암시한 것이다.

카이저의 희곡에서처럼 요즘 우리 사회에서 리더들의 생얼굴을 보는 것 같다. 공동체의 위기를 수습해야 할 리더들이 앞에서는 자기희생을 부르짖지만 속으로는 자신만 살겠다고 온갖 꼼수를 부리는 것과 같기 때문이다. 외스타슈는 그렇지 않았다. 그는 자기희생으로 서로 불신하고 배신하는 세상을 구했다. 우리 사회도 외스타슈와 같은 새로운 시대정신을 실천하는 '새로운 행동가'를 요구하고 있다.

미국에서 최고의 정치 명문가로 꼽히는 케네디가는 4남 5녀 가운데 장남과 차남, 3남 그리고 차녀 캐서린이 제2차 세계 대전에 참전했다. 장남(조)은 하버드 대학교 대학원에 다니던 중 해군 항공대에 입대했다. 차남인 존 F. 케네디(잭)는 육군에 지원했으나 하버드 대학교 시절 풋볼로 부상한 등뼈 때문에 불합격당해 해군에 지원했으나 또다시 불합격되었다. 그러나 주 영국 대사를 지낸 아버지의 힘을 빌려 마침내 해군 시험에 합격해 소위로 임관했다. 3남도 해군에 자원입대했다. 이들 형제는 보직이 국내 근무로 발령 나자 후방 근무는 비위에 안 맞는다며 최전선 출동을 희망했다. 최전선으로 누가 먼저 가느냐를 두고도 형제는 경쟁했다. 먼저 간 이는 동생인 잭이었다. 동생에 이어 파일럿으로 최전선으로 간 조는 휴가를 반납하고 작전을 수행하다 그만 전사하고 말았다. 대통령이 꿈이었던 조의 꿈을 동생인 잭이 이어받았다. 장남의 비극은 역설적으로 케네디가의 위대함의 원천이 되었던 것이다. 그런데 흥미로운 사실은 케네디의 아버지 조지프는 제1차 세계 대전 때 입대를 기피하고 군대에 가지 않았다는 점이다. 그의 아들 세대에 이르러 '겁쟁이' 아버지를 뛰어넘은 용기로 도덕성을 발현해 위대한 가문으로의 단초를 마련한 것이다. 케네디 형제들은 공동체의 위기에 맞서 새로운 행동가로 새로운 시대를 여는 데 앞장섰던 것이다.

국가 공동체가 위기에 빠질 때는 리더의 자리에 있는 이들이 솔선수범해 본보기를 보이며 앞장서는 게 무엇보다 중요하다. 그래야만 공동체 구성원들이 자발적으로 위기를 타개하기 위한 행동에 나서게 할 수 있다. 지금 우리 사회에서는 이와 정반대 현상이 벌어지고 있는 듯하다. 공동체의 리더들은 너나없이 자신의 살길만 도모하기에 바쁜 모습들을 보여 주기 때문이다. 자신의 잇속을 채우기 위한 권력에의 의지만 맹렬하게 작동할 뿐 자기희생의 모습은 찾아볼 수가 없다. 그럴수록 공동체의 위기는 가속화되고 있다.

19
탐욕은 끝이 없다, 경계하라

돈이든 번민이든 생명이든 어느 하나를 선택하라

석유 왕으로 불린 록펠러(1839~1937)는 어쩌면 히브리스로 인한 파멸 직전에 극적으로 구원받은 사례라고 할 수 있다. 존 D. 록펠러는 서른 살 때 이미 100만 달러를 가진 부자였고, 마흔 살 때 스탠더드 석유 회사를 창립해 쉰세 살 때 세계 최고의 부자가 되었다. 오늘날 빌 게이츠보다 무려 세 배나 많은 재력을 보유할 정도였다.

그는 늘 돈에 배고픈 부자였다. 어떤 돈벌이가 있다는 말을 들을 때 빼고는 웃는 얼굴을 보이지 않았다. 돈을 벌었을 때는 모자를 바닥에 내던지며 의기양양 좋아했지만, 손해를 보았을 때는 금방 병이 나곤 했다. 한번은 가격이 4만 달러나 되는 곡물을 5대호를 경유해 실어 나르게 되었는데, 보험료 150달러가 아까워 보험에 들지 않았다. 그날 밤 폭풍이 엄습했다. 그는 짐을 잃어버리지 않았을까 몹시 번민하다 다음 날 아침에 급히 보험을 들었다. 그런데 아무런 피해 없이 짐이 무사히 목적지에 닿았다는 전보가 왔다. 그는 150달러를 낭비한 것이 아까워 기분이 좋지 않다면서 집으로 돌아가 몸져누웠다고 한다.

황금이 축적될수록 록펠러는 불면에 시달렸다. 또한 그의 왕국은 하루아침에 붕괴 직전에 놓였다. 언론이 스탠더드 석유 회사를 탄핵하기 시작했던 것이다. 록펠러는 번민이 극도에 달해 죽어 가고 있었다. 쉰세 살 때 번민과 탐욕, 공포가 그의 건강을 좀먹고 있었다. 마침내 의사는 "돈이든 번민이든 생명이든 어느 하나를 선택하라"고 했다. 은퇴하든가 죽든가 둘 중 하나밖에 방법이 없다는 것이었다. 결국 그는 은퇴를 택했다.

걱정은 빨리 늙게 만들고 마음을 어지럽게 한다. 심장병은 미국에서 1위를 차지한 죽음에 이르는 병이었다. 제2차 세계 대전 당시 미국의 전사자 수는 30만 명가량이지만 같은 시기에 심장병 사망자 수는 무려 200만 명에 달했다. 절반은 고민과 극도의 긴장이 그 병의 원인이었다고 한다.

의사는 록펠러에게 번민을 피할 것, 편안히 쉴 것, 조금 더 먹고 싶을 때 그만둘 것, 이 세 가지 규칙을 내렸다. 그는 이 규칙을 철저히 지켰다. 반성도 하면서 남의 일도 생각했다. 골프도 배우고 이웃과 잡담도 하고 노름도 하고 노래도 불렀다. 그는 태어나서 처음으로 얼마쯤 돈을 벌 것인가를 생각하지 않고 돈이 사람의 행복을 위해 얼마나 도움이 되는가를 생각하기 시작했다. 막대한 돈을 사람들에게 나눠 주기 시작했다. 시카고 대학교가 빚으로 차압당하자 이를 갚아 주었다. 다시 태어난 그는 행복했다. 번민하지 않았고 잠도 잘 잤다. 록펠러 재단은 5000개의 교회에 기부를 했다. 50대 초에 죽음의 그림자가 드리워졌던 그는 아흔여덟 살까지 살았다.

석유 왕 존 D. 록펠러는 아흔여덟 살, 강철 왕 앤드루 카네기는 여든다섯 살까지 살았다. 록펠러와 카네기의 공통점은 미국에 기부 문화를 만든 원조라는 것이다. 존 듀이는 인간 본성에 존재하는 가장 깊은 충동은 '인정받는 인물이 되고자 하는 욕망the desire to be important'이라고 했다. 록펠러는 '돈의 축적'이 아니라 '돈의 나눔'으로 사람들에게 비로소 인정받을 수 있었던 것이다. 다른 사람들로부터 인정받으면 자존감이 높아지고, 이것이 장수의 요인이 되는 것은 당연하다고 할 것이다. 그것이 자신도 살고 사회도 사는 길이다.

기업에서 가장 강조하는 것으로 '이윤(이익) 중시'를 꼽을 수 있다. 그러나 『성공한 기업들의 7가지 습관』의 저자 짐 콜린스는 이러한 고전적 관점을 단호히 부정한다. 오히려 일류 기업일수록 '이익 극대화'를 추구하지 않는다고 강조한다. "일류 기업들은 우선적으로 이익을 극대화하기 위해 존재한다고 생각하기 쉬우나 수익 극대화는 그들의 주요 목표가 아니었다. 그들은 여러 가지 목표를 추구했는데, 돈을 버는 것은 그중의 하나였지 반드시 중요한 것은 아니었다. 많은 '비전 기업'들은 기업 자체를 경제적 활동보다 의미 있게 생각했다. 「토끼와 거북」 이야기처럼 비전 기업들은 대개 느리게 출발하나 결국 경주에서 이겼다."

짐 콜린스는 일류 기업, 특히 수십 년 혹은 100년 이상 지속하며 선도적 위치에 있는 기업을 '비전 기업'이라고 부르는데, 대부분 비전 기업의 주요 목표나 동인에서는 '이익의 극대화'나 '주주의 부의 극대화'라는 개념을 찾아볼 수 없었다고 지적한다. 특히 비전 기업들은 단번에 이익을 독차지하려 들지 않았다. 처음에는 이익을 추구하는 경제적 활동보다 기업 자체를 더 중시했지만 결국 경주에서 이겼다는 것이다.

미국의 듀폰은 화학 부문에서 세계적인 기업으로 꼽힌다. 1802년 설립된 듀폰은 미국 화학공업과 군수공업 분야 1인자로 화학 제조를 시작으로 금융, 교통, 항공 등 산업 전 분야에 손을 뻗치고 있다. 그런데 듀폰의 기업사에서 주목할 점이 발견된다. 바로 제2차 세계 대전 때 '맨헤튼 프로젝트'에 듀폰이 주도적으로 참여한 이후부터 비약적인 발전을 이룬 점이다. 듀폰은 맨해튼 프로젝트에 참여하면서 '푼돈은 과감히 포기하자' 전략으로 회사의 장기적인 이익을 도모했다. 이를 주도한 인물이 듀폰가의 4대 경영주인 피에르 듀폰이다.

1944년 로스앨러모스 연구소에서는 오펜하이머 박사의 지휘 아래 기폭 장치가 장착된 원자폭탄이 극비리에 제작되고 있었다. 피에르 듀폰은 레슬리 그로브스 장군과 맨해튼 프로젝트에 협조하겠다는 비밀 계약을 맺었다. '첫째, 듀폰은 원자폭탄 생산을 위한 공장의 설계, 건설, 안전 운행을 일괄 책임진다. 듀폰은 이윤을 1달러로 한정한다. 둘째, 모든 계획에서 듀폰이 개발해 낸 신기술은 일괄적으로 육군 소유로 한다.' 듀폰은 6만 명의 직원을 동부에서 서부로 이주시키는 등 손해를 감수하며 프로젝트에 착수했다. 거대 프로젝트는 계획대로 성공했고, 미국은 1945년 8월 6일 우라늄 원자폭탄을 일본 히로시마에 투하했다. 듀폰이 얻은 이윤은 계약대로 단 1달러뿐이었다.

여기서 가장 주목을 끄는 것은 바로 맨해튼 프로젝트의 수익금을 1달러만 받겠다고 계약한 점이다. 듀폰이 단돈 1달러로 원자폭탄 제조 계약에 선뜻 동의한 이유는 원자폭탄 관련 정보와 기술이 훗날 천문학적인 부와 기회를 가져다줄 것으로 예견했기 때문이다. 실제로 듀폰은 이

'어리숙한' 거래 덕분에 계속적으로 규모를 확장할 수 있었고 오늘의 듀폰을 만든 원동력이 되었다. 한때 연봉으로 100원을 받은 남이섬 강우현 대표를 한국판 피에르 듀폰이라고 할 수 있다.

"멈춤을 아는 것이 가장 큰 지혜다."
_문중자

'작은 손실을 큰 이익과 맞바꿔라'라는 말이 있다. 보다 큰 이익을 위해 작은 실수를 감수하는 것은 이른바 '바보 전략'의 중요한 내공 가운데 하나라는 것이다. 일명 '손해 보는 싸움'인 셈이지만 장기적으로 보면 그렇지 않다. 결코 손해 보지 않을뿐더러 반드시 이기고 큰 이익을 보는 싸움이 된다는 것이다.

청나라의 관리인 정판교가 지은 『난득호도경(難得湖塗經)』이라는 책이 있다. 난득호도는 어리숙한 척하기는 어렵다는 뜻인데, 이른바 '바보경'이라는 성공의 처세술이다. 지혜로우나 어수룩한 척하고, 기교가 뛰어나나 서툰 척하고, 언변이 뛰어나나 어눌한 척하고, 강하나 부드러운 척하고, 곧으나 휘어진 척하고, 전진하나 후퇴하는 척하는 게 지혜로운 처신이자 장기적으로 이기는 지혜라는 것이다. "먼저 손해 보는 것이 복을 불러온다"고 강조한다.

정판교는 진짜 바보가 되지는 말라고 조언한다. '바보인 척하라'는 자기의 색깔을 감추는 고도의 위장술로 상대방을 제압하는 전략이지 정말 바보가 되라는 것이 아니다.

오늘날 기업 환경은 '너 죽고 나 살자'식의 무모한 싸움이 전개되는 곳으로, 흔히 정글에 비유되곤 한다. 그 때문에 현대판 비즈니스 전쟁에서 바보 철학은 경시되기 쉽다. 자칫 눈앞의 이익을 놓치지 않을까 하는 불안감 때문이다. 더욱이 당장 코앞의 문제를 해결하기도 바쁜데 먼 미래를 내다볼 여유를 가지기는 쉽지 않다. 그래서 다들 똑똑한 척, 센 척하며 결코 먼저 손해를 보려고 하지 않는다. 전진해야 할 때 전진하는 것은 일반적으로 사람들이 추구하는 바이다. 반면 멈춰야 할 때 멈추는 것을 진정으로 실천하는 사람은 드물다. 그것이 인지상정이다. 하지만 사람들은 전진 기능과 효과만 신봉하면서 수단을 가리지 않고 그것을 추구하면 결국 화근만 불러올 뿐이다.

수나라 때의 문중자는 "멈춤을 아는 것이 가장 큰 지혜다"라며 '지학(止學)'을 주창했다. 문중자는 멈춤의 지(止)와 멈추지 않음의 '부지(不知)' 사이가 실제로 성공과 실패의 분수령이자 큰일을 이루는 자와 용렬한 자의 경계라고 갈파한다.

홍콩의 대부호 리자청은 '지학'의 요체를 몸으로 실천하는 경영자로 통한다. 창장 그룹 회장인 리자청은 자선 사업 등으로 중화권에서 가장 존경받는 기업인으로 꼽힌다. 부와 권력을 지닌 그는 '멈춤을 안다'는 뜻의 '지지(知止)'라는 두 글자를 사무실에 걸어 두었다. 잠시도 지학의 뜻을 잊지 않기 위해서다. 리자청은 잠자기 전 30분 독서를 60여 년 동안 실천해 왔다고 한다. 그의 책상에는 늘 『논어』 등 중국의 고전들이 놓여 있나.

지혜로운 장수의 아이콘인 제갈공명이 유비의 아들 유선이 황태자 시절 추천한 책이 다름 아닌 『한비자』다. 한비자는 마키아벨리의 『군주론』과 함께 『인간불신』에 바탕을 둔 고전을 대표한다. 특히 『한비자』는 '인간은 이익을 좇아 움직이는 동물이다'라는 전제에서 출발한다. 인간의 마음을 움직이는 동기는 애정도 배려심도 아니다. 의리도 인정도 아니며 오로지 이익뿐이라는 냉철하고 일관된 사상을 담고 있다.

『한비자』에 따르면 부하는 늘 자기의 이익을 먼저 생각한다. 기회만 있으면 윗사람에게 달라붙어 자신의 이익을 챙기고, 틈만 나면 윗사람을 몰아내고 그 자리를 차지하려고 한다. 지도자는 절대 방심하거나 틈을 보여서는 안 된다고 충고한다. 그러나 『한비자』에서도 지나친 이익 추구를 경계하며 "잃는 것이 얻는 것이다. 잃는 것을 두려워해서는 안 된다"고 역설한다.

인류 역사상 가장 오래된 성공의 법칙은 '탐욕의 경계'라고 할 수 있다. 한꺼번에 모든 것을 얻으려고 하면 결코 성취할 수 없다는 것이다. 록펠러는 죽음의 문턱에서 '지학'을 알았기에 자신도 살고 역사에서도 살아남을 수 있었다. 듀폰은 이익을 계산하지 않는 '어리숙한 거래' 덕분에 세계 최고의 화학 기업으로 우뚝 설 수 있었던 것이다. 특히 록펠러가 탐욕의 멈춤을 실행하지 못했다면 하마르티아에 빠진 비극의 주인공이 되었을 것이다. 얻기 위해서는 먼저 잃어야 한다는 것, 무언가를 희생하지 않으면 결코 얻을 수 없다는 것이야말로 세상에서 가장 오래된 성공의 인과율이라고 할 수 있지 않을까.

03

관계를 배우다

03

인간관계나 조직 관리, 또는 갈등 해결의 기술을 한 수 배우고자 한다면 으레 경제경영서를 찾는다. 그러나 오히려 인문서에서 그 해결의 실마리를 찾을 수 있다. 경제경영서보다 더 인간적인 통찰과 함께 문제 해결의 근원적인 해법을 만날 수 있다.

스테판 폴터가 쓴 『아버지The Father Factor』는 부모학이라기보다 인간관계학 책이다. 폴터는 "모든 인간관계의 핵심에는 아버지가 영향을 미치고 있다"면서 이를 '아버지 요인'이라고 규정한다. 우리가 무슨 직업을 갖고 있든 상관없이 아버지 요인은 매우 다양한 방식으로 영향을 주고 있다는 것이다. 아버지 요인이란 우리 각자의 마음속에 자리 잡고 있는 아버지의 태도, 행동, 가치, 직업윤리, 그리고 자신과의 관계 유형 등을 의미한다.

"어떤 사람들은 아버지가 자신의 진로와 직장 생활에 영향을 준다는 말을 받아들이려고 하지 않는다. 그러나 지금 성인이 된 자녀들이 사회생활을 하면서 겪는 문제들의 근원을 추적해 보면 아버지의 영향이 아주 크다."

흔히 아들이 "아버지를 닮지 않겠다"거나 딸이 "엄마처럼 구질구질하게 살지 않겠다"고 말한다. 특히 유년 시절 부모의 영향이 대개 이런 영향을 끼친다. 또 부모가 이런 말을 입에 담으면 어느새 그 자녀도 자신도 모르게 부모가 한 말을 따라 하다 깜짝 놀라곤 한다. 아버지 요인은 의식적, 무의식적으로 우리의 직업 선택과 경력 발달을 결정하는 기초로 작용한다. 또한 우리가 개발하고자 하는 능력과 인간관계를 형성하는 능력에도 결정적 영향을 준다. 저자는 직장 생활과 가정생활에서 잠재 능력과 역량을 극대화하길 원한다면 아버지 요인을 반드시 이해해야만 한다고 주장한다.

"아버지 요인을 인식하지 못하고 알지 못할 때에만 우리의 업무와 진로에 좋지 않은 영향을 미친다. 아버지 요인을 의식하고 다루는 방법을 배운다면 오히려 힘으로 활용할 수 있다."

말하자면 인간관계의 핵심은 그 어떤 인문서보다 아버지에게서 배울 수 있다는 말이다.

20
그냥 아는 사람이 내 인생을 흔들어 놓는다

"사소하고, 산만하고, 무작위적이고, 피상적인 약한 연결."

_마크 그라노베터

리처드 코치와 그렉 록우드가 쓴 『낯선 사람 효과Superconnect』의 요지는 자못 충격적이다. 바로 '친한 친구나 가족보다 그냥 아는 사람이 내 인생을 흔들어 놓는다'는 것이다.

이 책은 혈연과 지연, 학연 중심의 강고한 연결망을 신봉하는 사람들에게는 자못 충격적이다. 왜냐하면 한국 사회의 문제점을 이야기할 때 흔히 강고한 혈연과 학연, 지연의 폐해를 거론하듯이, 상위 계층일수록 강하고 폐쇄적이며 배타적인 연결을 많이 갖고 있으며 이것이 성공의 조건이라고 생각하기 쉽기 때문이다. 하지만 이 책의 저자들은 "결혼이나 취직을 하고 사업 기회와 파트너를 찾을 때 막역한 사람의 직접적인 도움보다는, 자세히 알지 못하던 이들의 뜻하지 않은 도움이 큰 영향을 주는 경험을 하곤 한다"면서 "이처럼 현실 속에서 새로운 가능성을 여는 기회는 오히려 열고 넓은 관계들을 매개로 생겨나기 쉬우며 성공하고 윤택한 사람과 기업들은 무엇보다 이런 '약한 연결weak link'을 풍부하게 갖고 있는 이들이다"라고 주장한다. 네트워크가 지배하는 시대에는 관계와 성공의 방식이 바뀌었다는 것이다. 거꾸로 실패의 굴레를 벗어나지 못하는 사람들은 몇몇 '강한 연결strong link'만 믿고 거기에 의존하며 새로운 기회와 차단된 경우가 많다고 주장한다.

'약한 연결'의 개념은 사회학자 마크 그라노베터가 1973년 발표한 논문에서 처음 주장했다.

그라노베터는 사소하고, 산만하고, 무작위적이고, 피상적인 '약한 연결'이라는 개념을 가족이나 친한 친구들로 구성된 '강한 연결'과 대조해서 설명한다. 약한 연결이 강한 연결보다 강력한 힘을 발휘한다는 주장은 언뜻 모순처럼 들린다. 그는 "부탁하면 적극적으로 도와주려고 나서는 가깝고 친밀한 사람들보다, 거의 신경 쓰지 않고 지내는 사람들이 더 많은 도움을 줄 수 있다"고 말한다. 그리고 아주 가까운 사이로 구성된 강한 관계보다 그저 알고 지내는 지인들, 또는 몇 번밖에 보지 못한 사람들과의 관계가 사회 발전에 더 크게 기여한다고 주장한다.

그 이유는 다음과 같다. 친한 사람들은 우리 자신과 비슷한 성향을 지니고 있으며, 주로 자신과 크게 다르지 않은 사회적 영역에서 움직인다. 그리고 서로를 아주 잘 알고, 자유롭게 정보를 공유하는 '밀집된 덩어리와 같은 사회적 네트워크' 속에서 활동한다. 그러나 그 네트워크에 포함된 구성원들은 모두 그다지 친하지 않은 지인들을 알고 있다. 그리고 그 지인들은 다시 친밀함과 정보를 공유하는 저마다의 밀집된 덩어리가 있다. 이러한 관점에서 약한 관계가 부족한 사람들은 자신과 멀리 떨어져 있는 그룹에서는 정보를 거의 얻지 못하고, 오직 가족이나 친구들로부터 얻는 지엽적이고 개인적인 정보만을 가지고 살아가야 한다. 그런데 사람들이 강한 연결에 집착하는 이유는 한번 만난 사람보다 가까운 친구에게 부탁하는 편이 훨씬 편하고 쉽기 때문이라고 한다. 그러나 우리가 얻고자 하는 정보가 멀리 떨어져 있는 사람에게 있다면 친구나 가족에게서는 그다지 많은 도움을 얻을 수 없다.

필자는 당(唐) 대의 시인을 대표하는 두보의 인생역정을 들여다보면서 그가 파란만장한 삶을 산 것은 어쩌면 '강한 연결' 중심의 인간관계 때문이라는 생각이 들었다. 두보(712~770)는 진(晉) 때 학자 두예의 후손이고 조부가 측천무후 때 시인 두심언이었다. 두보는 "시는 우리 집안의 일(詩是吾家事)"이라고 말할 정도였다. 시를 써온 집안으로 자긍심이 대단했다. 그러나 그는 스물네 살 때 과거시험에 낙방한 뒤 심지어 황제에게 3대 예부니 봉서악이니 하는 글을 바치는가 하면, 권문세가에 장문의 시를 보내 아첨에 가까운 태도를 취했다.

결국 두보는 참군이라는 미관말직과 간관에 이어 다시 참군으로 좌천되는 불운을 겪다 기근으로 미관말직마저 내던지고 먹을 것을 찾아 궁벽한 시골로 들어가기도 했다. 끝내 벼슬다운 벼슬을 해보지 못한 채 쉰아홉 살로 객사하고 말았다. 시성의 명성에 걸맞지 않은 비참한 죽음이었다. 다산 정약용마저 그의 두 아들에게 두보의 시를 모범으로 삼고 정진하기를 바랐던 시성의 참담한 죽음이었다.

유랑 도중 동정호 근처에서 죽은 두보는 죽어서도 편히 잠들지 못했다. 두보가 죽었으나 고향까지 시신을 옮길 비용이 없었다. 아들 두종무는 아버지의 관을 악주에 임시 매장하고, 비용 마련에 나섰다. 이름

없는 가난한 선비인 두종무는 후반 인생을 죽은 아버지의 관을 악주에서 두보 집안의 묘가 있는 낙양 동쪽의 언사까지 운반하는 비용을 마련하기 위해 분주했지만 끝내 옮기지 못하고, 결국 아들에게 할아버지의 관을 운구하라는 유언을 남겼다. 두종무의 아들도 이름 없는 선비였지만 가까스로 운구 비용을 마련해 고향땅에 두보를 모셨다고 한다.

그런데 시성(詩聖)으로 일컫는 두보가 유독 벼슬 운이 없었던 것은 그의 인간관계에서 연유한 것 아닐까 하는 생각이 든다. 두보가 평생 의지했던 사람은 가까운 친구와 친척 등으로 국한되었기 때문이다. 마흔아홉 살 때 완화초당이라는 집을 지어 짧은 기간이나마 안정된 생활을 했는데, 이는 이종사촌 왕사마(王司馬)의 도움 덕분이었다. 후원자는 절도사와 도독을 지낸 친구들이었다. 먼저 서천 절도사 엄무(嚴武)의 후원이 컸다. 엄무는 무인이면서 시에 대한 이해와 너그러운 면도 있어, 그의 지원은 두보의 생활을 안정시키는 데 큰 도움이 되었다. 엄무가 중앙 정부의 관직으로 전근하자 두보는 배에 동승해 멀리 면주까지 따라가 전송했다. 더욱이 막료가 되라는 엄무의 권고를 받아들여 764년 쉰세 살 때 엄무의 추천으로 절도 참모에 임명되어 그의 막하가 되었다. 그러나 다 늙은 나이에 남의 막료 노릇을 하는 것이 달가울 리 없어 이듬해 정월 사직하고 다시 완화초당에 돌아갔다가 쉰네 살 때인 765년 5월 장안으로 가기 위해 배에 올랐다. 이어 766년 기주에 도착한 두보는 이곳 도독인 백무림(柏茂林)의 비호를 받는다. 768년 다시 장안으로 돌아가기 위해 길을 나섰다가 결국 770년, 쉰아홉 살로 악주와 담주 중간에서 숨을 거두었다.

물론 고난이 두보의 시 세계에는 긍정적인 역할을 했다고 볼 수 있다. “두보는 천하의 아픔을 온통 자기 아픔으로 바꾸는 효능을 낳아, 드디어 절세의 대시인으로 자라게 했다”는 평자도 있다. 역설적으로 그의 개인적인 불운과 불행이 없었다면 대시인이 되지 못했을 것이라는 풀이도 가능할 것이다. 시인은 궁핍해야 시를 쓸 수 있다는 말도 있듯이.

두보의 삶과 인간관계를 리처드 코치가 말한 ‘강한 연결’과 ‘약한 연결’ 개념으로 접근하면 왜 그의 삶이 불운했는지에 대한 의문이 풀린다. 두보는 평생 ‘강한 연결’만을 추구한 것으로 보이기 때문이다. 물론 천재적인 시인으로 이름을 떨친 두보로서는 필부와 같은 ‘약한 연결’로 이루어지는 사람들과 사귀기가 쉽지 않았을 것이다. 그래서 두보는 친구나 절도사, 도독 등 유력 벼슬아치들과의 교류에 그쳤을 수도 있을 것이다.

성공하려면 한두 번 만나는 인간관계를 중시하라, ‘낯선 사람 효과’

전통 사회에서는 리처드 코치가 말한 ‘강한 연결’에 의존하는 인간관계를 추구할 수밖에 없었을 것이다. 그러나 그가 좀 더 도량이 넓은 인품이었다면 벼슬 운도 더 열리지 않았을까 하는 생각이 든다. 그 이유는 역사서에 비춰 미루어 짐작할 수 있다. 『구당서』에 두보를 가리켜, “성미가 조급하고 넓은 도량이 없었다”고 기록하고 있으며 『신당서』에도 두보에 대해 이르기를, “성미가 조급하고 오만했다”고 적고 있다. 결국 그의 조급하고 오만하고 도량이 협소한 성격대로 인간관계에 결함이 있었다는 말일 것이다. 물론 디지털 네트워크가 지배하던 시대가 아닌

1300년 전의 사례를 지금의 네트워크 시대 개념으로 풀이할 수는 없지만 그 시대에도 '강한 연결'만 추구해서는 성공 방정식을 푸는 데 한계가 있었던 것이 분명해 보인다.

다시 책으로 돌아가면, 이 책에서는 "낯선 사람이 내 인생을 풍요롭게 한다"고 강조한다. 이어 서로 다른 세계를 연결하는 소수의 '슈퍼커넥터'가 인간관계를 지배한다는 논의로 이어진다. 슈퍼커넥터는 먼저 많은 사람과 관계를 맺어야 하며 적어도 수백 명의 인맥은 기본이다. 슈퍼커넥터에게 중요한 것은 이 관계들이 대부분 '강한 연결'이 아니라 '약한 연결'들로 이루어져야 한다는 것이다. 또한 자신에게 이익이 없을 때도 순수한 마음으로 나서서 사람들을 연결하려는 의지와 실천을 지니고 있어야 한다고 저자들은 강조한다.

그런데 슈퍼커넥터는 카리스마 넘치고 매력적인 기대와 달리 자신을 좀처럼 잘 드러내지 않으려는 비교적 평범한 스타일이라고 이 책에서는 주장한다. 컨설팅업체와 같은 기업이 슈퍼커넥터 역할을 하지만 소수의 개인도 될 수 있다고 한다.

다른 한편으로 고 박태준 포스코 명예회장의 삶을 '약한 연결'이라는 개념으로 풀이하면 두보와 상반된 인생의 대차대조표가 나온다. 경상남도 양산의 작은 어촌에서 태어난 박태준은 결코 일본에서 공부할 처지가 아니었다. 그런데 이 어촌을 찾은 일본인 토목업자 소메야 사장이 박태준의 백부와 인연을 맺었고, 이후 소메야가 박태준의 백부를 일본으로 조정해 노무자로 일하게 했으며, 이어 박태준의 아버지 박봉관까지 노무자로 초청했다. 박태준은 여섯 살 때 어머니와 함께 일본으로 건너가 학업에 정진해 와세다 대학교 기계공학과에 진학했다. 일본인

토목업자와 옷깃을 스친 백부의 인연이 박태준에게는 새로운 세계로 나아가는 '다리' 역할을 해준 것이다. 박봉관에게 일본인은 '약한 연결' 바로 그 수준이었다.

이어 박태준에게는 또 한 번의 '약한 연결'이 행운을 불러다 주었다. 후일 박태준을 '철의 사나이'로 만들어 준 것은 육사 교관이었던 박정희와의 강의실 만남에서 시작되었다.

해방 후 와세다 대학교를 중퇴하고 귀국한 박태준은 기계공학 관련 일을 하려고 백방으로 노력했지만 당시에는 공장조차 없었다. 하는 수 없이 그는 군인이 되기로 결심하고 육사 6기로 입학했다. 그런데 육사 탄도학 교관이었던 박정희와 강의실에서 운명적으로 만났다. 박정희가 낸 어려운 문제를 박태준이 풀었던 것이다. 이때의 짧은 만남 이후 두 사람은 전혀 인간적인 관계가 없었다. 그리고 10년 후 1957년 국방부 인사과장으로 있던 박태준은 당시 국방부를 방문한 박정희와 다시 조우하고 박정희의 요청으로 1군 산하 25사단 참모장으로 자리를 옮겼다. 그리고 5·16 이후 국가재건 최고회의 의장이 된 박정희의 비서실장이 되면서 훗날 '철의 사나이'로 재탄생했다. 박정희와 박태준의 만남이 스승과 제자의 관계였지만 그 후 10년 동안 만남이 없었던 점에 미루어 학연의 '강한 연결'보다 다른 생도에 비해 눈에 띄었고 그것이 박태준과 '약한 연결' 상태를 만들었다고 분석할 수 있을 것이다. 나아가 박정희는 박태준에게 한국 경제에 창의적 역군이 되게 이끈 '슈퍼커넥터' 역할을 해준 것이다.

결국 '낯선 사람 효과'에 따르면 개인이든 기업이든 혈연이나 지연, 학연 중심의 폐쇄적인 네트워크, 즉 '강한 연결'만으로는 성공 방정식을 풀어 나가는 데 한계가 있다. 오히려 그동안 인간관계에서 무시되어 온 옅은 인간관계의 네트워크, 즉 '약한 연결'을 더 강화해야만 새로운 아이디어와 정보에 더 접근하고 창의적인 기업 활동으로 이어질 수 있다. 아울러 평소 '약한 연결'을 추구한다면 취업이나 재취업, 인생 2막 등에서도 새로운 기회를 더 많이 얻을 수 있다는 말이다. 그야말로 하루가 멀다 하고 밤새 술잔을 기울이며 끈끈한 인간관계를 중시해 온 이들에게는 충격적이지만, 발상과 패러다임의 전환을 가져올 만한 희망적인 결론이 아닐 수 없다. "성공하려면 한두 번 만나는 인간관계를 중시하라. '강한 연결'이 아니라 '약한 연결'에 성공의 비답이 있다." 이제 개인이든 기업이든 성공 방정식을 새로 써야 할 듯하다.

21
관계 지향적 사고가 모든 것을 포용한다

"시간을 아껴라. 좋은 계절에 힘써 공부해 주기 바란다."

_퇴계 이황

패러다임은 토마스 쿤이 처음 사용한 말인데 일반적으로 우리가 세상을 보는 방식을 말한다. 세상을 보는 방식, 즉 패러다임을 전환하기 위해서는 기존 사고의 틀을 깨야 한다. 『칭기즈 칸, 잠든 유럽을 깨우다』을 쓴 잭 웨더포드는 칭기즈 칸을 '근대의 기획자'로 새롭게 평가한다. 서구에서 칭기즈 칸은 야만인, 피에 굶주린 미개인, 무자비한 정복자의 전형 정도로 폄훼해 왔지만 웨더포드는 칭기즈 칸을 '근대의 기획자'로 끌어올린다. 세계 체제론을 주창한 월러스틴이 15~16세기에 유럽을 중심으로 세계 체제가 형성되었다고 말했지만, 웨더포드는 이보다 200년 앞서 칭기즈 칸이 근대 세계 체제를 형성하는 데 탁월한 능력을 발휘했다고 주장한다. 기동성 있는 전문적인 전쟁 기술, 비단길을 역사상 가장 큰 자유 무역 지대로 조직하는 등 세계화된 교역을 했고 국제적 세속법을 통한 통치라는 면에서 그는 철저하게 근대적인 인물이었다는 것이다. 기존의 사고 패턴을 깨고 패러다임을 전환해 칭기즈 칸을 보면 이렇게 '야만인'에서 '근대의 기획자'로 승격된다.

패러다임의 전환을 통해 바라보면 우리의 과거가 온통 보수적이고 전통 지향적인 틀에 묶여 있는 것만은 결코 아니다. 그중에는 이미 수백 년 전에 이른바 '모성형 리더십'과 같은 요즘 중시되는 덕목을 앞서 실행했던 '가문의 기획자'들을 수없이 만날 수 있다. 이들이 있었기에 가문을 넘어 사회를 이끄는 수많은 지도자를 배출할 수 있었다.

요즘 기업체의 CEO들에게 가장 요구되는 게 바로 패러다임의 전환, 발상의 전환을 통한 창조적 기업 경영이다. 이때 간과해서는 안 될 것이 모성형 리더십이다. 모성형 리더십은 서비스 정신이 근간이다. 그 바탕에는 엄마가 아이를 돌보듯 고객과 조직 구성원을 배려하는 마음이 있다. 최고경영자는 마치 엄마가 되어 스트레스에 시달리는 직원의 신체건강은 물론 정신건강도 챙겨 주어야 한다.

21세기를 꾸려 가는 리더에게 필요한 덕목은 윽박지르며 목표 달성을 독촉하기보다 임직원의 아픈 곳을 어루만져 주고 그들이 성장할 수 있도록 동기부여를 해주는 것이다. 마치 엄마가 자녀를 따뜻하게 보듬어 주는 동시에 훌륭한 인재로 키우기 위해 솔선수범하는 모습을 보이는 것과 같다. 이것이 바로 퇴계나 청계가 이미 500년 전에 실천한, 21세기가 요구하는 '모성형 리더십'이라고 하겠다.

명문가를 창업한 아버지들은 바로 모성형 리더십의 소유자들이었다. 명문가에는 아버지가 권위주의를 벗어던지고 섬세하고 돌봄을 잘하는 '엄마 같은 아버지'로 가문 경영에 임했다. 명가의 초석을 쌓은 전통 사회의 아버지들은 통상 완고하고 권위적일 것이라는 선입견과 달리 오히려 배려하고 섬세하게 돌보는 모성형 리더십을 소유한 인물이었다.

우리나라 대표적인 명문가로 꼽히는 퇴계 이황은 조선시대를 대표하는 대학자지만 그 바쁜 와중에도 자녀뿐만 아니라 먼 친인척의 자제들까지 꼼꼼하게 챙겼다. 우리의 통념을 뛰어넘고 '엄마 같은 아버지'가 되어 가문 경영에 헌신한 인물이 다름 아닌 조선을 대표하는 대학자 퇴계 이황이다. 좋은 친구와 함께 지내며 학문을 닦는 것을 중시했던 퇴계는 아들과 손자, 조카뿐만 아니라 형의 외손, 질녀, 형의 사위, 형의 손자, 조카의 글공부와 어려움을 힘닿는 대로 보살폈다고 한다. 조카와 조카사위, 종손자, 생질, 종질과 누님의 사위, 형제의 외손자, 질녀의 외손자까지 그가 돌본 후손은 모두 90여 명에 달했다. 공부를 하지 않는 후손이 있으면 고기를 선물하면서까지 학문을 독려하기도 했다.

"시원한 밤 책 읽기 좋을 때다. 시간을 아껴라. 좋은 계절에 고요한 절에서 힘써 공부해 주기 바란다. 술 한 병, 닭 한 마리, 생선 한 마리, 고기 한 덩어리를 보낸다." 퇴계가 맏형의 외손자 민응기에게 보낸 편지의 내용이다. 과연 요즘에도 큰형의 외손자까지 챙기는 자상한 할아버지가 있을까. 기업의 CEO가 퇴계처럼 임직원들에게 임한다면 리더십은 절로 생겨나지 않을까.

의성 김씨를 일으킨 가문주식회사의 CEO격인 청계 김진은 청운의 꿈을 접고 백년대계를 기획하는 일에 착수했다. 청계 김진은 퇴계 이황에게 자신의 다섯 아들을 제자로 보내 그의 학문뿐만 아니라 넉넉한 마음을 흡수하도록 했다. 퇴계의 리더십으로 회자되는 게 '너그러움'이다. 그래서 퇴계 문하에는 늘 제자들이 몰려들었다. 흔히 가정에 사람이 몰려들면 흥한다는 말이 있다. 기업도 인재가 몰려들어야 함은 두말할 나위가 없다. 때로는 너그러움으로 기업을 경영해야 한다. 임직원이 실수해 회사에 막대한 손실을 입혀도 때로는 문책하지 않고 넘어가는 것도 길게 보면 공생하는 길이 될 수 있다. 실수를 하거나 손실을 입을 때마다 문책한다면 누가 마음 놓고 일을 하겠는가.

청계는 8남매를 남겨 두고 그의 아내가 죽자 새장가도 가지 않고 자녀 양육과 함께 교육에 전념했다. 한편으로 자애로우면서도 다른 한편으로 호연지기를 북돋우며 5형제를 큰 인물로 키우는 데 주력했다. 특히 청계는 아들 5형제에게 퇴계를 스승으로 삼아 학문을 배우게 하면서 그의 모성형 리더십을 흡수하게 했다. 청계의 노력으로 그의 5형제가 과거시험에 합격하면서 가문의 기초를 내리기 시작해 500년이 흐른 지금도 영남의 내로라하는 명문가로 자리매김하고 있다.

청계 김진의 다섯 아들과 그 후손들이 남긴 종택은 무려 여섯 곳에 이른다. 이는 조선시대의 내로라하는 명문가들도 지금은 종택이 없어진 것과 대조적이다. 종택은 동학혁명이나 해방 후 좌우익의 대결로 인해 불에 타 없어진 경우가 많다. 박경리의 소설 『토지』에 나오듯이 지역 사회에서 신망을 받지 못한 양반가는 동학혁명 때 불에 타는 수모를 당했다. 해방 후 좌우익이 동거하던 시기에는 지역민을 수탈한 일부 양반가의 종택은 방화뿐만 아니라 인명이 살상당하는 등 처참하게 곤경을 당했다.

의성 김씨 김진과 그 후손들의 종택은 단 한 곳도 불에 타지 않고 여섯 곳 모두 고스란히 남았다. 청계 가문이 그만큼 지역민들로부터 존경받는 가문이었음을 의미한다고 볼 수 있다. 이것이야말로 종가의 인간

경영학적인 측면이라고 하겠다.

“다른 사람이 목적을 달성하는 것을 돕는 데서 보람을 찾는다.”

_진 리프먼 블루먼

요즘의 지식 사회는 권위적인 아빠가 아니라 ‘엄마 같은 아빠’를 요구한다. 목표를 향해 매진하는 산업화 시대에는 ‘마초’적인 남성성이 제격이었지만, 산업화 이후의 지식 시대에는 강한 것보다 섬세한 여성성이 시장을 지배하고 있기 때문이다. 지식 시대에는 기업 내에서 상하 간 구분이 없어져 권위적인 지시와 감독으로는 더 이상 생산성을 높일 수 없다.

피터 드러커 경영센터의 진 리프먼 블루먼은 인재를 중시하는 리더십으로 ‘관계 지향적 리더십’을 들고 있다. 관계 지향적 리더십은 다른 사람이 목적을 달성하는 것을 돕는 데서 보람을 찾는다. 여기에는 협력형, 헌신형, 성원형이 있다. 협력형의 사람은 팀을 구성해 협력하며 일하는 것을 좋아한다. 헌신형은 다른 사람의 일을 도와주는 데서 진정한 만족을 얻는다. 성원형은 다른 사람의 성취감을 북돋워 주거나 스승처럼 조언하고 자신이 동일시하는 사람이나 집단의 업적에 대해 무한한 자부심을 갖는다.

모성형 리더십은 관계 지향적 리더십의 일종으로 볼 수 있을 것이다. 달리 말하자면 관계 지향적 리더십은 명문가의 초석을 쌓은 ‘가문의 기획자’들에게서 공통적으로 발견되는 덕목이다. 신생 기업들의 경우도 창업 초기 어려움을 딛고 성장 단계로 나아가기 위해서는 명문가로 도약시킨 가문 기획자들이 보여 준 관계 지향적 리더십이 필수적이라고 하겠다. 경쟁과 목적 달성이 어느 때보다 치열한 글로벌 기업 환경에서 남성보다 오히려 여성들이 대접받는다. 그 이유는 다름 아닌 챙겨 주고 섬기는 모성형 리더십을 지니고 있기 때문일 것이다. 500년 전에 가문의 기획자들은 이미 모성형 리더십을 발휘해 새 세상을 얻었다.

퇴계 이황이나 청계 김진이 500년 앞선 모성형 리더십을 실천한 가문 경영의 선구자라면 백의정승의 상징인 명재 윤증은 400년 전에 시스템적 접근으로 교육과 빈곤 추방에 앞장서면서 오늘날 화두가 된 지속 가능 경영의 선구자였다. 명재 가문은 교육기관인 종학당과 구휼기관인 사창(社倉)을 만들어 운영 규약을 명문화하면서 '시스템 경영'을 도입했다.

명재가는 이미 400년 전에 문중 학교인 종학당을 만들어 요즘의 경영학에 해당하는 '이재(理財)'를 자녀들에게 교육했다. 1628년에 문을 연 종학당은 현재 세계 최고 대학인 하버드 대학교보다 10년 앞서 문을 연 학교로 기록되고 있다. 이렇게 보면 조선시대도 결코 해외의 조류에 크게 뒤지지 않았던 셈이다. 특히 종학당은 엄격한 학칙(종약)을 만들고 내외척, 처가의 자녀들이 합숙하며 체계적인 교과 과정에 따라 교육했다. 바로 여기서 시대정신을 조직화할 수 있는 기획자의 존재와 시스템의 도입이 얼마나 중요한지 알 수 있다.

명재가는 또 배품의 방안도 다른 가문들과 달리 시스템으로 접근했다. 국가가 아닌 개인이 운영하는 사창을 만들고 여기에 그 운영과 실천 방안을 명문화했다. 문중과 주변 사람들을 위한 베풂의 방안으로 개인이 운영하는 의창을 200년 동안 운영했던 것이다. 이렇게 해서 명재가는 매년 각출하는 200석의 쌀로 수해나 가뭄 때 굶주리는 이웃들을 위해 구휼 사업에 나섰다. 사창은 불의의 재난과 일가의 궁핍에 대한 대비책이었다. 달리 말해 위기 관리 경영 시스템이었던 셈이다. 규약을 정한 종약의 '치전재(置錢財)'에 따르면 가정에서는 사람 수에 따라 벼 1섬씩을 내놓았고, 관리로 재임할 경우에는 봉급의 일부를 내놓게 하는 등 사창의 구체적인 운영 조목이 들어 있었다. 현감으로 재직 중일 경우에는 '필목 10필, 백지 10속, 먹 5동, 붓 10자루'를 받았다. 문중의 구성원들은 종약의 의무를 다하지 않으면 안 되었다.

500년 명문가의 가문 경영에서 배울 수 있는 가장 중요한 교훈은 가정에서도 위기를 관리하지 않으면 결코 지속 가능한 가문 경영을 이룰 수 없다는 것이다. 지속 가능 경영의 출발은 바로 사회와의 소통을 잘 하느냐에 달려 있다. 그 소통은 가문의 구성원들(내부)은 엄격하게 관리하되 이웃들(외부)에게는 베풂을 통해 사회적 약자를 돌볼 줄 아는 관대함에서 시작되었다. 이것이 윤리 면에서 우위를 점해 사회적으로 존경받을 수 있었다. 명문가들이 온갖 위험 요소를 이겨 내며 수백 년 동안 당대의 핵심 인재를 배출하고 위기를 관리하며 명성을 유지할 수 있었던 비결을 분석해 보면 오늘날 급변하는 비즈니스 환경에서 특히 요구되는 '지속 가능 경영' 혹은 '위기 관리 경영'의 생존 철학의 진수를 벤치마킹할 수 있지 않을까.

22
대접받고 싶거든 먼저 대접하라

"남을 위하는 마음, 자리이타(自利利他) 정신을 기억하라."

_이나모리 가즈오

성공은 크게 두 부류로 나눌 수 있다. 권력과 부를 추구하고 개인의 야망을 지향하는 '이기적 성공'과 스스로 재미있고 의미 있는 일에 몰두함으로써 그 결과로 부와 명예뿐만 아니라 사회에 아름다운 향기를 제공하는 '이타적 성공'이 그것이다.

"이기적 유전자가 성공을 이끄는 시대는 지났다." 대니얼 골먼은 『SQ 사회 지능』에서 이렇게 강조한다. 이는 역설적으로 이타적인 행위가 이기적인 행위가 된다고 말할 수 있다. 사람들은 누군가를 돕고 베풀 때 가장 보람을 느끼고 삶의 의미와 행복을 느낀다. 남을 위해 베푸는 것은 바로 자기 자신을 위해 베푸는 것이라는 말이다.

『카르마 경영』을 쓴 일본의 교세라 그룹 창업자 이나모리 가즈오는 이른바 '이타적 경영'이 기업 경영의 기본이라고 주장한다. 사람을 가장 잘 돕는 사람이 가장 많은 것을 얻는다는 것이다.

이나모리는 일본에서 가장 존경받는 경영자이자 '경영의 신'으로 불린다. 이나모리는 마쓰시타 고노스케, 혼다 소이치로와 함께 일본의 3대 기업가 중 한 명이다. 스물일곱 살 때 3천만 원으로 교세라를 창업해 반도체를 기반으로 세계 100대 기업으로 일궈 낸 그는 돌연 회장직에서 물러나 불교에 귀의했다. '씨 없는 수박'으로 유명한 우장춘 박사의 사위이기도 한 이나모리는 "남을 위하는 마음이 비즈니스의 원점이다. 이른바 '자리이타(自利利他)' 정신을 늘 기억하라"고 강조한다.

이나모리 가즈오는, 원리원칙에 따르는 삶이란 두 가지 길 가운데 어느 쪽을 선택하면 좋을지 몰라 고민될 때, 자신의 이익을 앞세우지 않고 아무리 힘든 일이 많은 가시밭길이라도 '모름지기 가야 할 길'을 선택하는, 어떻게 보면 우직하고 요령 없어 보이기도 하는 그런 삶이라고 말한다. 이나모리는 손해를 보면서도 지켜 나갈 수 있는 철학이 있느냐 없느냐, 고통을 알면서도 받아들일 각오가 되어 있느냐 없느냐는 그 사람이 진정한 삶의 방식을 갖추었는지 여부와 성공의 열매를 거둘 수 있는지 여부를 결정해 주는 분수령이라고 말한다. 그리고 중요한 것은 "원리원칙은 다만 알기만 해서는 안 된다. 실행할 때 비로소 의미가 있다"고 그는 강조한다. 내면화 단계를 지나 실행 과정을 거칠 때 원칙은 의미가 있다는 것이다.

명문가에는 공통적으로 자녀들에게 삶의 등불이 되는 원칙이나 지침, 철학이 대대로 전해 내려오고 있다. 수백 년 동안 삶의 지혜와 경험에서 우러나오는 지침은 특히 위기에 처했을 때 큰 힘을 발휘한다. 원칙이나 철학이 없다면 목표 없이 항해하는 배와 다를 것이 없다. 위기에 봉착하면 이를 이겨내려 하지 않고 불의와 타협하려 할 수도 있다. 당대에 권력의 정상에 오르거나 걸출한 인물을 배출하고도 가문이 쇠락하는 경우를 보면 대부분 삶을 이끄는 원칙이나 철학이 없음을 알 수 있다.

'남에게서 바라는 대로 남에게 해주어라'(마태복음 7장 12절)는 유대인들의 자녀 교육에서 고전으로 통하는 율법이다. 일본 굴지의 기업 가네보의 회장을 지낸 미타니 야스토는 '마이너스가 결국은 플러스가 된다'는 경영 철학으로 기업을 경영해 일본 최고의 기업으로 우뚝 섰다.

이러한 철학을 500여 년 전부터 자녀 교육에 적용해 온 명문가가 있다. 바로 재령 이씨 영해파 운악 종가로, 17대 종손이 다름 아닌 이용태 삼보컴퓨터 창업자다. 운악 종가는 의령 현감을 지낸 운악 이함에 이어 석계 이시명 – 갈암 이현일 – 밀암 이재에 이르는 3대에 걸쳐 퇴계 이황의 학맥을 잇는 수제자를 배출한 영남의 명문가다.

운악 가문의 가훈은 다름 아닌 '지고 밑져라'이다.

"할아버지는 항상 자신보다 먼저 남을 배려하라고 가르쳤습니다. 어릴 때 동네 아이들에게 맞고 들어오면 칭찬을 해주었고 반대로 때리고 들어오면 크게 혼냈어요. 할아버지는 이유를 설명해 주지 않았지만 남을 해치지 않는 인간관계를 염두에 두었던 것 같아요. 다만 그처럼 어려운 개념을 일일이 설명하는 것보다 나중에 스스로 알도록 했던 거죠. 할아버지의 가르침은 제 평생 이정표와 같은 역할을 했고 기업 경영에도 그대로 적용하고 있는 대원칙이 되고 있어요."

“남을 돕는다는 것은 그의 마음속에 저축을 하는 것이다.”

_이용태

명문가의 후예로 가난한 시골 출신인 자신이 컴퓨터 신화를 이룰 수 있었던 원동력은 가훈 속에 있다고 이용태 회장은 말한다. 할아버지는 기회 있을 때마다 어린 손자에게 “사람들과 사귀거나 일을 할 때는 네가 ‘지고 밑져야’ 한다”고 반복해서 가르쳤다고 한다. 요즘 사람들은 흔히 ‘남을 밟아야 내가 산다’고 생각하는데 그의 할아버지는 정반대로 가르쳤던 것이다.

“세상을 살아가려면 혼자서는 되는 일이 없다. 다른 사람과 협동해야 하는데 남의 도움을 받기 위해서는 내가 먼저 베풀 줄 알아야 한다. 그때그때 짧은 시간으로 보면 손해가 될지 모르나 한평생을 놓고 보면 그것이 가장 현명한 처사임을 알 수 있다. 밑그림을 작게 그리는 사람보다 큰 그림을 그리면 남에게 줄 수 있는 것도 많고, 또 그만큼 많이 되돌려 받을 것이다.”

이용태는 ‘지고 밑져라’라는 가풍을 기업 경영에도 적용해 위기를 극복한 적이 있다. 알려진 대로 이용태는 이화여대 교수를 지내기도 했다. 한때는 서울에서 ‘학원 재벌’로 통하기도 했다. 그는 학원을 운영하면서도 ‘지고 밑져라’라는 원칙을 실행해 위기를 극복했다고 한다.

1970년에 학원 문을 연 이후 몇 차례 쓰러질 위기를 겪었다. 예상만큼 수입이 나지 않아 3년 가까이 자금난을 겪다가 결국 문을 닫든지 빚을 얻어야 하는 선택의 기로에 놓였다. 그는 동업자에게 “학원을 계속 운영하려면 추가 증자를 하거나 빚을 얻어야 한다. 이 빚은 모두 내가 책임지겠다"고 약속했다. 이 같은 결정을 내린 데는 남과 더불어 일할 때는 희생하고 손해도 볼 줄 알아야 한다는 할아버지의 교훈이 밑바닥에 깔려 있었다고 한다.

이렇게 하자 동업자들은 그를 더욱 신뢰하게 되었고, 그가 하는 일에 협력을 아끼지 않는 분위기가 싹텄다. 결국 학원은 크게 성공해 장안의 명문으로 떠올랐다. 그는 여세를 몰아 두 번째 학원을 세웠고 1989년에는 세 번째, 네 번째 학원을 차렸다. 그는 장안의 학원가를 모두 휩쓸 것 같았지만 거기서 멈췄다. 원래 부자가 되려고 학원을 시작한 게 아니었기 때문이다. 동종업자를 쓰러뜨리고 혼자 잘사는 것도 도리가 아니라고 생각했다.

그 뒤 그는 학원 사업에서 발을 뺐다. 물론 사교육에 대한 비판적 시각 등 다른 이유도 있었지만 이러한 결정을 내린 근본적인 계기는 할아버지로부터 물려받은 가풍 때문이었다. 대문 없고 앙토를 바르지 않은 미완성의 집을 물려준 정신을 학원 경영에도 그대로 적용한 셈이었다. 돈이 있으면 사치하고 힘이 있으면 힘을 쓰고 재물이 있으면 뽐내는 게 인지상정이다. 그래서 가득 차 넘치기 전에 그만두어야 한다는 선조의 가르침대로 그는 학원 사업의 절정기에 한발 물러나는 경영을 실천했던 것이다.

"흔히 요즘 젊은이들은 '남을 밟아야 내가 산다'고 교육을 받습니다. 또 그렇게 하지 않으면 손해 보기 쉬운 것이 사실입니다. 그래서 직장에서도 남에게 손해 보지 않으려고 치열하게 경쟁하죠. 어떻게 해서라도 남보다 먼저 승진해 출세하려고 수단과 방법을 가리지 않게 되는 것입니다. 그런데 길게 보면 이런 상황에서는 사회가 제대로 돌아갈 리

없습니다. 결국 서로가 서로를 불신하는 사회가 되는 거죠. 장기적으로 먼저 손해를 보면 나중에는 자신에게 이익이 돌아옵니다. 이익을 거두려면 먼저 남을 도와주어야 한다는 말입니다. 남을 돕는다는 건 내가 먼저 손해 본다는 것과 같은 얘기죠. 하지만 그것은 손해를 보는 게 아니라 남의 마음속에 '저축'을 하는 것입니다. 일생을 통해 보면 그 저축은 이자에 이자가 붙어 자기에게 돌아옵니다. 세상에 혼자서 되는 일은 없습니다. 만약 어떤 사람이 자기 이익만 챙긴다면 주위 사람들이 그 사람을 좋아할 이유가 없겠죠. 작은 성공은 몰라도 큰 성공은 거둘 수 없습니다. 이건 분명한 진리입니다."

이용태는 요즘도 만나는 사람들에게 늘 지고 밑지는 삶의 자세를 강조한다. 요즘 사람들은 손해는 적게 보고 이익은 크게 보려고 하기 때문에 인간미 없는 사회가 되고 있다고 그는 말한다. 덧붙여 그 이유를 가정교육의 붕괴에서 찾을 수 있다고 그는 강조한다. 이것은 그가 가정에서 자녀 교육의 복원을 부르짖는 이유와도 일치한다.

운악 종가의 '지고 밑져라'라는 가훈은 '마이너스가 결국에는 플러스로 변한다'는 신념에 근거해 있다. 처음에는 손해 보는 것 같지만 나중에는 결국 이익으로 돌아온다는 것이다. 처음 손해 보는 것은 다른 사람에게 그 이익을 먼저 주는 것에 불과하다. 다른 사람이 이익을 취한 뒤에는 결국 자기에게 이익이 돌아오는데도 사람들은 그렇게 생각하지 않는 경향이 있다. 아니, 그 사이를 기다리지 못하는지도 모른다. 당장 내 손 안에 들어오지 않으면 안 된다고 생각해 이를 차지하려고 한다. 그렇게 되면 당장은 이익을 취할지 모르지만 크게 남기지는 못한다. 대신에 단기적으로 손해를 보면 나중에는 사람도 얻고 이익도 챙길 수 있다. 이것이 더불어 살아가는 사회에서 가장 필요한 덕목이다.

'지고 밑져라'라는 교훈은 오늘날 더 유용한 덕목으로 다가온다. '상생의 처세술'인 셈이다. 경영 관련 서적에서 자주 언급되는 '윈-윈win-win' 전략도 서로 조금씩 손해 보지 않으면 불가능한 것이다. 『성공하는 사람들의 7가지 습관』에서 스티븐 코비는 성공하는 사람들의 특성 가운데 하나로 상호 이익을 추구하는 습관을 들고 있다. 성공하는 사람들은 서로 이기는 '윈-윈' 게임을 한다는 것이다. 코비는 상대방을 깔아뭉개고 내가 이겨야만 한다는 사고방식을 과감히 깰 것을 요구한다. 오직 한 사람만이 승자가 되기보다는 서로가 승자가 됨으로써 오히려 서로에게 더 큰 이익이 된다는 것이다.

세상을 살아가려면 혼자서는 되는 일이 없다. 다른 사람과 협동해야 하는데 남의 도움을 받기 위해서는 내가 먼저 베풀 줄 알아야 한다. 그때그때 짧은 시간으로 보면 손해가 될지 모르나 한 평생을 놓고 보면 그게 가장 현명한 처사라는 것을 알 수 있다. 밑그림을 작게 그리는 사람보다 큰 그림을 그리면 남에게 줄 수 있는 것도 많고 그만큼 많이 되돌려 받을 것이다. 남을 배려하지 않으면 도움을 받을 수 없고 또한 남에게 베풀지 않으면 결코 성공할 수 없다. 자신뿐만 아니라 자녀가 성공하기를 바란다면 먼저 가정에서 베푸는 교육부터 해야 한다. 그것도 선택이 아니라 필수로 삼아야 한다. 이는 기업 경영, 나아가 국가 경영에서도 마찬가지로 적용될 수 있을 것이다.

23
위기일수록 대화하고 타개책을 논의하라

"주택 할부금도 끝난 지금, 이 집에는 아무도 살 사람이 없다."

"행복한 가정은 모두 엇비슷하고 불행한 가정은 불행한 이유가 제각기 다르다." 톨스토이는 『안나 카레니나』의 첫 문장에서 행복한 가정과 불행한 가정의 모습을 이렇게 비유했다. 불행한 가정들은 저마다 사연이 있는데 그중에서 서로 남의 탓을 하는 게 공통적이지 않을까. 부모는 자식 탓, 자식들은 부모 탓을 한다. 며느리는 시어머니 탓, 시어머니는 며느리 탓을 한다. 대공황기에 위기에 빠져드는 한 가족의 붕괴를 그린 아서 밀러의 희곡 『세일즈맨의 죽음』(1949)은 톨스토이의 말이 연상되면서도 동시대를 살아가는 우리들의 삶과 닮아 있다. 그것은 1996년 금융 위기가 시작된 이후 지금까지 위기의 삶이 지속되고 있기 때문이다.

예순 살이 넘은 세일즈맨 윌리 로먼은 대공황이 오기 전까지 누구보다 행복한 사람이었다. 그에게는 번쩍이는 차와 새 집, 세일즈맨으로서의 실적과 전도유망한 두 아들이 있었다. 그러나 불황은 서서히 그의 입지를 잠식해 들어오고 아들들은 그를 실망시킨다. 윌리는 두 아들이 그의 이상을 실현하지 못하고 낙오자가 되자 과거로 도피한다. 36년 동안 세일즈맨으로 일해 온 로먼은 자기 직업을 자랑으로 삼고 성실하게 일하면 반드시 성공한다는 신념을 가지고 있었다. 그의 두 아들 비프와 해피에게도 그의 신조를 불어넣으며 그들의 성공을 기대했다.

두 아들은 그의 기대를 저버리고 홀로서기를 하지 못한다. 큰아들 비프가 농장을 전전하고 직업을 서른 번 갈아 봤지만 결과는 늘 마찬가지로 건달 신세인 것이다. 둘째 아들인 해피는 조그만 직장에서 주급을 받으면서 일하지만 그 역시 형과 별반 다를 바 없다. 해피가 아버지 로먼에게 이제 은퇴하시고 편히 사시게 해드리겠다고 하자 로먼은 "1주일에 겨우 70달러를 받아가지고 어떻게 날 먹여 살리겠다는 말이냐. 넌 너대로 여자다, 자동차다, 아파트 방세까지 치러야 하는데 무슨 수로 먹여 살려?"라고 말한다. 이 대사야말로 다름 아닌 지금의 현실일 것이다. 자녀는 부모의 처지도 아랑곳하지 않은 채 독립은커녕 생활비에다 주택 구입비, 심지어 사업 자금까지 타내기도 한다. "서른 살이나 됐는데 자립하지 못한다는 것은 수치야."

『세일즈맨의 죽음』에서 두 아들은 아버지가 처한 상황도 모른 채 되레 비난하려 든다. 로먼이 36년 동안이나 일한 회사에서 해고당하고 무능력해지자 두 아들은 그런 아버지를 이해하려 들지 않는다. 어머니 린다는 두 아들에게 아버지는 이제 지쳤다며 비난하지 말라고 한다. "돈도 많이 벌지 못했고, 이름이 신문에 난 적도 없지. 유달리 뛰어난 분은 아니지만 역시 인간이다. 그분에게 지금 무시무시한 일이 일어나고 있다는 걸 알아야 해. 그러니까 정신을 차려야지……. 그런 불쌍한 분을 그대로 내버려 둬선 안 된다."

어머니는 아들에게 "잘난 사람이나 못난 사람이나 한번 지치면 그만이다"라고 말한다. 이 말은 왠지 지금 여기를 살아가는 우리 모두에게 울림으로 다가온다. 그만큼 지금 우리의 삶들이 팍팍하기 때문일 것이다. 하지만 인간의 역사를 거슬러 보면 개인들의 삶이 팍팍하지 않았던 시절이 또 있었던가. 개인에게 드리워진 삶의 무게를 이겨 내는 것은 그 자신만의 노력에 달려 있는 것 또한 인간의 역사에서 변하지 않는 규칙일 것이다.

그래서 우리 시대 대부분의 아버지들도 로먼처럼 지쳐 있을 것이다. 그들의 지친 노고가 있었기에 아이들이 풍족하게 자랄 수 있었을 텐데, 아버지가 나이 들면 되레 무시하려 드는 게 현실이다. 아들은 아버지의 상황을 잘 모르지만 아내는 그래도 남편의 사정을 이해한다. 『세일즈맨의 죽음』에서도 아들보다 아내의 존재가 더 커 보인다. 그래서 "열 아들보다 못생긴 마누라가 낫다"는 말이 있다.

누구나 화려한 날들이 있다. 그런데 '화려한 날'들은 대부분 과거를 회상할 때 하는 말이다. 윌리 로먼 역시 화려한 날들이 있었다. "아버지가 젊었을 땐 좋은 실적을 올려 회사에서 얼마나 좋아했다고. 사람들은 늘 아버지를 반가이 맞아 주고……." 그러나 요즘에는 100킬로미터를 달려가도 아는 사람이 없고 환영해 주는 사람도 없는 형편이고 한 푼도 벌지 못하고 먼 길을 돌아다니는 신세가 된 것이다.

탈출구가 보이지 않자 로먼은 서른여섯 살인 젊은 사장을 찾아간다. 그는 사장에게 지쳤다고 말하면서 '자리'를 하나 달라고 간청한다. 처음에는 주급으로 65달러를 요구하고 이를 거절하자 50달러, 이어서 40달러로 줄여 요구하지만 끝내 거절당하고 만다. 화려한 날들은 가고 설움만 남는다.

"돈 한 푼 벌어 오지 못해 민망해서 친구인 찰리에게 50달러를 꾸어 벌어 온 것처럼 꾸며 댔단다." 어머니는 이어 두 아들에게 "너희를 위해서 뼛골 빠지도록 일하시는 아버지가 아니냐. 그렇다고 너희한테서 훈장 하나 받아 보실 거냐?"고 탄식하듯 말한다. 이 모습은 다름 아닌 지금의 자화상이기도 하다. 대부분의 가정에서 아이들은 아버지의 '고뇌'를 알려고 하지 않는다. 집안이 어려워도 자녀들은 여전히 철이 없다.

"어딜 가건 그 원망하는 맘보를 고치지 않으면 신세 망친다는 걸 알아라." 아버지 로먼은 제대로 된 직업도 없는 큰아들과 반목하다 마지막으로 이런 충고를 한다. 그는 "네가 허송세월하는 이유는 바로 그 원망하는 마음 때문"이라며 아버지 탓으로 돌리지 말라고 말한다. 그러나 비프는 아버지에게 대들듯 말한다. "전 열두 개에 1달러 하는 싸구려예요. 아버지도 그렇고요. 아버지는 뼛골이 빠지도록 일만 하는 외판원에 불과해요. 다른 외판원들과 마찬가지로 쓰레기통 속에 처박혔단 말이에요. 전 한 시간에 1달러짜리 인간이에요."

여기서 '1달러짜리 인간'이라는 자조가 큰 울림으로 다가온다. 이 말이 비수가 되어 늙은 아버지의 마음을 얼마나 울게 했을까. 결국 일터에서도 자녀에게서도 궁지에 몰린 아버지는 마지막으로 가족에게, 특히 사업을 하려는 아들에게 사업 자금을 마련해 줌으로써 자신의 위내함을 보여 주려 작정하고 자동차를 과속으로 몰아 자살한다. 아버지는 결국 교통사고를 위장하며 자살로 삶을 마감한 것이다. 아버지는 죽어서도 가족을 생각하는 그런 존재인 것이다. 아버지는 죽어서라도 가족에게 살아갈 돈을 남겨 주고 싶어 하는 그런 존재인 것이다.

결국 아버지는, 남편은 그렇게 가족을 떠나갔다. 자기 한 몸 희생해 가족을 먹여 살리려 한 것이다. 남편의 장례식 날 아내 린다는 25년 동안 불입해 온 주택 할부금도 끝나고 모든 것이 해결된 지금, 이 집에는 아무도 살 사람이 없다며 그의 무덤을 향해 울부짖는다.

"한평생 집세 치르느라 죽도록 일하고, 결국 내 집이 되면 그 집에 살 사람이 없단 말이오." 주택 할부금에 저당 잡혔던 윌리 로먼의 일생은 아파트 한 채를 위해 일생을 노동으로 지새우는 우리의 가장들과 너무나 닮아 있다.

"난 여기 뉴욕에 있겠어. 아버지가 못다 하신 일을 하고야 말겠어. 아버진 훌륭한 꿈을 간직하셨어." 둘째 아들 해피는 아버지의 '샐러리맨의 신화'를 실현하겠다며 뉴욕으로 가서 샐러리맨으로 새 출발하기로 다짐한다. 아들은 아버지가 죽은 뒤에야 철이 드는 모양이다.

"전 한 시간에 1달러짜리 인간이에요."

흔히 요즘 사회를 수렵 사회에 비유하는 이들도 있다. 수렵 사회에서는 사냥을 하는 리더의 역할이 무엇보다 중요하다. 이때 리더는 사냥터의 산세나 지세, 환경, 동식물의 분포도 등에 정통해야 한다. 만약 그렇지 못한 리더가 부족의 무리를 이끌고 사냥에 나서면 자칫 부족이 전멸당하는 사태를 맞이할 수 있기 때문이다. 만약 산세나 동식물의 분포를 잘 모르는 리더가 이끄는 대로 사냥에 나섰다 뒤에서 맹수에게 추격당하는 상황에 처했다고 하자. 이때 리더가 어디로 피신해야 할지 모른 채 우왕좌왕한다면 자칫 낭떠러지가 있는 곳으로 몰릴 수도 있다. 더 이상 피할 수 없는 낭떠러지 앞에서 부족이 선택할 수 있는 길은 단 한 가지, 뛰어내리거나 맹수에게 잡아먹히는 것뿐이다. 두 가지 모두 살아날 가능성은 극히 희박하나. 요즘도 마찬가지다. 이전에는 대가족 사회여서 아버지가 집안일을 잘못 꾸려 가도 할아버지가 있고 삼촌들이 있었다. 그러나 지금은 핵가족 사회여서 아버지가 집안을 잘못 꾸려 가면 돌봐 줄 사람이 더 이상 없다. 마치 낭떠러지에 매달려 있는 것과 같은 상황에 처하게 되는 것이다.

『세일즈맨의 죽음』은 요즘과 같은 경제 위기 국면에서 새삼 음미해 볼 만한 텍스트라고 할 수 있다. 먼저 세일즈맨의 죽음에서 윌리 로먼의 위기 대응법은 너무 극단적이었다. 이런 위기 대응책은 제대로 된 처방전이 될 수 없다. 죽은 자보다 살아 있는 자에게 결코 지울 수 없는 마음의 짐을 지우기 때문이다. 위장 자살보다 더 나은 선택으로 두 아들을, 가족을 거듭나게 할 수 있는 처방도 있었을 것이다. 극단적인 대응은 결국 한 가정에서 '남편의 부재'와 '아버지의 부재'로 귀결된다. 이는 살아 있는 가족에게는 그 어떤 것과도 대체할 수 없는 '치명적인 부재'라고 하겠다. 아버지 없는 가정, 남편 없는 가정은 그 어떤 가정보다 쓸쓸하기 때문이다. 따라서 위기 때 가장 필요한 것은 자살과 같은 부재의 유혹에 빠져들지 말아야 한다. 부재의 유혹은 때로 가장 달콤한 유혹일 수 있지만 가장 치명적인 유혹이기 때문이다. 대신 자신이 처한 치명적인 상황을 가족이나 구성원들에게 알려 모두가 함께 지혜와 힘을 모아 공동으로 대응하도록 해야 한다. 그 기회를 가족이나 구성원들에게도 주어야 한다.

밀러는 대공황 시절 사업 실패로 자살한 삼촌 매니뉴먼을 모델로 이 작품을 쓴 것으로 알려져 있다. 그 역시 삼촌의 극단적인 자살 선택에 충격을 받고 소설을 쓴 것 아니었을까. 자살은 오히려 살아 있는 자들에게 더 큰 슬픈 멍울을 남긴다는 것을 알리고 싶었던 것 아닐까.

또한 위기 국면에서는 모두가 서로에게 불만을 느끼는데 이때 서로에 대한 불만을 허심탄회하게 토로할 수 있는 기회를 만들어야 한다. 위기에 강한 사람이라는 말은 위기 때 극단적인 처방을 선택하는 게 아니라 위기를 돌파하는 다양한 비책을 가지고 있다는 의미일 것이다. 이 소설에서 로먼과 그의 가족 구성원들은 그런 비책들을 상의하고 논의할 기회마저 없다. 서로 상의하고 논의하는 시간은 바로 파국을 막을 수 있는 마지막 기회가 될 수 있다. 그 기회를 가지지 않는다는 것은 파국의 길을 재촉하는 셈이다. '위기일수록 위기 상황을 서로에게 알리고 위기 타개책을 서로 논의하라. 그러면 모두가 상생하는 길을 찾을 수 있다.' 이게 바로 이 소설이 말하고자 하는 메시지 아닐까.

아들에게 사업 자금을 마련해 주겠다며 자신을 희생하는 그런 부성애는 오히려 아들의 삶을 망칠 뿐이다. 사업 자금은 그 아들이 밑바닥부터 하나하나 쌓아 올려 마련할 때 진정한 성공의 종잣돈이 될 수 있을 것이다. 『세일즈맨의 죽음』은 우리 사회에서 아버지의 역할, 위기에 처한 가족의 위기 타개책을 되돌아보게 한다. 또한 위기 타개책들은 가족뿐만 아니라 기업들, 다양한 사회적 조직들에도 시사하는 바가 클 것이다.

이 소설은 노동력을 착취한 뒤 이용 가치가 없어지면 버리는 자본주의의 잔인함을 고발한다. 이는 오늘날 우리 사회에서 맹렬하게 작동하는 룰이기도 하다. 그래도 이 소설은 물질적 성공을 최고의 가치로 여기는 풍조를 비판하면서 애정 어린 시선으로 평범한 사람들을 보듬으며 삶이 지속되어야 한다는 최후의 메시지를 우리에게 남긴다. 즉 "인생은 결코 아름답지만은 않다. 그러나 그 가치는 있다"고 말이다. 유혹은 치명적일수록 달콤하다고 한다. 그런 유혹을 이겨 내는 것이야말로 가장 위대한 삶 아닐까.

24
다섯 개의 화살 다발로 뭉쳐라

"흩어지면 번영은 끝날 것이다."

영화 〈공공의 적〉을 보면 부모와 자녀 간에 돈 문제가 얼마나 중요한지 알 수 있다. 펀드매니저로 일하는 아들은 사회적으로 유능한 엘리트로 통하지만 급기야 아버지를 살해하는 패륜을 저지른다. 자신이 상속할 줄 알았던 거액의 돈을 아버지가 복지시설에 기부하려고 하자 돈에 눈이 멀고 만 것이다. 부모가 자녀들과 평소 돈에 대한 원칙, 철학을 공유하는 노력이 얼마나 중요한지 엿볼 수 있다.

가정과 마찬가지로 기업에서도 가장 중요한 것은 원칙과 철학을 공유할 때라야 지속 경영을 이룰 수 있다는 사실이다. 이는 달리 말하자면 짐 콜린스가 말한 '핵심 가치(이념)'에 해당한다. 핵심 가치란 전 구성원들이 공유하는 원칙으로 수익의 극대화와 같은 경제적 의미를 뛰어넘는 것이다. 콜린스는 핵심 이념을 지닌 비전 기업들에서는 '사교(私敎) 같은 기업 문화'를 발견할 수 있다고 말한다. 달리 말하면 교주와 열렬 신도와 같은 분위기를 지닌다는 것이다. 그만큼 기업의 핵심 가치가 회사의 구성원들 간에 잘 공유되고 지켜지고 있다는 말이다.

모든 사원이 공유하는 '핵심 가치'가 있느냐 여부는 문제를 처리하는 방식에 크게 차이가 난다. 짐 콜린스와 제리 포라스는 『성공하는 기업들의 8가지 습관』에서 존슨앤존슨J&J과 브리스톨 마이어스 스퀴브BMS 사례를 통해 핵심 가치의 중요성을 설득력 있게 들려준다.

미국에서 누군가 존슨앤존슨의 제품인 타이레놀에 독극물을 넣는 사태가 발생해 7명이 사망했다. 회사는 그 사건이 시카고 지역에서만 발생했는데도 즉각 미국 시장 전체에서 타이레놀을 회수했고 모든 국민에게 위험을 알렸으며, 이런 일을 하는 데 모두 1억 달러의 비용과 2,500명의 인력을 동원했다. 「워싱턴 포스트」는 "이 사건을 통해 존슨앤존슨은 비용이 들더라도 옳은 일이라면 반드시 한다는 기업 이미지를 소비자에게 심어 주는 데 성공했다"고 보도했다.

타이레놀 독극물 사건이 있은 지 며칠 뒤 브리스톨 마이어스 스퀴브도 유사한 사건을 겪었다. 덴버 지역에서 누군가 엑세드린이라는 브리스톨 마이어스 스퀴브 제품에 독극물을 넣었다. 이때 브리스톨 마이어스 스퀴브는 존슨앤존슨이 전국에서 약을 회수했던 것과 달리 콜로라도 지역에서만 약을 회수했고, 소비자들에 대한 경고 활동도 하지 않았다. 이 회사의 회장인 리처드 겔브는 한 잡지와의 인터뷰에서 엑세드린 사건은 브리스톨 마이어스 스퀴브의 수익에 거의 영향을 미치지 못할 것이라고 강조했다.

이 두 사건은 존슨앤존슨이 위기 상황에 처했을 때 회사에 좋은 영향을 미치든 아니든 지침을 얻을 수 있는 성문화된 핵심 이념을 가지고 있었던 반면, 브리스톨 마이어스 스퀴브는 그렇지 못했다는 것을 암시한다. 1886년에 설립된 존슨앤존슨은 1935년부터 '고객에 대한 서비스'를 기업 이익보다 우선하는 가치로 삼았고 사건이 발생하면 이에 근거해서 해결했던 것이다.

흔히 사람들은 어려울 때 본모습이 드러난다고 한다. 어려울 때 위기를 회피하려는 사람들이 있는가 하면 적극적으로 위기를 헤쳐 나가며 극복하려는 사람들도 있다. 이때 중요한 것이 그 사람의 '삶의 철학'이다. 회사의 경우 회사의 철학, 즉 핵심 가치다. 철학이 있느냐, 그 철학이 무엇이냐에 따라 위기를 극복하는 모습도 달라진다. 개인에게는 좌우명이 있어야 하고, 기업에는 핵심 가치가 있어야 하는 것이다. 기업이나 사람이나 자신의 철학이 있으면 어떤 위기가 닥쳐도 그 위기를 잘 수습해 전화위복으로 삼는다. 그때 반드시 필요한 것이 핵심 가치다.

데릭 윌슨이 쓴 책 『로스차일드Rothschild』에 따르면 로스차일드가는 1750년부터 사채업을 시작해 지금까지 8대, 250여 년에 걸쳐 세계 최대 금융 제국을 유지해 오는 신화적인 가문이다. 가문을 일으킨 마이어 암셸 로스차일드(1744~1812)는 프랑크푸르트에서 고리대금업을 시작해 1800년에 은행을 만들고 이어 다섯 아들과 함께 영국 런던, 오스트리아 빈, 프랑스 파리, 이탈리아 나폴리에 지점을 세웠다. 각 지점들은 서로 파트너십 관계를 맺는 형태를 취했다. 다섯 아들은 나폴레옹 전쟁과 제1, 2차 세계 대전을 거치면서 어마어마한 부를 쌓았다. 현재 로스차일드 가문은 런던과 파리를 중심으로 석유, 다이아몬드, 금, 홍차, 와인, 백화점, 영화, 의학, 국제 금융, 철도 등 전 분야에 걸쳐 다국적 조직을 갖추고 있다. 로스차일드가는 19세기에 이미 4억 파운드(60억 달러)

의 재산을 보유했다.

가족 간의 화합과 결속은 250년 동안 로스차일드가의 트레이드마크라고 할 수 있다. 죽음을 앞둔 마이어는 다섯 아들을 앞에 두고 유언 대신 평소 즐겨 들려주었던 화살 다섯 개의 일화를 들려주었다. 그 일화는 기원전 6세기 무렵 카스피 해 일대에서 강대한 국가를 건설했던 유목 민족인 스키타이의 왕이 임종 직전 다섯 왕자에게 말했던 것이다. 왕은 한 묶음의 화살 다발을 내밀며 한 사람씩 그것을 꺾어 보라고 말했다. 아무도 그것을 꺾지 못하자 왕은 화살 다발을 풀어 하나씩 주고 꺾어 보게 했다. 이번에는 누구나 쉽게 부러뜨렸다. 왕은 말했다.

"너희가 결속해 있는 한 스키타이의 힘은 강력할 것이다. 그러나 흩어지면 스키타이의 번영은 끝날 것이다. 형제간에 화합해라."

이 유언은 로스차일드 집안이 이후 200년 동안 세계의 금융 황제가 되게 한 가장 중요한 가르침이 되었다. 아버지는 스키타이 왕자들의 이야기를 빗대어 다섯 형제가 우애 있게 결속하면 대대로 가문이 번성할 것이지만, 돈에 눈이 멀어 서로 차지하려고 다투면 돈도 가문도 구름처럼 사라지게 됨을 암시한 것이다.

"손님이 소중히 대우받는 듯 느끼게 하라."

_로스차일드 가문

로스차일드의 성공 신화에서 다음으로 주목되는 것은 아버지와 아들의 '파트너십 관계'다. 보통 성공 스토리에서는 아버지가 힘겹게 기초를 닦으면 이를 토대로 아들들이 올라서지만 로스차일드가의 경우에는 아들들의 사업 계획에 아버지가 지혜를 더하는 형태를 취했다. 아버지가 사채업으로 명함을 알리자 장삿속에 밝은 아들들은 아버지의 지혜를 빌려 면직물, 금융업, 금괴 밀무역 등으로 사업을 확장했다.

로스차일드가는 다섯 형제의 장점을 활용하면서 사업을 확장했다. 일반적으로 장남은 보수적이고 원칙주의자가 많은 반면, 차남은 도전적이고 모험주의자가 많다. 로스차일드가의 경우도 예외는 아니었다. 저돌적이고 모험심이 강한 셋째인 네이선이 영국으로 건너가 면직물 사업에 손을 댔다. 『주역』에서 말하는 이른바 '리섭대천(利涉大川)'을 감행한 것이다. 리섭대천은 큰 내를 건넘이 이롭다는 말로, 모험정신을 강조하기 위해 『주역』이 자주 사용하는 표현이다.

로스차일드가가 세계적인 금융 황제가 된 초석은 장남이 아니라 차남의 모험심과 추진력에서 나왔던 것이다. 네이선은 늘 아버지가 강조한 현금 거래와 '손님이 소중히 대우받는 듯 느끼게 하라'는 장사의 원칙을 가슴에 새기고 실행했다.

로스차일드의 형제들은 아버지가 강조한 다섯 개의 화살로 뭉쳐 맨체스터와 런던, 파리, 프랑크푸르트 등 상업 중심지를 잇는 강한 끈(정보망)을 만들었다. 그게 이른바 오늘날의 '네트워크 경영'으로, 로스차일드가는 이미 200여 년 전에 이를 실천했던 것이다.

로스차일드가만의 또 다른 원칙은 바로 딸을 배제한 가족과 사업의 결합이다. "사업에는 남계(男系)만 참여할 수 있고 여계(女系)는 엄격하게 배제하라"는 창업자가 제시한 경영 원칙을 대대로 지켜 오고 있다. 요즘과 같은 남녀평등 시대에 무슨 뚱딴지같은 소리냐고 할지 모르지만, 금융 황제 로스차일드가에 250년 동안 내려오는 철칙이다.

창업자 마이어는 1812년 죽음을 앞두고 "아들만 사업에 참여할 수 있고 딸은 엄격하게 배제하라"는 유언을 남겼다. 이 유언은 로스차일드가의 헌법이 되었다. 회사의 모든 중요한 지위는 외부인이 아닌 가족 구성원이 맡되 딸이 결혼하면 남편은 사업에 관여할 수 없다. 반면 아들이 결혼하면 그의 아내는 사업에 관여할 수 있다. 이는 역설적으로 근친결혼을 낳았다. 마이어의 후손 50쌍 가운데 절반이 사촌 간에 결혼했다. 딸에게 물려주는 것이라고는 결혼 지참금 10만 파운드뿐이었다. 그러나 사촌이나 삼촌과 결혼하면 모든 것을 누릴 수 있었다. 이는 가문으로 보면 결혼으로 인해 재산을 분산시키지 않아 가문과 딸들의 잇속이 서로 맞아떨어지는 것이기도 했다. 근친결혼은 총자산을 보호하고 가문의 결속력을 더욱 굳건하게 해주었기 때문이다.

로스차일드가의 '파트너 경영' 원칙은 지금도 이어지고 있다. 1996년 영국 런던 로스차일드가 저택에서 런던 라이오넬의 후손인 빅터 로스차일드의 아들 암셀(1955~1996)이 자살로 생을 마감했다. 그는 서른두 살 때 아버지가 운영하는 은행에 합류해 서른다섯 살 때 로스차일드 자산운용RAM을 맡았다. 그러나 런던을 기반으로 하는 지역 자산운용회사를 전 세계 네트워크로 확장시키면서 받은 스트레스가 그를 죽음으로 몰아간 것이다. 그가 죽고 3개월 뒤 이사회 부의장이었던 그의 프랑스 사촌 다비드가 로스차일드 은행의 해외투자 업무를 조정하는 위원회 의장을 맡았다. 「뉴욕 타임스」는 "프랑스와 영국의 일가 은행 지점들이 로스차일드가가 국제 금융을 처음 고안한 이후 한 번도 시도해 보지 않은 방식으로 다시 파트너가 되었다는 것을 의미한다"고 보도했다. 250

년 동안 이어져 온 다섯 형제간의 파트너십 경영이 다시 부활한 것이다. 그것은 바로 로스차일드가를 창업한 선조의 유언, 즉 '형제간에 화합하라'는 메시지를 실행한 것이다. 세월이 흘러도 로스차일드 일가는 로스차일드라는 이름으로 엮어지는 가족의 연대감만으로 위기를 돌파해 오고 있는 것이다.

윌리엄 오하라가 쓴 『세계 장수 기업, 세기를 뛰어넘은 성공』에 따르면 가족 경영에서 구성원 간의 갈등으로 인한 경영 환경의 예기치 않은 악화 등은 가족 기업에도 언제나 닥칠 수 있다. 이때 공유하는 '원칙'이 존재하느냐 여부가 가족 경영, 형제 경영의 성공의 키라고 할 수 있다. 즉 경영에 참여시키기 전에 외부 세계를 경험하게 한다, 명장을 확보하기 위해 훈련을 철저히 한다, 문자로 쓰인 사명 선언문을 갖춘다, 외부 자문단을 갖춘다와 같은 원칙을 들고 있다. 이는 앞서 언급한 핵심 가치의 존재 유무가 세계적인 기업으로 이끄는 요인이라는 짐 콜린스의 분석과 맥락을 같이한다.

로스차일드는 250년 전 다섯 개의 화살이지만 하나의 화살 꾸러미로 뭉치라는 창업자의 원칙을 대물림한 결과 '돈'이 절로 따라왔다. 반면 돈을 최우선으로 할 경우 돈을 축적하기는커녕 돈과 가족, 형제애 모두를 잃을 수 있다. 우리 사회에서 보여 준 일부 대기업의 '형제 경영'의 파탄은 바로 돈보다 우선하는 '원칙 부재'에서 비롯하지 않았을까.

25
존경할 만한 스승이 있다면 삶이 훨씬 덜 고독할 것이다

"리더는 추종자를 거느린다."

_피터 드러커

〈톨스토이의 마지막 인생〉이라는 영화를 보고, 이어 예수의 고난을 그린 〈패션 오브 크라이스트〉를 보았다. 그리고 영화 〈공자〉를 본 기억이 함께 떠올랐다. 이 영화들에서 공통적으로 주목하는 것이 바로 '추종자/제자'였다. 피터 드러커는 "리더에 대한 유일한 정의는 추종자를 거느린 사람이다"라고 말한다. 요즘 소셜네트워크에서 수많은 팔로어를 둔 유명인이 많지만, 이 경우에는 진정한 추종자로 보기 힘들 것이다. 그들을 따르는 대다수 팔로어는 정보의 공유를 통해 일종의 심리적 보상이나 도취와 같은 어떤 이익을 취하기를 바라기 때문이다. 드러커가 말한 리더와 그 추종자란 리더의 신념과 철학에 동조하고 정신적으로 존경심을 지니며 리더를 '스승'이자 '멘토'로 여기고 따르는 경우 성립된다고 할 수 있다. 예컨대 케인스학파와 같은 제자나 추종자들이 여기에 해당할 것이다.

리더와 추종자의 진면목은 공자와 그 자제들에게서 드러난다. 만약 공자에게 3천여 명의 제자와 이 가운데 학식이 뛰어난 72명의 제자가 없었다면 공자의 사상이 지금까지 세상을 밝힐 수 있었을까. 현재 전해지는 『논어』 20편은 제자들이 편찬한 스승 공자의 언행록이다. 제자들이 있었기에 공자의 사상이 중국 전역으로 퍼져 나갈 수 있었다. 공자의 제자들이 그의 전도사 역할을 했던 것이다. 제자들은 맹목적인 충성파가 아니었다. 제자들은 치열한 자기 계발과 자기 수양으로 제자들끼리 경쟁하면서 추종자가 되어 갔다. 유독 앞서 문리가 트였던 안회는 제자 그룹에서 언제나 경쟁 상대이자 넘어야 할 산이었다.

그런데 공자는 많은 제자 가운데 자공을 많이 아끼고 혹독하게 대했다. "전 남이 나에게 하지 말았으면 하는 일을 저 역시 남에게 하지 않는 인간이 되고 싶습니다." 한번은 자공이 스승에게 이렇게 다짐하는 말을 했다. 공자의 대답은 싸늘했다. "넌 아직 그런 사람이 되려면 멀었다." 이 장면을 상상해 보면 자공의 얼굴이 벌겋게 달아올랐을 법하다. 그렇지만 자공은 자신을 낮추고 스승의 말씀에 귀를 기울였다. 자공은 부자였기에 공자에게 머리를 조아리지 않아도 되었을 것이다. 요즘으로 보면 재벌 회장이 대학교의 최고경영자과정에 다니며 공부하는 것과 같다. 그 수업 시간에 교수가 재벌 회장에게 "회장님은 아직 그만한 그릇이 안 됩니다"라고 말할 수 있을까.

자공은 때로는 스승에게 엄청나게 구박당하면서도 충심으로 섬겼다. 부유한 상인으로, 제자들 가운데 그 누구보다 '이재'에 밝고 재물이 많았던 자공은 가난한 공자를 평생 후원하면서 각별한 사제 관계를 유지했다. 공자가 숨을 거두기 전에 찾았던 제자도 바로 자공이었다. 당시 사업을 위해 출장을 갔던 자공이 스승이 위독하다는 소식을 듣고 급히 달려왔을 때 공자는 겨우 한마디만 남기고 혼절했다. "사(賜, 자공의 이름)야, 왜 이리 늦었느냐?" 공자의 제자들이 3년 상을 치렀지만 자공은 무려 6년 상을 치렀다. 이를 맹목적인 충성이라고 결코 말할 수 없을 것이다.

공자를 죽음으로 몰아 간 요인은 바로 제자들의 잇단 죽음이었다. 고희에 이른 공자는 아끼던 제자인 자로가 위나라에서 피살되었다는 소식을 듣고 몸이 몹시 상했다. 수제자로 꼽히던 안회가 일찍 죽고 자로마저 세상을 떠나자 공자는 더 이상 삶의 희망을 잃었던 것이다. 여기서 보면 리더와 추종자의 관계는 바로 '생명'까지 다 바치는 '내리사랑' 정신이 깃들어 있음을 알 수 있다. 이는 우리 사회의 '줄타기' 문화에서 보여 주는 이기적이고 기득권적이고 맹목적인 충성 관계가 아닌 것이다.

제자들이 쓴 『논어』에는 공자가 제자들을 완벽하게 '통제'한 모습들이 자주 나온다. 공자는 '움직이는 사전'처럼 당시의 예법에 통달했고 당시 고금의 역사와 인물들에 대해 정통했다. 제자가 질문하면 고금의 지식과 정보에 통달했고 사례를 들면서 설명했다. 마지막에는 반드시 교훈이나 훈계가 되는 경구로 조언을 해주었다. 공자는 제자들 중에서 똑똑한 그룹에 속하는 72명의 장단점에 대해 꿰뚫고 있었다. 더욱이 공자는 말 잘하는 이를 가장 싫어한다면서 '오부녕사'를 경계하면서도 언변에 탁월한 자공과 같은 제자를 두었다. 그가 이상적으로 바라는 인간상들만 제자로 두지 않았던 것이다. 단점이 장점이 되고 장점이 단점이 되는 이치처럼 장점과 단점을 지닌 수많은 인재를 두었던 것이다. 그 인재들이 세상에 나가는 데 조력해 주고 추천해 주었다. 더욱이 눈길을 끄는 대목은 공자 사후 자공의 행보다. 공자 생전에 자공은 뛰어난 언변으로 제나라와 월나라, 오나라를 돌며 전쟁을 막고 부추기는 '특사' 역할을 해 공자의 신임을 높였다. 그런데 공자가 죽은 후에는 이렇다 할 기록을 보이지 않았다. 공자가 제자의 장단점을 꿰뚫고 있었기에 자공이 빛날 수 있었던 것이다.

당신을 따르는 추종자가 있는가?

톨스토이의 영화를 보면서 그를 추종하는 '톨스토이안(톨스토이주의자)'에 대해 생각해 보게 된다. 영화에서 '톨스토이안'은 톨스토이의 이상사회론을 현실에 실천하려는 이들의 단체다.

톨스토이안을 이끄는 인물(수제자)인 블라디미르 체르트코프는 일체의 사유 재산을 부정하는 톨스토이의 신념을 실천하려고 톨스토이의 저작권을 자신들의 단체에 귀속시키려 톨스토이를 설득한다. 그 고뇌의 시간에 톨스토이는 그의 수제자에게 저작권을 줄 수 없다는 아내 소피아의 입장도 이해한다는 식으로 말한다. 그러나 수제자는 막무가내로 톨스토이에게 저작권을 넘기는 문서에 도장을 찍으라고 '강요'하다시피 한다. 결국 톨스토이는 수제자의 요구에 응해 저작권을 넘겨준다. 그러나 이에 반대하는 소피아는 톨스토이가 죽은 뒤 재판을 통해 저작권을 돌려받는다는 자막으로 영화는 끝난다.

여기서 보면 톨스토이는 자신의 재산권 포기를 둘러싸고 이상과 현실 사이에게 갈등을 겪는다. 그 갈등의 기로에서 제자들이 나서 갈등을 해결한다. 톨스토이가 교통정리를 하는 게 아닌 셈이다. 『톨스토이와 도스토옙스키』를 쓴 슈테판 츠바이크나 『지식인의 두 얼굴』을 쓴 폴 존슨에 따르면, 톨스토이는 위대한 신적 인간형을 향한 의지와 그에 도달하지 못하는 현존의 자아 사이에서 극심한 갈등을 겪은 인물로 평가된다. 『전쟁과 평화』 등을 쓴 대문호이자 위대한 사상가로 추앙받는 톨스토이지만 그 이면에는 자기 모순적이고 이중적인 삶의 궤적이 드리워져 있다는 것이다. 즉 톨스토이는 장 자크 루소를 역할 모델로 삼아 그의 사상을 실천하려 노력한 이상주의자였지만 다른 한편으로 그의 삶을 둘러싸고 있던 인간적인 조건들을 단호히 부정할 수 없었다. 여기에 그의 이상과 신념을 이해해 주지 않는 부인 소피아와의 갈등도 포함되어 있다.

공자는 그의 이상주의를 실천하기 위해 무려 14년 동안 주유했고 그 사이 부인은 세상을 떠나고 말았다. 그 정도로 이상의 실천에 철저했고 제자들 역시 늘 그와 동행하며 스승의 정치적 이상을 실천하는 데 앞장섰다. 그런 점에서 추종자를 완벽하게 통제한 공자가 드러커가 말한 진정한 리더의 유형에 더 가깝다. 반면 이상과 현실 사이에서 고뇌가 커 추종자들에게 '이상'을 실천하라고 등 떠밀리다시피 한 톨스토이는 좀 거리가 있다고 하겠다.

그런데 리더를 배신하는 예수는 더 극적이다. 유다와 베드로는 예수를 참담함으로 몰아넣고, 예수는 제자들의 배신으로 십자가에 못 박힌다. 제자들은 위기에 빠진 스승을 외면한다. 결국 예수를 다시 살려낸

이는 당시의 제자들이 아니라 사도 바울이다.

"파울로스(바울)는 초대 교회를 이끈 뛰어난 지도자 중 한 사람이었다. 예수가 그리스도라는 교의를 전하려는 열정으로 아프리카(북아프리카) 지역을 제외한 로마 제국의 주요 도시를 돌아다녔다. 무려 2만 킬로미터에 이르는 거리를 돌아다닌 그의 선교 여행과, 신약성서 27개의 문서 중 13편에 달하는 그의 이름으로 된 서신서는, 초대 교회사에서 기념비적인 업적이다. 그는 자신이 선교 여행 중에 여러 번 죽을 위기를 맞았다고 말한다. 유대인에게 다섯 번 매를 맞고, 세 번 태장으로 맞고, 한 번 돌로 맞고, 세 번 배가 파선되었다는 것이다."

백과사전에 소개된 바울처럼 12제자보다 바울에 의해 예수는 비로소 '종교적 리더'로 재탄생했다고 할 수 있다. 여기서 스승과 제자 사이의 '역설'을 읽을 수 있다. 바로 스승 사후 그의 정신을 흠모해서 생겨나는 추종자들이다. 예수에게는 바울이 바로 그런 사람이었다. 우리나라 기호학파의 영수인 율곡 이이도 사후에 생겨난 제자들에 의해 더 유명한 스승이 되었다. 직접 가르침을 받지 않았지만 그의 정신과 사상을 흠모해 정신적으로 스승과 제자로 이어진 것이다. 반면 퇴계 이황은 생전에 수많은 제자와 공자의 72제자와 닮은 70명의 똑똑한 수제자를 두었다. 또한 다산 정약용과 같은 정신적 제자들을 두기도 했다.

당송팔대가의 리더 격인 당(唐) 대의 한유는 제자들을 두는 것을 좋아했다. 그런데 당시 중국은 스승과 제자, 즉 사제 관계를 배척하는 분위기였다. 당시 사제 관계에 관한 사회현상에 대해 또 다른 당송팔대가인 유종원은 「위중립에게 사도를 논하여 준 편지」라는 글에서 사제 관계 만들기를 좋아하는 한유를 미치광이라고 비난했다. "맹자는 사람의 환난은 다른 사람의 스승이 되기를 좋아하는 데 있다고 했다. 따라서 위진 이후부터는 사람들이 더욱더 스승을 섬기지 않았다. 지금 세상에는 스승이 있다는 소리를 듣지 못하였다. 만약 있다고 하면 문득 그를 비웃으며 미치광이로 생각할 것이다. 그러나 오직 한유만은 분발해 세상의 관습을 돌아보지 않고 비웃음과 모욕에 아랑곳없이 후학을 불러 모으고, 사설(師說)을 지어 그것에 의해 얼굴을 높이 들고 두려움 없이 스승이 되었다…… 한유는 이 때문에 미치광이라는 이름을 얻게 되었다."

한유의 문장은 수많은 인재에게 모방의 대상이 되었고 우리나라에서도 연암 박지원을 비롯해 백곡 김득신 등 수많은 문인의 문체에 영향을 주었다. 한유는 우리나라에서도 많은 사람이 '스승'으로 모셨던 것이다. 말하자면 연암이나 백곡은 한유의 추종자라고 할 수 있다. 이들은 '문장가' 한유를 추종하고 모방하고 그를 극복하려고 했던 것이다. 이런 점에서 한유 역시 역사에 수많은 추종자를 둔 진정한 리더라고 할 수 있지 않을까.

살아가면서 문득문득 스승에 대해 생각해 본다. 존경할 만한 스승이 있다면 삶이 훨씬 덜 고독할 것이라는 생각이 들기 때문이다. 자발적으로 추종하고 싶은 진정한 스승이야말로 어려운 시대를 살아가는데 가장 힘과 용기, 지혜를 주는 존재이기 때문이다.

흔히 기업에서도 충성심 강한 고객들이야말로 최고의 홍보 마케터로 꼽힌다. 위대한 스승은 충성심 강한 제자나 추종자들의 존재가 필수적이다. 추종자들이야말로 지속적으로 스승의 사상과 정신을 확대재생산하는 마케터인 셈이다. 달리 말하면 드러커의 지적처럼 위대한 리더란 진정한 추종자를 두었느냐에 달려 있다.

26
인생의 줄서기는 어떻게 해야 할까

"두루 어울리지만 떼를 짓지 않는다."

_공자

일찍이 공자는 『논어』에서 "군자는 두루 어울리지만 떼거리 짓지 않고, 소인은 떼거리 짓지만 두루 어울리지 않는다"라고 말했다. 누구나 참고할 만한 경구가 아닐 수 없다. 두루 어울린다는 의미는 그러나 참으로 실천하기 어려운 것이기도 하다. 자신의 신념과 생리에 맞지 않아도 다른 사람의 의견을 경청하고 무리 없이 어울리기란 쉽지 않기 때문이다. 살다 보면 누구에게나 '주는 것 없이 미운 사람'이 있기 마련이다. 그래서 사람들은 손쉬운 선택을 한다. 무리를 짓는 것이다. 자신과 의견이 같고 노선이 같고 이익을 줄 만한 사람, 권력을 줄 만한 사람에게만 다가가고 그들에게만 웃어 주고 그들의 환심을 사려고 한다. 자신과 관련 없거나 이득을 주지 못하는 사람, 권력 욕구를 충족시켜 주지 못하는 사람은 밥도 함께 먹으려 하지 않는다. 결코 밥을 사려 하지도 않는다.

냉랭한 얼굴로 대하고 결코 웃음을 주지도 않는다. 그래서 공자의 시대나 지금 시대나 두루 어울리기란 참으로 어려운 숙제다.

두루 어울리면 결코 줄서기를 하지 않아도 된다. 공자가 던진 화두가 심오한 것은 바로 여기에 있다. 떼거리 짓고 줄서기를 하면 당장은 권력을 휘두르고 기득권을 만끽할 수 있어도 가장 먼저 쫓겨나곤 한다. 공자가 말한 이 한 문장에서 인간관계와 처세의 진수를 읽을 수 있다.

줄서기는 동서고금을 막론하고 권력이 있는 조직에서는 영원한 딜레마와 과제가 아닐 수 없다. 자본가, 군인, 노조 등 어느 시대에나 권력을 상징하는 집단이 있다. 자본의 힘이 맹렬한 지금은 재벌 기업가들의 힘이 엄청나다. 때로는 정부 정책에 대해서조차 '낙제점'이라는 표현을 서슴지 않는다. 그만큼 대기업들이 강력한 집단이라는 반증이다. 정권이 재벌들의 눈치를 살피는 것은 이들의 '지원' 여부에 따라 권력의 명암이 결정되기 때문이다. '촛불시위' 때는 그동안 약자에 해당되었던 '시민'들을 무시하다 권력이 혼쭐나기도 했다. 박정희, 전두환, 노태우 군사정권은 정치적이고 '부패한 군인'들에 의지했다. 역사적으로 절대 권력을 지닌 왕이나 황제조차 자신의 권력 기반으로 귀족과 군인 세력 중 하나를 택했다. 그때도 시민들은 안중에 없었다. 귀족이 사병(私兵)을 두면서 계급적으로 우위에 있을 때 황제는 귀족을 택한다. 반면 군인의 세력이 강대하면 황제는 군인에 아첨하며 권력을 유지한다. 이때 절대 권력도 지지 세력을 무시하거나 '줄'을 잘못 서면 치명적인 위기를 맞을 수 있다.

냉혹한 처세술이라는 비판이 뒤따르는 마키아벨리의 『군주론』에서는 아주 인상적인 대목을 만날 수 있는데, 그것은 바로 로마 황제들도 살아남기 위해 '줄'을 섰다는 사실이다. 『군주론』에서는 로마의 권력 기반을 이루는 3대 집단으로 귀족, 시민, 군인을 꼽았다. 로마 황제는 늘 귀족(원로원)과 군인들에게 둘러싸여 있었다. 시민들은 황제의 관심사 밖이었다. 시민들이 아무리 미워해도 황제는 요동도 하지 않았다. 시민들에 의해 권력을 선출하는 현대 국가에서도 시민들은 권력에서 소외되고 있는데 고대 국가에서는 더 말할 나위가 없다. 그러나 귀족과 군인들은 늘 황제의 관심사였다. 특히 군인들은 늘 황제가 촉각을 곤두세워야 하는 집단이었다. 이때 황제는 귀족과 시민, 군인 모두를 동시에 충족시키는 정치를 펼 수 없었다. 시민과 귀족을 만족시키면 군인들이 반기를 들었다. 군인에게 중점을 두는 정치를 해도 마찬가지였다. 특히 군인과 시민을 동시에 충족시키기란 매우 힘들었다. 시민은 평화로운 삶을 좋아해 온건한 군주를 원하는 데 반해, 군인은 호전적이고 오만하고 잔인하며 탐욕스러운 황제를 좋아하기 때문이다. 군인들의 탐욕을 충족시키려면 당연히 희생이 뒤따랐는데 대부분 시민들로부터 나왔다. 황제가 시민들을 거칠게 다룰수록 군인들의 탐욕을 충족시킬 수 있었다. 검투 경기와 같이 인민들은 때로 군인들의 잔혹성의 먹이가 되기도 했다.

"미움받을 일을 피하라."

_마키아벨리

마키아벨리의 분석에 따르면 로마 황제들은 귀족과 시민, 군인의 환심을 사도록 강요당했을 때 대부분 군인 편을 들었다. 군인들의 권력욕과 탐욕을 충족시켜 주기 위해 시민들은 검투 경기에서 군인들의 눈요기를 위한 먹잇감이 되곤 했다. 세 집단의 상반되는 욕구를 충족시킬 수는 없었다. 권력을 유지하기 위해 우선 군인들을 만족시키고자 애썼지, 인민이 박해당하는 일에 관해서는 별로 신경 쓰지 않았다. 달리 말하자면 가장 강력한 집단으로부터 미움을 받는다면 황제는 권력을 유지할 수 없다. 황제는 어느 한편으로부터 미움을 받더라도 가장 강력한 집단으로부터는 미움을 덜 받아야만 하는 것이다. 군인이 가장 강력한 집단일 때 군인의 비위를 맞춘 황제는 살아남았고 그렇지 못한 황제는 비운을 맞았다. 마키아벨리는 신생 군주인 메디치가에 헌정한 『군주론』에서 이렇게 갈파한다.

"군주는 무슨 수단을 써서라도 가장 강력한 집단으로부터 미움을 받는 일을 피하는 것이 좋다."

마키아벨리는 군주는 어느 한편으로부터 미움을 받는 것을 피할 수 없기 때문에, 그가 해야 할 첫 번째 일은 모든 사람에게 미움받는 일을 피해야 한다고 조언한다. 그리고 만약 이것을 성취할 수 없으면 군인 등 가장 강력한 집단으로부터 결코 미움을 받아서는 안 된다는 것이다. 그 집단이 부패하든 그것은 상관없다. 이어 마키아벨리는 특히 재산으로 인해 미움을 받는 일을 해선 안 된다고 강조한다. "인간이란 어버이의 죽음은 쉽게 잊어도 재산의 상실은 좀처럼 잊지 못하기 때문"이라는 것이다. 우리 사회에서 공직 후보자들이 재산 문제로 줄줄이 낙마하는 것을 보면 쉽게 이해할 수 있다.

그런데 눈길을 끄는 것은 선한 황제든 악한 황제든 군인들에게 줄서기를 잘못하거나 미움을 받으면 가차 없이 축출되었다는 점이다. 즉 로마 황제는 선행으로 인해 오히려 군인들의 미움을 받을 경우 권좌에서 축출되기도 했다. 이야말로 권력의 역설이 아닐 수 없다. 따지고 보면 이는 권력뿐만 아니라 인간사에서도 흔히 볼 수 있는 일이다. 일반인들도 선행으로 인해 오히려 이웃들로부터 미움과 질시를 받고 큰 상처를 입기도 한다. 어떤 황제는 인자하고 선하게 다스려도 비운을 맞았다. 192년 코모두스가 죽은 뒤 원로원에 의해 황제로 추대된 페르티낙스가 대표적이다. 그는 절제하고 정의를 사랑하고 잔혹함을 피했으며 모두 인도적이고 인자스러웠다. 그러나 군인들의 지지를 받지 못했던 그는 군인들로부터 미움과 동시에 경멸을 받았기 때문에 193년 1월 제위에 오른 지 두 달 만에 군인들에게 피살되었다. 코모두스 치하에서 기분 내키는 대로 사는 데 익숙해져 있던 군인들은 페르티낙스가 그들에게 부과한 규율에 따라 절제 있게 사는 것에 참을 수 없었던 것이다.

또한 알렉산데르(재위 222~235)는 절제와 청렴한 황제의 상징으로 통했다. 재위한 14년 동안 그가 재판 없이 처형한 사람은 단 한 사람도 없었다. 그는 원로원과 협조 관계를 유지하며 문치주의에 힘썼다. 달리 말하자면 귀족을 주축으로 하면서 인민을 자신의 정치적 기반으로 삼았다. 이는 군인들의 반발을 초래했다. 군인들은 그를 유약하다는 평가와 함께 어머니의 치마폭에 싸인 인물이라며 경멸했다. 결국 군대가 모반을 일으켜 그는 피살되었다.

그런데 군주는 결코 '미움'받는 일은 피하라고 조언한 마키아벨리의 삶도 참으로 아이러니하다. 그는 가장 강력한 집단으로부터는 결코 미움을 받으면 안 된다고 강조했는데 정작 그 자신은 가장 강력한 집단인 메디치가로부터 미움을 받았다. 마키아벨리는 그가 『군주론』을 헌정한 메디치가로부터 미움을 받아 끝내 공무원으로의 복권을 이루지 못하고 세상을 떠났다. 그가 『군주론』을 헌정한 것은 신생 군주인 메디치가로부터 공직을 얻을 야심이었지만 아무런 공직도 얻지 못한 채 15년 동안 은둔하다 죽고 말았던 것이다. 이미 공화주의자로 낙인찍힌 그를 군주정인 메디치 왕조에서는 달가워하지 않았던 것이다. 그런데 공화주의자인 그가 군주 정체를 강화하는 통치술이 담긴 책을 썼다는 것도 참으로 아이러니한 대목이 아닐 수 없다. '군주론'보다 오히려 '공화론'을 써야 하지 않았을까. 그렇지만 인간의 냉혹성을 리더십과 접목해 예리하게 분석한 최고의 명저인 『군주론』은 불운한 마키아벨리가 역사에 남긴 최고의 기여일 것이다.

그런데 마키아벨리는 선한 군주가 군인들로부터 미움을 받지 않으려면 두 가지 기질, 즉 두 얼굴의 야누스가 되어야 한다고 조언한다.

"군주는 짐승처럼 행동하는 법을 알아야 하기 때문에, 여우와 사자의 기질을 모방해야 한다." 마키아벨리는 "왜냐하면 사자는 함정에 빠지기 쉽고 여우는 늑대를 물리칠 수 없기 때문이다. 따라서 함정을 알아채기 위해서는 여우가 되어야 하고 늑대를 혼내주려면 사자가 되어야 한다"고 조언한다. 리더가 되려면 여우와 사자의 기질을 가져야 한다는 조언은 지금 여기서도 유효한 경구가 아닐 수 없다. 마키아벨리는 리더는 여우와 사자의 기질을 모방해야 하는데 여우의 기질을 가장 잘 모방한 자들이 가장 큰 성공을 거두었다고 강조한다. 대표적으로 여우(교활)와 사자(잔인)의 기질로 황제가 된 세베루스는 시민과 군인들로부터 존경을 받기까지 했다. 그러나 여우다운 기질은 잘 위장해 숨겨야 한다고 조언한다. 겉으로 드러나면 본색이 탄로 나기 때문이다.

결론적으로 마키아벨리의 조언은 줄서기를 하려면 제대로 된 줄에 서고 가장 강력한 집단으로부터 미움을 받아서는 안 된다고 조언한다. CEO를 비롯한 직장인들에게 가장 곤혹스러운 것이 아마도 '줄'을 서야 할 때일 것이다. 최고경영자 역시 '오너'에게 잘 보이기 위해 때로는 줄을 서야 하기 때문이다.

그러나 최고의 줄서기는 줄이 없는 곳에 줄을 서는 것 아닐까. 즉 길게 보면 줄서기를 하지 않는 게 최고의 처세술이기도 하다. 직장 경험으로 보면 줄서기를 잘하는 사람은 권력을 향유하지만 그것은 잠시뿐이다. 결국 '쫓겨나는 사람'은 바로 줄서기를 잘한 사람들이다.

27
자신에게 엄격하고 타인을 관대하게 대하라

"스스로 높은 자리에 오르려 하지 말고 가장 평범한 자리에 머물러라."

_남회근

진(晉)나라의 재상 왕돈은 권력을 전횡했다. 당시 예지력이 신통한 곽박이라는 자가 있었다. 한번은 왕돈이 곽박을 불렀다. "곽 선생의 음양오행설이 매우 신통하다던데 내 명 좀 봐주실 수 있겠소?" 이 말의 이면에는 왕돈 자신이 황제가 될 수 있는지 말해 달라는 의미를 내포하고 있었다.

곽박은 그에게 황제 자리를 넘보아서는 안 된다면서, 만약 넘보면 불의의 화를 당할 것이라고 했다. 왕돈은 이 말을 듣고 괘씸하다고 생각해, 그렇다면 곽박 자신의 명은 어떠냐고 물었다. 곽박은 웃으면서 "내 명은 오늘 짐심때쯤이면 끝날 것 같군요. 당신이 나를 죽이려 하니까요"라고 말했다. 왕돈은 정말 그를 죽여 버렸다.

왕돈은 병권 외에도 모든 권력을 쥐어 승상에 올랐고 교만하고 횡포함이 더욱 심해져 공물은 그의 손으로 거의 넘어갔다. 이렇게 되자 동진의 사마예는 화병으로 죽고 말았다.

왕돈에게는 왕도라는 사촌 형이 있었는데, 왕도는 진나라 때 중부(仲父)라 일컫는 충신이었다. 하지만 왕돈이 부마가 된 후 난을 일으켜 왕도 일가는 멸문의 화를 당했다. 서체로 유명한 왕희지는 왕돈의 종질이다. 수많은 인재를 배출했지만 왕돈이라는 역신으로 인해 그 일가는 춘추에 오점을 남기고 말았던 것이다.

왕도와 왕돈은 형제간의 우애를 논할 때 흔히 등장하는 고사인데, 주공(周公)과 관채(管蔡)의 고사도 함께 인용되곤 한다. 관채는 중국 주나라 때 사람이었던 관숙(管叔)과 채숙(蔡叔)을 합해서 부르는 말이다. 이들은 모두 주공의 형제였다. 주공은 주나라 때 문왕의 아들로서 형을 받들어 은나라 주왕을 치고 주나라 왕실의 기초를 닦았던 인물이다. 관채는 주공의 동생들로, 조정에 반감을 품고 은나라의 반경과 함께 '삼감의 난'을 일으켜 멸문지화를 당했다.

영어로 '더티 리틀 시크릿dirty little secret'이라는 표현은 '알리고 싶지 않은 비밀을 누구나 한두 개쯤 가지고 있다'는 말이다. 누구에게나 마음속에 꼭꼭 숨겨 두고 싶은 불명예로운 일이 있다. 이는 내로라하는 당대의 인재들을 배출한 가문에도 해당하는 것 같다. 필자가 그동안 동서고금 수많은 명문가와 인재를 연구조사하고 만나 본 경험에 비춰 봐도 완벽한 인간이나 완벽한 집안은 없는 것 같다. 완벽하다 싶어도 꼭 한두 개의 결핍 혹은 흠결은 존재해 보였다. 신의 시샘이랄까, 이게 완전하다 싶으면 또 다른 결핍이 반드시 보이는 것이다. 마치 하나가 넘치면 반드시 부족한 하나가 존재하는 것처럼 보였다. 세상에 완전한 것은 없다는 말은 진리처럼 보였다. 누구나 혹은 어떤 집안, 나아가 기업이나 조직, 사회와 국가도 어김없이 '더티 리틀 시크릿'을 지니고 있다.

역사상 미래를 예측할 수 있었던 사람은 거의가 불행했다고 한다. 그래서 옛사람들은 "연못 속의 고기를 보는 자는 상서롭지 못하다"는 말을 했다. 육안으로 연못에 고기가 몇 마리 있는지 또렷이 볼 수 있는 것은 대단히 불길하다는 것이다. 이 말은 바로 사람이 너무 총명할 필요가 없다는 것을 암시한다. 많은 사람의 비밀을 다 알고 있다고 자기 신통력을 자랑한다면 자신에게는 대단히 불리하다는 말이다. 이 때문에 약간 어수룩해 보이는 것이 오히려 좋다고 경고한다.

높이 오른 용은 반드시 떨어진다, '항룡유회'

권력의 정점에 있던 '용'들이 꺼꾸러지는 씁쓸한 장면들은 역사 속에서 반복된다. 권력은 처음에는 맹렬한 기세로 타오르다 결국 지고 만다. 이것이 '절대 권력은 절대 부패한다'는 그 유명한 액턴 경의 경구다. 만약 권력자나 그 권력을 지탱하는 인물들이 액턴 경의 이 경구만 마음에 되새겨도 역사에 오점을 남기지 않을 것이다. 하지만 권력이란 그 자리에 오르면 주체할 수 없는 모양이다.

동서고금의 역사를 보면 권력욕에 사로잡힌 사람은 누구나 용이 되고자 했다. 주역의 건괘(乾卦)는 용이 승천하는 기세, 왕성한 기운이 넘치는 남성적 기운을 표현하고 있다. 용에 비유해 운세를 단계별로 비유한다.

먼저 연못 깊이 잠복해 있는 잠용(潛龍)은 덕을 쌓으면서 때를 기다린다. 그런 다음 땅 위로 올라와 자신을 드러내는 견용(見龍)이 되면 비로소 세상에 덕을 펴는 군주가 된다. 다음 단계는 하늘을 힘차게 나는 비룡(飛龍)이다. 이것은 건괘의 극치로 제왕의 지위에 오르는 것을 의미한다. 훌륭한 덕을 갖추었으므로 어진 신하가 구름처럼 몰려들어 보필한다. 이렇게 하여 절정의 경지에 이른 용을 항룡(亢龍)이라고 한다. 승천한 용인 셈이다.

여기서 공자는 '항룡유회(亢龍有悔)'라는 절대 경구를 남겼다. 항룡유회란 하늘 높이 도달한 용은 고질적 병폐가 있다는 의미로 '높은 곳에서는 추위를 이길 수 없다'고 풀이한다.

항룡이란 용이 하늘 높이 도달한 형상으로, '항'은 '높다'는 뜻이다. 하늘 끝까지 올라간 용이 내려갈 길밖에 없음을 후회한다는 뜻으로, 부귀영달이 극도에 달한 사람은 쇠퇴할 염려가 있으므로 행동을 삼가야 함을 비유해 이르는 말이다. 자연현상으로도 하늘 높이 올라가면 추위를 이길 수 없다. 달리 말하면 권력의 정점은 추위가 휘몰아치는 자리라고 할 수 있다.

남회근은 공자가 『주역』을 풀이한 『주역계사』에서 위안스카이와 그 아들의 일화를 들려준다. 공자의 『주역계사』가 『주역』에 대한 공자의 관점인데, 남회근의 『주역계사전』은 공자 이후의 역사에서 수많은 사례를 인용하며 『주역계사』를 재해석한 것이다.

위안스카이가 황제가 되고자 했을 때 그의 둘째 아들이 말렸다. 하지만 아버지의 뜻을 정면으로 반대할 수 없었기에 시로써 우회적으로 표현했다. "두드러진 높은 곳에는 비바람이 많으니 / 화려한 궁궐의 제일 높은 곳에는 가지 않는다." 위안스카이는 이 시를 보고 화가 나서 아들을 가두어 버렸다고 한다. 위안스카이는 신해혁명 때인 1916년 1월 황제를 칭했으나 두 달 만인 3월에 취소되고 6월에 죽었다. 남회근은 "사람은 스스로 높은 자리에 오르려고 해서는 안 되며 가장 평범한 자리에 머물러 있어야 한다"고 조언한다. 이에 공자는 너무 높이 올라갔기 때문에 존귀하나 더 이상 오를 지위가 없고, 너무 교만해 민심을 잃게 되며, 남을 무시하므로 보필도 받을 수 없다고 했다. 따라서 항룡의 단계에 이르면 후회하기 십상이니 이것이 바로 항룡유회라는 것이다.

"귀하지만 자리가 없고(더 올라갈 자리가 없다), 높지만 따르는 사람이 없으며(최고의 자리에 오르면 친구조차 만날 수 없다), 어진 자가 밑에 있어도 도움이 안 되니(모두가 아첨꾼으로 전락한다. 직언을 들을 수 없다), 일마다 병폐가 있다." 이것이 바로 공자의 항룡유회에 대한 관점이다.

물론 항룡유회가 되지 않으려면 교만과 무시보다 덕을 쌓고 처신을 바르게 해 잃었던 민심을 회복하는 길뿐이다. 『주역』의 건괘는 우리에게 변화에 순응할 것과 겸손을 잃지 말 것을 강조하고 있는 것이다.

"과시하지 않고, 내세우지 않으며, 자신의 공을 아랫사람에게 돌려라."
_공자

권력자든 기업의 최고경영자든 항룡유회의 병폐에 빠지기 쉽다. 권력의 단맛은 인간의 합리적인 판단마저 흐리게 하기 때문이다. 권력자나 최고경영자를 둘러싸고 있는 이들이 한결같이 아첨을 일삼으면 아첨의 달콤함에 빠지게 되는 것이다.

그래서 『주역』에서는 항룡유회의 병폐에 대한 경계로 '노겸(勞謙)'을 들고 있다. 노겸은 한마디로 성인의 경지로, 모든 종교 창시자들이 지닌 덕목이다. 예수는 십자가에 못 박혀 죽을 때 세상 사람들의 죄를 대신하겠다고 했다. 부처는 내가 지옥에 가지 않으면 누가 가겠는가라고 했다. 노겸은 대자대비한 마음이다. 그래서 '군자유종'이란 조심하고 근신해야만 비로소 길할 수 있다는 것이다. 겸허하긴 하나 노력하지 않거나, 노력하긴 하나 겸허하지 않으면 모두 크게 길하고 이로울 수가 없다.

"온갖 수고를 하면서도 과시하지 않고, 공이 있으면서도 내세우지 않으며, 지극히 후덕하여 자신의 공을 아랫사람에게 돌린다." 이것이 공자가 말한 '노겸'이다. 노겸은 리더라면 누구나 지녀야 하는 덕목일 테지만 인간은 욕망으로 인해 노겸에 이르기가 결코 쉽지 않다.

남회근은 당대의 곽자의를 노겸에 이른 인물로 인용한다.

안녹산이 반란을 일으켜 당나라 명황은 난을 피해 도피했고, 당나라는 곧 끝장날 상황에 처했다. 곽자의는 이런 상황을 타개하고 당을 다시 살려낸 인물이다. 황제는 그를 존경하면서도 두려워했다. 곽자의는 마치 우리 역사상 이순신을 떠올리게 한다. 선조와 그의 신하들은 이순신을 존경하면서도 질시하고 두려워했으며 결국 그를 죽게 만들었다.

곽자의가 국난에 처한 당을 살려내자 여러 신하들은 명황에게 곽자의의 병권을 회수하라고 건의했다. 황제는 이에 '병권을 회수한다'는 명령을 내렸다. 곽자의는 주저 없이 그대로 따랐다. 그런 뒤 고향으로 가서 나라의 어떤 일에도 간여하지 않고 묻지도 않으며 살았다.

이어 '서강의 난'이 일어났다. 황제는 다시 곽자의를 불렀다. 곽자의는 황제의 명을 받고 지체 없이 군복으로 갈아입었다. 그를 모셨던 늙은 군인들이 그를 따랐다. 곽자의는 부대를 편성해 난을 평정했다. 그런 뒤 황제의 명에 따라 다시 병권을 내놓고 시골로 내려갔다. 그때 역시 나이 든 군인 몇 명만이 그를 따랐다.

그런데도 이후 황제 측근의 환관들이 곽자의를 시기해 그의 부친 묘를 파헤치게 했다. 새로 등극한 황제(명황의 손자인 대종)가 그 일을 사과하자 곽자의는 말했다. "폐하께서 미안해하실 필요 없습니다. 저는 몇십 년 동안 군대를 거느렸습니다. 제 부하가 다른 사람의 무덤을 파헤친 일이 얼마나 많을지 모릅니다. 이것도 다 인과응보인 것 같습니다."

곽자의는 여든 살 넘도록 장수했다. 그는 일생을 바쳐 나라를 위해 그렇게 큰 공을 세웠지만 결코 자신의 공을 내세우지 않았다. 『주역』이 말한 '노겸'에 철저했던 것이다. 그래서 『주역』은 "공을 의식하지 않으면 크게 길하고 이롭다"고 말한다.

덕언성(德言盛)이라는 말은 덕은 곧 성대함이라는 의미다. 덕이란 일체의 것을 충분히 가지고 있으면서도 스스로는 높다고 생각하지 않고 다른 사람과 똑같이 행동하는 것이다. 이것을 '성덕'이라고 한다.

성덕을 이루기 위해서는 공손과 공경에 철저해야 한다. 소위 공손이란 자신에 대한 것이요, 공경은 타인에 대한 것이다. 즉 공(恭)이란 자신에 대한 것이요, 경(敬)이란 타인에 대한 것이다. 자신에게 공손하고 타인에게 공경해야 한다는 말이다. 우리는 흔히 자신에게는 관대하고 다른 사람에게는 엄격한 편이다. 그런데 『주역』은 예언공(禮言恭), 즉 자신의 요구에 대해 엄격한 것이 곧 예라고 말한다. "어떤 지위에 도달했을 때 자신을 엄격히 관리하면서도 다른 사람에게는 관대하게 대하는 것, 이것이 공경의 도리다." 자신에게 관대할 것이 아니라 자신에게 엄격하고 타인에게 엄격할 것이 아니라 관대해야 한다는 것이다.

공자는 2500년 전에 『주역』을 공부하면서 지위에 높이 오른 자가 빠지기 쉬운 병폐를 항룡유회라는 말로 경계했다. 항룡유회의 병폐에 빠지지 않기 위해서는 '노겸'과 '성덕'에 철저해야 한다. 높은 경지의 진리는 이처럼 지극히 단순하고 평범하다.

28
다른 사람의 재능을 살리는 것도 재능이다

"재주가 뛰어나다고 남을 업신여긴다면 아무짝에도 쓸모없는 사람이다."

_신사임당

파주 임진 강변에는 박정희 전 대통령이 한글로 쓴 '화석정'이라는 정자가 있다. 화석정은 율곡 이이의 5대 조인 이명신이 지은 것인데, 율곡가는 집안에서 화석정을 소유할 정도로 대대로 벼슬길에 올랐다. 또한 신사임당(1504~1551)의 남편 이원수는 충무공 이순신과 19촌 숙질간으로 알려졌다. 신사임당이 결혼할 당시 율곡 가문은 정체기였다. 이원수의 조부는 경주 판관을 지냈지만 이원수의 아버지는 벼슬이 없었다. 여섯 살 때 아버지를 잃은 이원수는 홀어머니 밑에서 독자로 자랐고 스물두 살 때 열아홉 살인 사임당과 결혼했다.

신사임당은 4남 3녀 중 셋째 아들인 율곡(이이, 1536~1584)과 큰딸인 매창, 막내아들인 옥산(이우)을 큰 인물로 키워 냈다. 사임당은 자녀들 각자의 재능을 살피면서 교육시켰다. 유달리 총명하고 재능이 뛰어난 율곡에게는 학문을, 막내 이우와 큰딸 매창에게는 예술에 승부를 걸었다. 신사임당은 재능에 따라 자녀 교육을 한 결과 셋째인 율곡 이이를 성리학의 대가이자 정치가, 교육자로 만들었다. 율곡은 열세 살 때 초시에 장원으로 합격하는 등 모두 아홉 차례에 걸쳐 과거시험에 수석으로 합격했다. 뿐만 아니라 막내아들 옥산 이우는 시·서·화와 거문고에 뛰어났으며, 이매창은 시문과 그림에서 빼어난 재주를 보여 '작은 사임당'으로 불렸다. 자녀 교육을 통해 여성으로서 못다 이룬 재능을 발현하려는 사임당의 뜻은 자녀들에게 고스란히 전수되었다. 자녀들은 어머니의 뜻을 받들어 공부에 매진해 훌륭한 재목으로 성장했다.

하버드 대학교의 교육심리학자 하워드 가드너는 '다중 지능'에서 인간의 지능을 언어 지능, 논리수학 지능, 음악 지능, 신체운동 지능, 공간 지능(건축가, 미술가, 발명가 등과 같이 3차원의 세계를 잘 변형시키는 능력), 대인관계 지능(유능한 정치인, 지도자 또는 성직자), 자기이해 지능, 자연탐구 지능 등 여덟 가지가 있다고 한다.

가드너가 다중 지능 이론에서 주장하듯이, 아이들은 각각의 소질과 재능을 타고난다. 과학이나 수학에 재능을 보이는 아이들이 있는가 하면 문학이나 예술에 소질을 드러내는 아이들이 있다. 또 축구나 골프, 야구 등 운동신경이 발달한 아이들도 있을 것이다. 예컨대 아인슈타인은 '논리수학 지능', 모차르트는 '음악 지능', 최경주는 '신체운동 지능'으로 설명할 수 있다. 다중 지능 이론을 대입하면 사임당은 율곡의 언어 지능과 대인관계 지능에 주목하고, 옥산과 매창의 공간 지능을 키우는 데 주력했던 것이다. 사임당은 560여 년 전에 이미 가드너가 말하는 다중 지능을 알고 자녀 교육에 임했던 것이다.

흔히 부모들은 자녀에게 다방면에 능한 천재를 요구한다. 국어·영어·수학뿐만 아니라 전 과목을 잘하기를 바란다. 그러나 이런 천재는 거의 없다. 가드너가 다중 지능을 주창했듯이 사람은 한두 가지 재능에만 강할 뿐이다. 그 재능이 어떻게 발현되느냐는 부모에게 달려 있다. 이때 '장점을 강화하라'는 피터 드러커의 말처럼, 부모는 자녀가 가진 장점을 더 발현할 수 있도록 이끌어 주는 역할을 해야 한다.

사임당의 부친인 신명화는 결혼 후 죽기까지 16년 동안 처가살이를 했다. 신명화는 한양에 머물며 공부했지만 별다른 벼슬 없이 진사에 머물렀다. 딸만 다섯 명을 두었던 신명화는 외출할 때 둘째 딸 인선(사임당)을 데리고 다니며 마치 아들처럼 키웠다. 아들을 두지 못한 아버지는 딸이지만 딸의 한계를 뛰어넘는 인선의 재능과 성격, 특질을 알아봤던 것이다. 마치 사임당이 자녀들을 재능에 따라 다른 분야를 공부하게 한 것처럼 말이다.

그런데 신사임당의 재능을 먼저 알아본 이는 외할머니였다. 아버지가 처가살이를 했기에 사임당은 어려서부터 외가에서 자랐다. 외할머니는 손녀가 그림에 재능을 보이자 이를 알아보고 종이를 사다 주며 그림을 그릴 수 있게 도움을 주었다. 가난한 처지의 사임당은 100년 전 인물인 안견을 스승으로 삼아 그림에 정진했다. 아버지는 딸이 학문에 재능을 보이자 딸임에도 불구하고 공부를 시켰다. 16세기 초에는 제도적으로 여자는 과거시험을 볼 수 없는 상황이어서 사임당은 글공부와 그림 공부를 하는 것조차 쉽지 않았다. 그래서 사임당은 글씨 공부와 그림 공부, 고전 공부 등을 모두 스승의 가르침 없이 스스로 해냈다. 그리고 외할머니는 손녀가 그림에 재능이 있다는 것을 알고 물감을 사주며 그림 공부를 도왔고 아버지는 딸이 학문에 뜻이 있음을 알고 글공부를 시키고 마치 아들처럼 키웠다. 사임당은 아버지의 가르침으로 공부를 시작해 사서오경에 통달할 정도였다.

사임당의 글공부는 결혼 후 자녀 교육에서 빛을 발했다. 자녀를 키우다 보면 아이에게 질문 하나만 해보아도 그 아이의 재능을 엿볼 수 있다. 또 어디에 관심이 있고 재능이 있는지도 가늠해 볼 수 있다. 유난히 논리적인 아이가 있는 반면 무언가 그리기를 좋아하는 아이가 있을 수 있다. 학문에 뛰어난 사임당은 일곱 명의 자녀를 키우면서 율곡과 매창, 옥산의 재능을 알아보고 각기 다른 길로 인도했는데, 어린 시절 익힌 글공부와 그림 공부가 뒷받침되었음은 두말할 나위가 없다. 사임당은 율곡이 자신의 재능을 앞세워 인간관계를 소홀히 할까 봐 늘 이런 말을 들려주었다. "네가 글을 읽고 시를 짓는 재주가 남보다 뛰어나다고 행여 남을 업신여긴다면 아무짝에도 쓸모없는 사람이 될 것이다."

조선 제일의 여류 화가 신사임당과 그의 자녀 교육을 보면 이미 다중지능 이론이 500여 년 전에 우리의 역사 속에서 이루어지고 있었다고 해도 과언이 아니다.

"다산은 제자들의 특질을 살펴 맞춤형 교육을 했다."

_정민

19세기에는 가장 시련의 삶을 살았지만 지성사에서 활화산과 같은 존재감을 드러내고 있는 사람으로 다산 정약용을 첫 손에 꼽을 수 있다.

다산은 18년 동안 유배 생활을 했음에도 불구하고 500권에 이르는 방대한 저술을 남겼다. 또한 그는 황상을 비롯한 제자들을 길러 냈다. 다산 정약용 연구가인 정민 한양대 교수는 『다산의 재발견』에서 다산이 제자들의 성격과 특질을 살펴 재능에 따른 맞춤형 교육을 했다고 한다.

다산은 제자들의 성격과 특징을 살펴 '이학(理學)'과 문학으로 구분해 전공을 정해 주었다. 가르친 내용에도 중점을 둔 것이 달랐다는 것이다. 이학이란 성리학과 경세학 등으로 수신제가치국평천하와 관련된 학문을 말한다. 이학은 출세 지향적인 성품에 맞고 문학은 자연에 은거하며 자신만의 세계에 더 즐거움을 느끼는 성품에 어울린다. 시를 좋아했던 황상은 끝내 과거시험에 응하지 않고 '일속산방'이라는 작은 집을 짓고 은거했는데, 『치원유고』라는 문집을 남겼다.

"아버님께서 강진에 귀양살이하신 것이 무릇 18년이고, 학업을 청한 자가 수십 명이다. 혹 7~8년 만에 돌아가거나 3~4년 만에 물러났다. 곁에서 과거 공부에 힘 쏟는 자도 있었고, 시와 고문을 섭렵하는 자도 있었다." 이는 다산의 맏아들 정학연이 다산의 제자인 황상에게 써준 글이다. 이렇듯 다산은 제자의 특징에 따라 전공을 구분해서 가르쳤다.

다산은 황상이 시에 재능을 보이자 집중적으로 시 창작을 가르쳤다. 황상의 『치원유고』를 보면, 다산은 황상에게 1804년 5월에 지은 「설부」를 시작으로 1805년 4월 1일부터 매일 한 수씩 4월 30일까지 30수의 부를 짓게 했다. 일정한 목표를 정해 놓고 실천하는 방식을 적용한 것이다. 또한 황상에게 다른 제자를 가르칠 것을 지시하기도 했다. 황상의 서간첩에는 은봉이란 승려가 등장하는데, 황상에게 시 지도를 부탁한 것이다. "오늘 비로소 은봉의 시재를 보았다. 네가 모름지기 지성으로 인도해서 몇 달 내로 시승의 이름을 빨리 얻도록 하는 것이 옳을 것이다"라고 편지를 보냈다.

다산은 또한 공부는 게을리하면서 강한 출세 지향적인 제자와는 거리를 두기도 했다. 황상에게 보낸 28번째 편지에는 "과거의 기한이 이제 가까웠는데, 너는 금년에는 마음을 먹지 못하는 게냐? 학래가 망령되이 과거를 보려 하기에 만류하였으나 말리지 못했다. 소견이 몹시 걱정스럽구나"라는 글이 있다. 이 글에서 이학래(이청)가 어린 시절부터 강한 출세 지향 욕구를 지닌 인물임을 짐작할 수 있다. 다산은 1806년 가을부터 다산초당으로 들어오기 전까지 1년 반가량 거처를 이학래의 집으로 옮기기도 했다. "나중에는 아버지를 헐뜯고 욕하면서 등을 돌린 자가 있었다"고 정학연이 썼는데, 아마도 이학래를 두고 한 말 같다고 정민은 추론했다. 이학래는 1861년 일흔 살이 되던 가을에 누차 과거에 낙방한 끝에 마침내 우물에 뛰어들어 자살로 비극적 삶을 마쳤다. 이학래에서 보듯이 다산은 강한 출세 욕구를 지닌 제자에게는 출세 욕구를 완화시키고 학문의 세계로 이끌기 위해 애썼다. 반면 황상에게 보낸 편지에서 보듯이 문학적 재능에 두각을 드러낸 황상이 과거시험에 생각을 두지 않자 이를 안타까이 여기며 과거시험을 보라고 권유하기도 했다.

다산은 제자들에게 끊임없이 초서(책을 읽고 자신의 주견에 맞게 문장을 베끼는 것)를 하라고 요구했다. 나아가 제자들과 초서를 하고 이를 묶어 책으로 엮었다. 스승과 제자의 공동 작업인 셈인데, 다산이 500권을 저술하고 편저할 수 있었던 것은 바로 제자들과 그 자신의 초서가 큰 기여를 했던 것이다.

황상과 은봉, 이학래 등을 통해 다산 정약용은 제자들의 교학에 각자의 재능과 성품, 특질을 감안해 이학과 문학의 세계로 이끌었음을 알 수 있다. 그것이 바로 다산이 유배의 혹독한 환경을 이겨 내고 19세기 지성사에서 독보적인 존재가 될 수 있었던 비결이다. 다시 말하자면 다산의 사상은 그 자신의 노력과 아울러 제자들을 재능에 따라 달리 키워 내고 교학했던 그 방식 덕분이라고 할 수 있지 않을까.

필자가 회사에 몸담고 있을 때 아쉬웠던 것 중 하나가 재능과 성품, 특질에 맞게 부서 배치가 이루어지지 않는 조직의 현실이었다. 재능을 살리는 인사가 아니라 재능을 '물 먹이는' 인사가 다반사였다. 그때마다 조직에 대한 실망을 넘어 혐오감이 밀려오곤 했다. 이렇게 되면 결국 중이 절을 떠나기를 강요받거나 떠날 것을 심각하게 고려하는 단계로 이어진다. 이것이 조직의 문화로 자리 잡으면 심각해져 어느새 '삼류 조직'으로 바뀌게 된다. 자신의 재능이나 영달을 위해 다른 사람, 즉 동료나 경쟁자의 재능을 죽이는 '삼류 조직'이 되어서는 결코 '이기는 조직'이 될 수 없다. 줄서기를 잘하는 소수에게만 혜택이 돌아간다면 삼류 조직일 것이다.

조직의 리더나 실무 책임자라면 각자가 재능을 살리는 조직이 되도록 분위기를 만들어야 한다. 더욱이 줄서기를 잘하는 사람이 재능을 더 살리는 조직이라면 심각한 상황이 아닐 수 없다. 딸 사임당과 3남매를 천재로 만든 신명화–신인선 부녀의 자녀 교육법과 제자들과 초서를 하며 500권의 저술을 남기고 조선 후기 사상계의 거목이 된 정약용의 교학법에서, 재능을 살리고 죽이는 것은 바로 리더의 혜안에 달려 있음을 다시 한 번 확인할 수 있다. ○

29
부모의 재산은 자식에게 독이 된다

"결코 자식을 낳지 말게. 그 애들은 자네에게 죽음을 줄 거야."

_발자크

"발자크는 엄청난 재산 뒤에는 언제나 범죄가 있게 마련이라고 말했죠. 하지만 버크셔 해서웨이는 그렇지 않아요…… 내가 말하는 내용과 다른 사람이 하는 내용이 다를 때는 말입니다, 무조건 나를 나쁘게 말하는 쪽을 선택해 주시오. 아첨이 덜한 쪽으로 말입니다."

워런 버핏은 오노레 드 발자크의 소설 『고리오 영감』을 인용하며 『스노볼』의 저자에게 자신의 자서전을 써달라고 부탁한다. 왜 버핏이 이런 부탁을 했을까?

발자크의 소설 『고리오 영감』은 돈에 의해 도구적으로 전락해 버린 아버지란 존재에 대해 새삼 경각심을 가지고 읽을 수 있는 소설이다. 달리 말하면 왜 이 책이 세계 최고의 부자인 워런 버핏의 필독서인지는 이 소설이 전하는 돈의 도구성 때문일 것이라는 생각이 든다.

이 소설에서 주인공 고리오 영감은 자신의 전 재산을 두 딸에게 주고는 비참한 죽음을 맞이한다. 여기서 교훈을 얻었을까, 버핏은 자녀들에게 결코 많은 돈을 물려주지 않을 거라고 공언하고 있다. 더욱이 그는 돈의 쓰임새에 대해 늘 고민해 전 세계적으로 존경받는 부자로 꼽힌다. 고리오 영감은 두 딸을 위해 전 재산을 썼다.

소설 『고리오 영감』은 프랑스 출신의 오노레 드 발자크가 쓴 소설로, 금전만능의 사회상에 대한 통렬한 풍자로 유명하다. 제면업자인 고리오는 매년 6만 프랑 이상을 벌어들이는 부자였지만, 자신을 위해서는 한 해에 1200프랑 이상 쓰지 않았다. 그에게는 아나스타지와 델핀이라는 두 딸이 있었는데, 딸들의 기분을 충족시키는 것만이 그의 유일한 행복이었다. 딸들은 승마를 했고 마차를 가졌다. 당시 마차는 요즘의 최고급 승용차에 해당할 것이다.

"내 인생, 바로 내 인생은 내 두 딸에게 달려 있소. 그 애들이 행복하다면, 내 새끼들이 우아하게 옷을 입는다면, 그 애들이 융단 위를 걸어 다니기만 한다면, 내가 무슨 옷을 입건 내가 누운 곳이 어디건 무슨 상관 있겠소? 그 애들이 따뜻하면 나는 춥지 않소. 그 애들이 웃으면 나는 결코 슬프지 않소. 그 애들이 슬퍼할 때만 나는 슬프다오." 고리오는 오늘날 회자되는 '딸 바보'의 전형을 보인다. 고리오는 아무리 돈이 많이 들더라도 딸들이 원하면, 서둘러서 그 소망을 충족시켜 주었다. 그는 그 선물의 대가로 단지 한 번 껴안아 보는 것으로 만족했다. 고리오는 딸들을 천사의 대열에 올려놓았고 결국 그녀들을 자신보다 더 높게 생각했다.

"소문에 따르면, 아버지 중의 아버지인 이 훌륭한 아버지는 딸자식들을 잘 결혼시켜 행복하게 해주려고 각각 50만~60만 프랑씩 주었고, 자기는 일 년에 8000 내지 1만 프랑의 연금만 받았다고 하더군요. 딸들이 항상 딸인 줄 믿고 두 살림을 차리고 두 집을 마련해 자기를 사랑하고 아껴 줄 줄로 믿고 말이에요. 2년도 안 되어 사위들은 마치 천한 사람들이 그러하듯이 그를 자기들 사회에서 쫓아냈대요."

제면업자로 성공한 고리오는 두 딸 아나스타지와 델핀을 애지중지 키워 귀족과 자산가에게 거액의 지참금과 함께 결혼시켜 보냈다. 큰딸은 레스토 가문에, 작은딸은 왕당파이며 돈 많은 은행가인 뉘싱겐 남작에게 시집보냈다. 두 딸에게 각각 50만 프랑을 주었다. 이 소설이 출간된 1835년에 비춰 보면 50만 프랑은 어마어마한 액수라고 할 수 있다. 그러나 귀족과 부자와 결혼한 두 딸은 아버지를 진심으로 대하지 않고 결국 고리오는 스스로 떠난다. "자신을 희생했지요. 왜냐하면 그는 아버지였으니까요. 그는 스스로 떠나 버렸어요." 자기가 사위들에게 피해를 입히고 있다는 생각이 들었기 때문이다. 그래서 자신을 희생해야만 한다고 생각했다. 딸은 떠나는 아버지를 말리지 않았다. 발자크는 이 대목에서 "범죄에 아버지와 자식들이 공모한 셈"이라고 표현한다.

"어제까지만 해도 딸은 우리 것이었고, 우리는 딸에게 전부였지요. 하지만 다음 날 딸은 우리의 적이 되어 버려요. 매일처럼 이런 비극이 일어나는 것을 우리는 볼 수 있지 않아요? 한편에는 아들을 위해서 모든 희생을 다한 시아버지에게 갖은 버릇없는 행동을 하는 며느리가 있지요. 다른 편에서는 사위가 장모를 쫓아내기도 하지요." 때로 허구가 현실이 되는 것처럼 고리오의 사례는 비단 소설 속 허구의 이야기만은 아닐 것이다. 이와 비슷한 사례는 이 소설이 발표된 지 180여 년이 지난 우리 사회에서도 여기저기서 일어나고 있을 것이다. 물론 부모를 도구적으로 보지 않고 스스로 홀로서기를 하면서도 부모에게 극진한 딸도 있고 사위도 있을 테지만 말이다.

그런데 고리오가 두 딸을 극진하게 사랑한 것은 아내의 죽음과 관련이 있다. 결혼한 지 7년 만에 아내가 죽자 두 딸에게 그 사랑을 대신 쏟았던 것이다. "아내의 죽음으로 말미암아 배반당한 듯한 그의 사랑은 두 딸에게 옮아갔다." 그러나 딸들은 싸구려 하숙집에서 '죽어 가는' 아버지에게 마지막 남은 재산마저 가로챈다. 아나스타지가 하루저녁을 멋지게 보낼 무도회에 입고 갈 옷값 1000프랑이 없자 아버지에게 돈을 달라고 한 것이다. 고리오는 식기 등을 600프랑에 팔고 종신연금 증서를 저당 잡히고 일시불로 400프랑을 빌려 딸에게 준다. 이것이 아버지 고리오가 딸에게 줄 수 있는 마지막 재산이었다.

고리오는 죽어 가면서도 딸이 요구하면 돈을 긁어모아 주며 이렇게 탄식한다. "자식들이 어떠하다는 것을 알려면 죽어야겠군. 아! 여보게, 자네는 결혼하지 말게. 결코 자식을 낳지 말게! 자넨 자식들에게 생명을 주지만, 그 애들은 자네에게 죽음을 줄 거야." 고리오처럼 독백을 뇌며 죽어 가는 이들은 우리나라를 비롯해 전 세계적으로 수없이 많을 것이다. 고리오는 이렇게 절규한다. "그 애들은 안 올 거야. 나는 이 사실을 10년 전부터 알고 있었지. 때때로 이럴 것이라고 생각하긴 했지만 감히 믿을 수가 없었네."

부모의 소득이 낮을수록 부모를 향하는 자녀들의 발길이 줄어든다.

이 소설은 부모와 자녀 간의 돈 문제와 부모의 내리사랑에 대해 되새겨 보게 한다. 특히 우리나라와 같이 물질만능주의 세태 속에서 부모와 자녀 간의 도구적인 관계를 반성하게 하는 소설이기도 하다. 고리오와 두 딸의 형태는 어쩌면 우리 자신들의 모습과도 오버랩되기 때문이다. 허구적이긴 하지만 이 소설이 발표된 1835년의 프랑스 가정사는 2013년 오늘의 우리 가정사보다 더 리얼하다. 특히 "여자는 행복이 있는 곳에서 행복을 찾으려고 하지"라는 고리오의 이 대사야말로 많은 의미를 함축하고 있지 않을까. 그런 딸에게 행복을 주기 위해 아버지는 모든 재산을 주었지만 그에게 돌아오는 것은 딸들의 배신뿐이었다.

고리오는 죽어 가면서 딸들을 회상한다. 어린 시절에 딸들은 아버지를 사랑했다. 이 세상 모든 딸이 그렇듯이 말이다. 어린 시절 딸들의 모습을 떠올리며 고리오는 "하느님! 왜 그 애들은 영원히 어릴 수 없었을까?"라고 읊조리며 죽어 간다. 어린 시절 딸들은 바로 순수의 상징이다. 결국 이 소설은 물질만능으로 피폐해 가는 두 딸과 아버지 고리오의 비뚤어진 내리사랑을 그리면서 외젠을 통해 순수한 마음으로 되돌아가기를 갈구하는 것이다. 돈과 욕망, 허영과 사치에 물들지 않은 어린 시절의 딸들처럼 말이다.

워런 버핏은 『고리오 영감』을 즐겨 읽어서인지 자녀들에게 재산의 극히 일부만 줄 것이라고 공언하고 있다. 대부분은 사회에 기부하거나 환원하기 위해 재단을 운영한다. 아버지의 자기 경영의 시작은 어쩌면 '자녀 경영'에 달려 있다고 해도 과언이 아닐 것이다.

우리 시대의 직장인들은 자기 계발에 바빠 가족을 소홀히 하는 경향이 있다. 그사이 부모와 자녀는 도구적인 관계로 전락하고 만다. 고리오 영감처럼 자녀에게 전 재산을 주지만 그 자녀로부터 배신당하는 극단적인 도구적 관계는 '지금-여기'를 사는 우리 부모들과 자녀들을 비춰 볼 수 있는 거울이기도 하다.

우리나라 기업인 등 자산가들의 최고 고민은 바로 자식에게 유산을 상속(증여)하는 문제라고 한다. 필자는 자녀에게 부모의 돈은 '독'이라고 생각한다. 자신을 망치고 부모와의 관계도 파국으로 만드는 독이다. 자녀에게 사업 자금을 주는 것은 마치 독을 주는 것과 같다. 이때 어머니가 자식 편에 서서 아버지의 반대를 무릅쓰고 자녀에게 사업 자금 등 돈을 주는 경우가 있다. 자식은 그럴수록 어머니를 부추겨 아버지로부터 돈을 얻어 내려 한다. 그래도 지혜로운 아버지라면 '냉정한 부성애'를 발휘해야 한다. 결코 돈을 주지 말아야 한다. 그런 자식은 집에서 쫓아내야 한다. 그래야 홀로서기를 할 수 있다. 이것이 바로 올바른 자녀 경영, 가족 경영일 것이다. 이 소설을 버핏이 애독하는 이유도 바로 여기에 있지 않을까. 물질만능의 세태는 비단 어제 오늘의 일이 아니다. 자식에게 돈을 주고 싶은 부모의 마음 또한 어제 오늘의 일이 아니다. 그러나 허구적인 이야기인 소설도 그렇거니와 현실에서도 부모의 돈을 물려받은 자식치고 인생을 제대로 산 이를 아직 본 적이 없다. 이게 역사적인 경험일 것이다.

끝으로 이 소설에서는 외젠 드 라스티냐크라는 청년이 나오는데 바로 고리오 영감과 함께 '보케르의 집'으로 불리는 하숙집에 기거하는 청년이다. 그는 야망가여서 귀족 부인의 정부 노릇을 자처한다. 뜻밖에도 외젠의 이런 오도된 야망은 고리오의 삶을 보면서 다시 순수 청년으로 돌아온다. 고리오의 임종을 지키는 사람은 바로 딸들이 아니라 외젠이었다.

그런데 발자크의 인생 역정에서도 배울 게 있다. 소르본 대학교에서 법학을 전공한 발자크는 스무 살 때 가족의 반대를 무릅쓰고 문학의 길로 들어서기로 결심했다. 무려 10년 동안 독서와 습작에 전념했고 경제적으로 독립하기 위해 애썼다. 그러나 손을 대는 사업마다 실패하고 소설을 써서 겨우 빚을 갚았다. 더욱 불행한 것은 1850년에 18년간 사랑한 한스카 부인과 마침내 결혼했지만 5개월 뒤 세상을 떠났다.

여기서 또 한 가지 교훈을 얻을 수 있는데 이른바 '10년 법칙'이다. 발자크는 소설가가 되기 위해 무려 10년 동안 독서와 습작에 온 힘을 기울였고 마침내 『고리오 영감』을 탈고하면서 10년 동안 꿈꾸었던 문학가의 길로 들어설 수 있었던 것이다. 그는 요즘 자기 경영의 고수 혹은 프로페셔널의 조건으로 회자되는 '10년 법칙'을 실천했고, 역경을 이겨 내고 소설가로서 이름을 드러낼 수 있었던 것이다. 다시 한 번 쓸쓸하게 죽어 간 고리오를 생각해 보고 돈과 욕망, 그리고 자식에 대해 생각해 보자. 언젠가 고리오처럼 쓸쓸하게 죽어 가지 않으려면 말이다.

30
처절한 현실을 견디는 힘은 사랑하는 가족에게서 나온다

"기억에 떠오를 때마다 힘을 주는 삶의 한 장면."

_워즈워스

지난해 여름 아들과 함께 지리산 종주를 했는데, 인상적인 기억으로 남아 있는 몇 가지 풍경이 있다. 세석산장에서 장터목산장을 향하면서 지나온 산등성이를 보면서 느낀 감흥은 가슴에 인장처럼 남아 있다. 또한 깊은 큰 산이 첩첩이 놓여 있는 풍경은 그곳에서만 느낄 수 있는 '아우라Aura'가 되었다. 아우라는 발터 벤야민(1892~1940)이 쓴 『기술 복제 시대의 예술 작품』에 나오는 개념이다.

"어느 여름날 오후 휴식 상태에 있는 자에게 그림자를 던지는 지평선의 산맥이나 나뭇가지를 보고 있노라면, 우리는 이 순간 이 산, 이 나뭇가지가 숨을 쉬고 있다는 느낌을 받는다. 이러한 현상을 우리는 산이나 나뭇가지의 분위기가 숨을 쉬고 있다고 말할 수 있을 것이다." 벤야민에 따르면 아우라는 '유일무이한 현존성'이다. 그 순간 그 장소에서

만 느낄 수 있는 것이다. 아우라의 경험에서 중요한 것은 대상을 바라보는 시선의 교환이다. 지리산을 종주하다 순간적으로 바라본 산들의 풍경 속에서 가슴이 멍할 정도의 울림이 있었다면 그것이 바로 아우라의 경험이라고 할 수 있을 것이다. 영국의 시인 윌리엄 워즈워스는 알프스를 걸으면서 느낀 강렬한 아우라의 경험으로 자연주의 시를 썼다고 한다.

우리 삶에는 시간의 점이 있다.
이 선명하게 두드러지는 점에는
재생의 힘이 있어
이 힘으로 우리를 파고들어
우리가 높이 있을 때는 더 높이 오를 수 있게 하고
우리가 쓰러졌을 때는 다시 일으켜 세운다.

알프스 여행을 할 때 보았던 알프스의 한 풍경은 워즈워스의 머릿속에 평생 남아 시인에게 새로운 활력을 불어넣곤 했다. 이렇게 기억에 떠오를 때마다 힘을 주는 자연 속의 한 장면을 워즈워스는 '시간의 점'이라고 불렀다. 워즈워스에게는 '시간의 점'이고 벤야민에게는 '아우라'인 것이다. 이 내용은 알랭 드 보통의 『여행의 기술』에 소개되어 있다. 저자 역시 벤치에 앉아 잠깐 바라본 들판 너머 냇가의 관목들이 시간의 점이 되어 현실 세계의 짜증 나는 근심의 소용돌이로부터 자신을 보호해 주었다고 쓰고 있다. 사진은 복제될 수 있으므로 아우라가 붕괴된 것이라고 벤야민은 말하지만, 나는 지리산의 그 사진을 스마트폰 배경 화면에 담아 그날 느낀 아우라를 재생해 본다. 그것만으로도 에너지를 얻는 기분이다.

그림과 같은 예술 작품이 가진 아우라는 그 작품의 시간과 공간에서의 유일한 존재성, 즉 예술 작품의 여기와 지금, 그 작품이 자리하고 있는 그 장소에서의 유일한 존재성을 의미한다. 예를 들어 고흐의 「해바라기」를 모사한 수많은 작품이 있어도 원작은 세상에 오직 하나만 존재한다. 고흐가 직접 그린 처음의 그 작품만이 아우라를 가질 수 있다. 원작은 특유한 분위기, 일회성, 역사성, 유일성을 갖는다. 작품이 바로 앞에 있더라도 아득히 멀게 느껴진다. 예를 들어 「모나리자」를 대할 때면 다빈치가 그림을 그릴 때의 아득한 시간을 거슬러 올라가 그가 그림을 그리면서 고민하던 생생한 모습과 그림에서 뿜어져 나오는 생동감을 느낄 수 있을 것이다. 대상을 보고 강렬한 그 무엇을 느낄 수 있다면 그게 아우라의 경험이라고 할 수 있다.

그렇다면 사람들이 위기 상황에 처했을 때 극한 상황을 벗어나게 하는 데 가장 도움을 주고 위안을 주는 힘은 무엇일까. 빅터 프랭클(1906~1973)은 『인간이란 무엇인가Man's Search for Meaning』에서 벤야민이 말한 아우라의 중요성을 말한다. 프랭클은 위기 상황에서 구원이 되어 주는 것은 붉은 저녁노을과 같은 자연의 아름다움이라고 한다. 한번은 아우슈비츠를 떠나 바이에른에 있는 수용소로 이송되어 가는 동안 호송 찻간의 쇠창살문을 통해 저녁노을에 물든 잘츠부르크 산봉우리를 지켜보았나. "이때 우리의 얼굴을 행여 누가 보았다면 그는 생명의 자유에 대한 일체의 희망을 포기해 버린 사람의 얼굴이란 걸 믿지 못했을 것이다. 우리는 그토록 그리워했던 자연의 아름다움에 도취되어 큰 나무 사이로 비치는 아름다운 노을을 구경했다."

봄날의 꽃구경과 같은 어느 한 순간의 아름다운 기억들이 있다면 워즈워스의 표현처럼 마음속에 하나의 '점'으로 각인되어 먼 훗날 혹은 위기의 삶에 더없이 소중한 기억으로 초대되고 다시 살아날 에너지가 되어 준다는 것이다. 그 아름다운 순간에 연인이나 가족이 함께 있다면 그 기억은 더 중요한 점으로 남을 것이라고 프랭클은 주장한다. 즉 극한 상황에서는 사랑하는 사람에 대한 기억들을 떠올리며 상상으로 대화하면서 위안을 얻고 다시 살아야겠다는 희망의 끈을 이어 갈 수 있다고 프랭클은 강조한다.

프랭클은 나치 수용소 경험을 바탕으로 '로고테라피'라는 일상 속의 심리 치료법을 창안한 정신분석학자다. 로고테라피Logotherapy란 마음이 가지는 의미 추구 경향을 파악해 정신분석적으로 치료한다는 것이다. 프랭클에 따르면 수용소에서 배고픔, 곤욕, 공포, 불의에 대한 강한 분노 등을 참고 견디게 하는 것은 사랑하는 자의 소중한 모습, 신앙, 괴이한 유머 등이라고 한다. 심지어 한 그루의 나무나 지는 해와 같은 자연의 아름다움이 우리의 마음에 약이 되어 주기도 한다고 강조한다. 즉 몇 시간 뒤 가스실로 끌려갈지도 모르는 처절한 현실에서 그 현실을 견뎌 내게 하는 것은 평소에 아내와 나눈 대화들이라고 한다. 아내의 밝은 모습과 목소리, 미소 등 사랑하는 사람을 생각함으로써 괴로움을 잊는다는 것이다.

프랭클은 삶에는 이른바 '심혼적 역학'이 필요하다고 강조한다. 심혼적 역학이란 사람이 살아가기 위해서는 자신만을 위해서가 아니라 다른 사람을 위해 보람 있는 일을 하거나 애쓰고 싸워 나가는 긴장 상태가 필요하다는 것이다. 그렇지 않으면 허무주의에 빠지고 이른바 '실존적 공허'에 사로잡히게 된다는 것이다.

프랭클은 백만장자와 결혼했지만 아들을 두지 못한 여인과 가난 속에서도 불구의 아들을 둔 여인과의 상담 사례를 소개한다. 자식이 없고 재산이 많아 사회적으로 이름난 노부인은 이렇게 말한다. "저는 백만장자와 결혼해 재산이 넉넉해서 유족한 생활을 했어요. 한껏 살았지요. 사나이들과 놀아나기도 하고 골려 주기도 했어요. 이젠 나이 80이 된 몸이지만 슬하에 자식 하나 없어요. 지금 늘그막에 생각해 보니 모든 것이 무엇 때문이었는지 모르겠어요. 사실 제 인생이 실패였음을 자인하지 않을 수 없습니다."

반면 불구의 자식을 가진 어머니는 이렇게 인생을 회고한다. "저는 어린애를 갖고 싶어 했습니다. 결국 소망이 이루어진 셈이죠. 그러나 한 아이는 죽었어요. 나머지 한 아이는 불구자여서 만약 그 애의 뒷바라지를 내가 맡지 않았다면 그 애는 요양소에 보내졌을 것입니다. 비록 불구이고 남의 도움이 없이는 못 사는 아이지만 그래도 내 자식입니다." 이 말을 하면서 그 어머니는 와락 눈물을 쏟았다. 그녀는 울면서 말을 이었다. "지나온 저의 인생을 담담하게 돌이켜보면 저의 인생은 충분히 의의가 있습니다. 저는 그 의의를 실현하고자 온 힘을 기울여 왔습니다. 저는 힘껏 노력했습니다. 저의 자식을 위해서요. 제 인생은 조금도 실패가 아니었습니다."

풍족하게 살았지만 자식이 없는 어머니는 인생의 실패를 자인하는 데 반해 불구의 자식을 평생 뒷바라지해 온 어머니는 그래도 자식을 위해 노력한 삶이 의미 있었다고 고백한다. 불구의 아들에 대한 보살핌이 그 여인에게는 자기가 성취할 잠재적 의의를 불러일으킨 일이었던 것이다. 전자의 여인은 실존적 공허에 빠진 반면, 후자의 여인은 자신에게 삶의 의미를 부여할 수 있었던 것이다.

"사랑하는 사람을 생각함으로써 괴로움을 잊는다."

_빅터 프랭클

프랭클의 『인간이란 무엇인가』를 읽으면 이탈리아의 로베르토 베니니의 영화 〈인생은 아름다워 La Vita E Bella〉(1977)의 장면들과 오버랩된다. 주인공 귀도는 얼굴도 못생기고 가진 것도 없지만 운명처럼 도라를 만난다. 아들 조슈아가 태어나고 이들 가족이 행복에 젖어 있을 때 독일의 유대인 말살 정책에 따라 귀도와 조슈아는 수용소행 기차로 내몰린다. 남편과 아들이 끌려가자 아내 도라는 유대인이 아니면서도 그들이 탄 기차에 오른다. 사랑은 '죽음의 기차'에 올라타게 하는 힘을 지닌 것이다.

귀도는 수용소에 도착한 순간부터 조슈아에게 "지금은 신나는 놀이이자 게임을 하고 있는 중"이라고 속인다. 유대인을 가스실에서 학살하는 끔찍한 '현실'을 아들에게 알리고 싶지 않아서다. 아들은 다행히 아버지의 말을 따르면서 아슬아슬하게 위기를 넘긴다. 독일이 패망할 조짐을 보이자 귀도는 아들과 함께 탈출을 시도한다. 그렇지만 남편과 아들을 위해 '죽음의 기차'에 오른 아내를 두고 탈출할 수 없어 아들을 건물 옆 나무궤짝에 숨긴 뒤 아내를 찾아 나선다. 아들에게 60점만 더 따면 1000점이 되고 그때는 탱크를 선물로 받게 된다면서 나무궤짝에 숨어 날이 밝을 때까지 절대로 나오지 말라고 한다.

아내를 찾아 나선 귀도는 그만 독일군에게 발각되어 처형장으로 끌려간다. 이때 가슴을 저미는 장면이 나온다. 아버지는 처형장으로 끌려가면서 궤짝에 숨어 있는 아들을 안심시키기 위해 우스꽝스러운 행군자세로 궤짝 앞을 지나간다. 이때 아버지가 울부짖거나 저항하는 모습을 보이면 아들이 궤짝 안에서 튀어나올 수 있기 때문이다. 아들은 그 모습을 궤짝에 난 구멍을 통해 본다. 아버지와 아들이 지상에서 나누는 마지막 이별 장면에서 뭉클한 전율을 느끼게 된다. 다음 날 궤짝에서 나온 조슈아는 아빠의 말처럼 탱크를 만나고 그 탱크를 타고 가던 조슈아는 극적으로 어머니를 만난다.

이 영화의 매력은 무엇보다 사랑하는 가족에 대한 헌신이다. 남편은 아들을 위해, 아내는 남편과 아들을 위해 헌신한다. 이것이 앞서 불구의 자식을 평생 뒷바라지해 온 어머니처럼 의미 있게 살아가게 하는 심흔적 역학에 해당한다. 자식을 위한 아버지의 희생은 심흔적 역학의 절정일 것이다.

기업들이 냉혹한 위기로 내몰릴 때 흔히 임직원들에 대한 정리해고로 탈출구를 모색한다. 이것은 어쩌면 기업 경영에서 가장 '하책(下策)'에 속할 것이다. 누구나 할 수 있는 수이기 때문이다. 경영 환경이 어려울 때 연수원에 임직원을 모아 놓고 재교육에 나서는 것도 상책이라고 할 수 없다. 그러잖아도 '업무 피로감'에 찌들어 있는 임직원들은 기계적으로 자리에 앉아 재교육에 임할 뿐이다. 이보다는 2박 3일 정도 '자유 여행'으로 지리산 종주를 다녀오게 하는 것이 '상책(上策)' 아닐까.

대자연에서 자유 여행을 하면서 아우라를 느끼고 아름다운 풍경들을 마음속 하나의 '점'으로 담아 온다면 각박한 업무를 이겨 내는 산소 같은 에너지가 되고, 경영 위기를 넘기는 묘약이 될 수 있지 않을까. 더불어 어머니가 불구의 자식을 보살피는 마음으로 혹은 아우슈비츠에서 거짓말을 꾸며 아들을 보호한 아버지의 마음으로 기업 경영에 나선다면 모두가 더불어 살고, 이른바 '심혼적 역학 경영'으로 불릴 수도 있지 않을까.

04

공부법을 정리하다

04

박수근 화백의 「빨래터」가 위작 논란에 휩싸이기도 했다. 사람들은 왜 예술 작품의 '오리지널'을 선호할까. 그것은 바로 진품만이 간직하고 있다는 '아우라Aura'로 설명할 수 있을 것이다.

프랑스 파리의 루브르 박물관에 소장되어 있는 「모나리자」는 원본이 아니라 모조품이다. 그런데 이 모조품은 진품을 감상했을 때와 똑같은 느낌을 줄까? 벤야민이 말하는 아우라의 개념으로 보면 모조품에서는 아우라를 느낄 수 없다. 그런데 관람자들은 대부분 전시된 「모나리자」가 진품인지 가짜인지 모른 채 '대단하다'며 탄성을 지른다.

벤야민의 '아우라'라는 개념은 무려 10여 년 동안의 연구와 메모에서 나왔다. 벤야민은 1927년부터 1940년까지 무려 13년 동안 파리 국립도서관에 매일 같이 '출근'하면서 서적들을 뒤적이며 이루 상상할 수 없을 정도의 분량을 메모로 남겼다. 메모는 대문자 A부터 Z까지, 이어 소문자 a부터 z까지 키워드로 분류하고 있다. 대문자 A~Z는 키워드별로 수많은 인용구와 논평으로 채워져 있는 데 반해, 소문자 a~z는 그의 비극적 죽음(자살)으로 인해 대부분 빈 칸으로 남아 있다. 그게 바로 『아케이드 프로젝트』라는 책이다. 혹자는 이를 '20세기의 가장 위대한 서사시'라고 표현하기도 했다.

벤야민이 파리 도서관에서 한 작업 방식이 바로 다산과 퇴계가 즐겨한 '초서'다. 이 초서 작업을 바탕으로 1936년 『기술 복제 시대의 예술 작품』이라는 논문을 썼는데, 거기에서 '아우라'의 개념을 제시했다. 요즘은 이 개념이 확산되면서 연예인들에게서도 아우라가 느껴진다고 말한다.

벤야민의 경우에서 이른바 '10년 법칙'이 적용됨을 알 수 있다. 누구든 10년 동안 한 우물을 판다면 성공할 수 있다는 '1만 시간의 법칙'을 인문학에도 적용할 수 있을 것이다. 누구든 매일 세 시간 이상 10년 정도 인문학 공부를 한다면 인문학 대가의 반열에 오를 수 있다는 말이다. 단, 그때까지는 너무 돈을 앞세우거나 계산하지 말고 공부해야 한다.

31
고전에는
엄청난 생산력이 숨어 있다

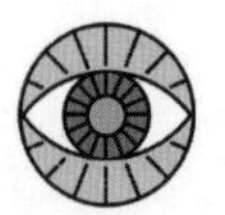

"멀리 되돌아볼수록 더 먼 미래를 볼 수 있다."

_윈스턴 처칠

20대 초반 인도에서 장교 복무를 시작한 윈스턴 처칠은 '만능 꼴찌'를 일삼던 10대 시절의 그가 아니었다. 그는 의욕적으로 인생을 새롭게 계획하기 시작했다. 군인으로의 길은 간이역이었고 궁극적으로는 할아버지와 아버지의 길을 가고자 결심했다. 할아버지는 아일랜드 총독을 지냈고 아버지는 재무장관을 지냈다. 그는 할아버지와 아버지의 길을 뛰어넘어 정치가로 성공하고 싶었던 것이다.

그는 고등학교를 졸업할 때까지 늘 꼴찌였지만 하루도 빠지지 않은 게 있었다. 다름 아닌 독서였다. 독서를 하면서 그는 정치가로서의 대변신을 준비해 왔던 것이다. 그는 독서로 자신을 일으켜 세우기로 결심했다. 본격적인 정치가로서 내공을 쌓는 준비 작업이었던 셈이다. 역사와 문학을 특히 좋아한 그는 먼저 에드워드 기번부터 시작하기로 했다.

그는 아버지(랜돌프)가 기번의 역사 책 『로마제국 쇠망사』를 애독했다는 말을 수없이 들었다. 처칠은 아버지가 어느 페이지에 어떤 문장이 있는지조차 암기하고 있으며, 연설을 하거나 글을 쓸 때 큰 영향을 주고 있다는 것을 알고 있었다. "아들은 아버지의 흉내를 내며 성장하고 아버지에게 인정받기 위해 노력한다"는 옛말은 처칠에게 그대로 적용된다. 처칠의 인생은 여기에서 한 치도 어긋나지 않는다.

아버지가 즐겨 읽었던 에드워드 기번의 책을 읽기로 결심한 처칠은 군복무 중에도 하루 다섯 시간 동안 기번의 『로마제국 쇠망사』를 탐독했다. 당시 그가 얼마나 기번에 빠져 있었는지는 그가 쓴 『처칠, 나의 청춘기』에 나온다.

"나는 당장에 그 이야기와 문장의 포로가 되었다. 나는 인도의 햇볕이 내리쪼이는 긴 대낮에서 저녁 무렵까지 열심히 읽었다. 나는 자랑스러운 듯 끝에서 끝까지 탐독하고 완전히 만족감에 젖었다. 책 페이지의 여백에는 나의 의견을 적어 넣었다."

『로마제국 쇠망사』는 처칠뿐 아니라 인도 초대 총리 자와할랄 네루, 경제학자 애덤 스미스, 철학자 버트런드 러셀 등 세계의 리더들이 손에 꼽는 애독서다. 기번의 책은 장구한 세월에 걸친 로마 제국의 역사를 죽어 버린 과거로서가 아니라, 여전히 살아 숨 쉬는 과거로 접할 수 있게 한다. 리더들은 이 책을 읽으면서 역사를 끄집어내어 자신이 만들어 가고 있는 역사의 교과서로 활용할 수 있는 것이다. 더욱이 이 책은 문학 작품이나 나름없는 유려한 문장과 인물의 성격 묘사 등이 뛰어나다. 특히 역사적 상상력에 목말라 있는 리더들에게 『로마제국 쇠망사』는 그러한 갈증을 완벽하게 적셔 주는 텍스트인 것이다. 첫머리에 나오는 이 문장을 접하면 금세 가슴이 뭉클해진다.

"지성에서는 그리스인보다 못하고, 체력에서는 켈트인 게르만인보다 못하고, 기술에서는 에트루리아인보다 못하고, 경제력에서는 카르타고보다 뒤떨어졌던 로마제국. 그런데도 세계사상 유례를 찾아볼 수 없는 번영을 누린 이 고대 국가의 위대함이 오늘날까지 빛바래지 않은 것은 어디에서 기인하는가."

또 수십 페이지를 넘기면 이런 분석도 나오는데, 위대한 리더를 꿈꾸는 사람이라면 탄복하지 않을 수 없을 것이다.

"로마의 쇠퇴는 제국의 거대함에서 비롯된 자연스럽고도 불가피한 일이었다. 번영이 쇠퇴의 원리를 무르익게 한 것이다. 정복 지역이 확대되면서 파멸의 원인도 증가했다. 그때 우연인지 필연인지, 인위적인 기둥이 제거되자마자 이 거대한 건축물은 자체의 무게 때문에 무너졌다."

에드워드 기번은 처칠과 닮은꼴 독서광이기도 하다. 기번은 아버지를 따라 책들이 가득한 도서관을 즐겨 드나들었다. 기번 역시 처칠의 경우처럼 역사에서 길을 찾았다. 기번은 역사를 자신에게 '꼭 맞는 음식'을 발견하는 것으로 비유했다. 그는 호라티우스, 베르길리우스, 테렌티우스, 오비디우스 등을 탐독했고 동양사를 모두 섭렵했다. 스물일곱 살 때 한 로마 여행은 기번의 인생을 뒤흔들어 놓았다. 로마의 건국 신화가 숨 쉬는 카피톨리누스 언덕의 폐허에서 로마의 쇠퇴와 멸망에 관한 글을 써야겠다는 영감이 떠오른 것이다.

기번은 무려 12년에 걸쳐 집필해 1787년 『로마제국 쇠망사』 6권을 탈고했다. 기번이 의욕적으로 로마사를 책으로 펴낸 데 자극을 받아서인지 처칠도 『제2차 세계 대전』을 썼고, 그 책으로 1953년 노벨문학상을 수상했다. 처칠은 위대한 리더였을 뿐 아니라 위대한 문필가이기도 하다. 역사가이자 문필가인 기번은 처칠의 역할 모델이었던 셈인데, 그 출발이 바로 『로마제국 쇠망사』였던 것이다. 처칠의 독서는 기번에 이어 역사와 철학을 섭렵하는 것으로 이어졌다.

"멀리 되돌아볼수록 더 먼 미래를 볼 수 있다." 윈스턴 처칠이 남긴 명언 중 하나로 그의 좌우명이기도 하다. 역사와 전기 책을 읽기 좋아했던 처칠은 수많은 역사적 사례를 접하면서 누구보다 역사적 상상력이 풍부해졌고 그것이 글쓰기로 이어져 『세계의 위기』와 『제2차 세계대전』을 탄생시킨 것이다.

"우리가 과거를 돌아보면 실수로부터 도움을 얻고, 가장 현명한 판단으로부터 상처를 입는 경우가 흔히 있다는 것을 알게 된다." 처칠의 이 말에는 『로마제국 쇠망사』에서 연상되는 문체임을 알 수 있다. 맹목적인 믿음이나 진리가 자칫 화를 불러오기도 한다는 통찰력이 돋보인다.

꼴찌 처칠의 대변신은 그가 좋아한 책을 통한 역사와의 대화에서 시작되었고, 그의 부친이 늘 암송한 에드워드 기번의 『로마제국 쇠망사』를 출발점으로 삼았다. 아버지와 역사와 독서가 그를 키운 자양분이었다. 그 결과 처칠가는 두 명의 총리를 배출하는 영광의 가문이 되었다.

처칠은 세계적인 정치인으로서는 드물게 지금도 베스트셀러로 읽히는 자서전이나 회고록 등을 냈다. 아직도 처칠이 쓴 책들이 생명력을 지니고 있는 것은 그의 방대한 독서뿐만 아니라 읽은 내용을 자신의 것으로 소화한 생산적인 독서에 기인할 것이다.

“성리학은 말만 앞세우는 양반들의 이익만 채울 뿐이다.”

_연암 박지원

고전에서 자신의 인생을 역사에 수놓은 사례는 우리나라에서도 발견된다. 조선 최고의 베스트셀러였던 『열하일기』는 연암 박지원을 조선 최고의 문장가로 만들어 주었다. 연암이 조선 최고의 문장가이자 베스트셀러 작가가 될 수 있었던 것은 열여섯 살 때 접한 한 권의 고전에서 시작되었다. 바로 사마천의 『사기』다.

『사기』는 한나라 사마천의 작품으로, 아버지 사마담이 죽으면서 자신이 시작한 『사기』의 완성을 부탁했고, 사마천이 그 유지를 받들어 기원전 90년에 완성한 것이다. 수많은 인물의 이야기가 담긴 『사기』에는 강렬한 현실 비판의식과 인간 중심 사상이 깃들어 있다. 『열하일기』가 단순히 여행기가 아니라 현실 비판의식이 깔려 있는 까닭은 다름 아닌 『사기』의 영향 때문이다.

사마천은 마흔여덟 살 때 흉노족에 포로로 잡힌 이릉을 옹호했다는 이유로 황제(한 무제)의 노여움을 사 궁형을 당했다. 궁형은 남자의 성기를 자르는 것으로, 고대 중국에서는 가장 치욕스러운 형벌이었다. 궁형을 당하면 수치심에 못 이겨 자살하는 게 관례였다. 하지만 사마천은 살아남아 『사기』를 저술하는 데 전념했다. 역사에 이름을 남긴 수많은 성현도 자신처럼 억울함을 당했고 현실에서 못다 이룬 포부를 저술을 통해 이루고자 한 것이다. 사마천은 쉰다섯 살에 『사기』를 완성하고, 예순 살에 세상을 떴다.

연암이 공부를 시작한 것은 열여섯 살 때 전주 이씨와 결혼하면서부터였다. 그는 당시 양반들이 금과옥조처럼 공부하던 주자의 성리학은 거들떠보지도 않았다. 연암이 글공부를 제대로 한 적이 없다는 것을 안 장인 이보천이 직접 『맹자』를 가르쳤고, 이보천의 동생인 홍문관 교리 이양천에게 사마천의 『사기』를 배웠다. 특히 연암은 『사기』에 매료되었다. 성리학은 나라를 잘살게 하지도 못하면서 말만 앞세우고 양반 자신들의 이익만 채울 뿐이라는 이유에서였다. 요즘 말로 연암은 세상에 고분고분하지 않고 좀 '삐딱한' 학자였던 것이다. 이는 장인의 영향도 컸다. 이보천은 과거시험도 보지 않고 평생 책을 읽으며 은둔했다. 연암이 청년 시절 글공부에 힘쓰다가 과거시험을 통한 입신출세에 회의적으로 바뀐 데는 장인 이보천의 영향이 컸던 것이다.

만학에 눈을 뜬 연암은 뜻을 세우고 공부에 빠져 3년 동안 두문불출하면서 수많은 책을 섭렵했다. 탁상공론을 일삼는 주자학이 아니라 주로 경제, 병법, 농사, 화폐, 양곡, 지리, 천문 등 나라를 부강하게 하는 실용적인 책들을 읽었다. 당시 양반들은 이러한 책들을 기피하고 읽지 않았다. 당연히 과거시험에 포함되지 않은 과목들이었다. 과거시험에 합격하려면 주자의 성리학 관련 책들을 달달 외우고 또 외워야 하는데, 연암은 이러한 책들을 싫어했다. 과거시험을 포기하는 것은 당연히 힘들고 고달픈 선택이었다. 양반 자제들이 가지 않는 길이었다.

연암은 궁형(남근 거세)이라는 굴욕을 당한 사마천의 삶과 그의 한이 녹아 있는 『사기』를 접하고 이내 깊이 빠져들었다. 연암은 『사기』를 읽는 데 그치지 않고 『사기』의 내용을 활용해 글쓰기를 시도해 보기로 했다. 그렇게 해서 연암이 최초로 쓴 것이 「이충무전」이다. 이는 『사기』에 나오는 「항우본기」를 모방해서 쓴 글이다. 좋은 글쓰기는 바로 수없이 베끼고 모방하고 나아가 응용하는 데서부터 시작된다. 연암은 자신이 가장 좋아하는 『사기』를 읽고 글쓰기를 함으로써 이를 실천한 것이다. 『사기』는 연암에게 문학 창작의 기본서였던 셈이다.

앞서 처칠은 기번의 『로마제국 쇠망사』를 읽고 또 읽으면서 글쓰기와 함께 연설의 텍스트로 삼았다고 말했다. 그가 정치가로서뿐만 아니라 문장가로서 성공할 수 있었던 것은 기번의 책에서부터 시작된 것이다.

연암과 처칠의 비결은 바로 고전에서 독서와 글쓰기, 나아가 연설문의 준거 틀로 삼을 수 있는 텍스트를 삼고 이를 모방하고 또 모방하면서 창의성을 키운 데 있다고 하겠다. '모방은 창조의 어머니'라는 말을 연암과 처칠의 삶을 통해서 다시 한 번 확인할 수 있다.

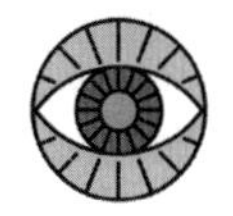

32
자투리 시간을 채굴하라

"우물쭈물하다가 내 이럴 줄 알았지."

_조지 버나드 쇼

한 해를 보내고 새해를 맞으면 늘 생각나는 책이 있다. 바로 다닐 알렉산드로비치 그라닌의 『시간을 정복한 남자 류비셰프』다. 시간이란 괴물과 꿋꿋하게 마주섰던, 50여 년 동안 하루도 빠짐없이 시간통계 노트를 작성하면서 시간을 마침내 정복해 버린 한 사람의 이야기다. '시간을 정복한 남자'라는 거창한 타이틀만큼, 이 책은 시간을 제대로 활용하지 못하는 사람들에게 많은 것을 반성하게 해준다. 이 책에는 이와 관련해 무릎을 칠 만한 에피소드가 나온다.

"이리저리 구실만 찾는 과정에서 우리 자신의 영혼이 형편없이 나약해지고 있다는 점은 전혀 깨닫지 못한다. 내 주변 친구들 중에서도 그런 서글픈 경우가 꽤 있다. 한때 소양을 갖춘 학자였고 이후에는 꽤 큰 연구소의 소장을 맡았던 친구, 또 가까이 지내던 작가 두 사람이 모두 같은 길을 걸었다. 높은 지위에 오르자 많은 시간을 빼앗기게 되었고 당연히 연구나 집필은 어려워졌다. 모두들 나중에 의무에서 벗어나 자유로워질 때를 꿈꾸었고, 그 시간이 오면 본업에만 전념하겠다고 말하곤 했다. 자투리 시간에 책을 쓰거나 학문을 연구하기란 불가능하다고 설명하면서 말이다. 그리고 세월이 흘러 결국 그들은 자유를 얻었다. 고대했던 그 시간이 온 것이다. 하지만 그때는 더 이상 자신이 원했던 일을 하지 못하게끔 변해 있었다. 오랫동안 이들은 그 사실을 인정하지 못했고 새로운 의무와 책임 등 온갖 핑계거리를 찾아냈다. 그러다 첫 번째 친구는 술을 마시기 시작해 얼마 후 자살했다. 두 번째 친구도 서서히, 그리고 조용히 자취를 감추었다. 세 번째 친구도 비슷했다. 그 밖에 다른 사람들은 아직 살아 있다."

시간 부족 현상을 기업인들만 느끼는 것은 아니다. 일반 사람들도 입버릇처럼 시간이 없다는 불평을 늘어놓는다. "친구를 만나거나 아이들과 놀아 주는 시간은 말할 것도 없고, 아무 생각 없이 가만히 서 있을 시간, 가을 숲에 가서 낙엽을 밟을 시간, 시를 읽거나 부모님 산소에 갈 시간도 없다." 말하자면 겨울날 들판에 서서 윙윙거리는 세찬 바람 소리에 귀를 기울여 볼 시간이 있다면 그 사람은 제대로 시간을 보내고 있다고 해도 무방하다는 말이다. 그러나 겨울바람 소리에 취할 수 있는 사람은 어쩌면 시인뿐이라는 생각마저 든다. 겨울밤 산과 계곡과 들판을 질주하는 원시의 바람 소리는 그야말로 대자연의 교향곡이라고 할 수 있다.

몇 년 전 겨울, 아들과 함께 해남 땅끝마을에서 다산초당을 향해 해변 길을 걸은 적이 있다. 2월 하순이어서 바람이 세게 불었다. 바닷가에서 윙윙거리며 부는 바람 소리는 지루한 도보여행자의 가슴을 적셨다.

"아들아, 이 바람 소리를 가슴에 담아 두어라." 아들은 무슨 말이냐는 듯 눈을 멀뚱거렸다. 살아가면서 때로 겨울날의 바람 소리가 그리울 때가 있다. "밤이 되면 살을 에듯이 차가운 바람이 건물을 감싸고돌며 울부짖었다. 그런 걸 싫어하는 사람도 있지만 나는 겨울바람이 좋았다." 인디언 작가 포리스트가 쓴 『내 영혼이 따뜻했던 날들』에 나오는 말이다. 할머니 할아버지와 함께 숲 속에 살던 인디언 소년은 후일 커서 소년 시절 숲 속에서 할아버지와 듣던 그 겨울바람을 마음속으로 다시 듣는다.

한번은 교수와 CEO 등으로 구성된 커뮤니티에 초청받아 강연할 기회가 있었다. 그때 온 사람들은 이구동성으로 책 읽을 시간이 없다고 볼멘소리를 했다. 그래서 요약본을 읽거나 저자 초청 강연으로 '때우려' 한다는 것이다. 리더의 자리에서 물러나 시간이 많아지면 책을 읽으며 더 유익한 일을 할 수 있을까. 『시간을 정복한 남자 류비셰프』의 저자 다닐 알렉산드로비치 그라닌에 따르면 대부분 사람들은 그럴 가능성이 거의 없다고 한다. "인생은 나에게 어떤 것도 미루지 말라고 몇 번이나 가르쳐 주었다. 하지만 나는 늘 바쁘고 시간에 쫓긴다는 이유로 만남을 뒤로 미루기 일쑤였다. 그렇게 모든 것을 미루며 바빴던 까닭이 대체 무엇이었던가. 지금 생각하면 당시 다급했던 일들이 더없이 하찮을 뿐이다. 반면 그로 인해 잃어버린 기회는 너무도 아쉽고 다시는 되돌릴 수가 없다."

이 말은 조지 버나드 쇼의 묘비명을 연상케 한다. "우물쭈물하다가 내 이럴 줄 알았지." 이는 동서고금을 막론하고 비슷한 것 같다. 그래서 네로가 통치하던 로마 제정기의 철학자 루키우스 세네카마저 이렇게 조언한다. "우리는 삶의 대부분을 실수와 어리석은 행동으로 허비해 버리고, 수많은 시간을 아무 일도 하지 않은 채 그냥 흘려버린다. 그리고 우리는 거의 평생 동안 아무짝에도 쓸모없는 일만 하고 산다."

류비셰프가 시간을 정복할 수 있었던 비결은 스물여섯 살부터 매일 작성하기 시작해 여든두 살로 죽기까지 56년 동안 하루도 빠지지 않았던 '시간 통계'에 있었다. 일기 형식을 띠었는데 기록 형식은 지극히 간단하다. 1964년 4월 7일의 경우 다음과 같이 시간 통계를 냈다. ▲곤충분류학: 알 수 없는 곤충 그림을 두 점 그림 - 3시간 15분 ▲어떤 곤충인지 조사함 - 20분 ▲추가 업무: 슬라브에게 편지 - 2시간 45분 ▲사교 업무: 식물보호단체 회의 - 2시간 25분 ▲휴식: 이고르에게 편지 - 10분 ▲울리야노프스카야 프라우다 지-10분 ▲톨스토이의 『세바스토폴 이야기』-1시간 25분 ▲기본 업무--6시간 20분

류비셰프는 러시아의 곤충학자다. 그러나 그는 다방면의 독서와 글을 발표하고 곤충분류학, 과학사, 농학, 유전학, 식물학, 철학, 곤충학, 동물학, 진화론, 무신론 등 경계를 넘나들며 지적 작업을 했다. 모두 70권의 학술서와 1만 2천여 장에 달하는 논문과 연구 자료를 남겼다. 곤충 표본 35상자, 표본으로 만든 곤충만 1만 3천 마리에 이른다. 특정 분야의 전문가이면서 다양한 분야에 박학다식한 과학자였다. 그는 모든 '자투리 시간'을 활용해 독서를 했다. 예를 들면 버스나 기차를 타는 시간, 회의 시간, 줄을 서 있는 시간조차 아끼려고 했다. 버스를 탈 때는 여러 상황을 고려해 두세 권을 가지고 탔다. 출발지 근처에서 타면 자리에 앉아 책을 읽을 뿐만 아니라 메모도 할 수 있었다. 만약 사람이 많이 붐비는 곳에서 버스를 타면 당연히 앉기 힘들기 때문에 서서 읽을 수 있는 얇은 책을 준비했다. 쓸데없는 잡담으로 채워지는 회의에 참석할 때

는 수학 문제를 풀었다. 심지어 그는 여행을 할 때도 반드시 가벼운 책을 읽거나 외국어를 공부했다. 심지어 장기간 출장이 될 경우에는 출장지에 미리 우편으로 책을 부칠 정도였다. 시간에 따라 읽을 책의 종류도 다르게 했다. 먼저 아침에는 머리가 맑기 때문에 철학이나 수학 분야처럼 고도로 집중해야 하는 책들을 읽는다. 약 한 시간 반에서 두 시간 정도 읽고 나면 조금 읽기 쉬운 역사나 생물학 분야의 책을 읽는다. 그리고 머리가 피곤해지면 가벼운 소설류를 읽는 방식이다.

류비셰프는 하루 7~8시간 잠을 충분히 잤고 연구뿐만 아니라 취미 활동도 다른 사람들보다 더 왕성하게 했다. 그는 한 해에 취미 생활-65회라 기록하고 그가 본 영화, 연극, 음악회, 전시회 등에 대해 상세히 적었다. 그는 생활 원칙 5계명을 정해 놓고 실천했다. 첫째, 의무적인 일은 맡지 않는다. 둘째, 시간에 쫓기는 일은 맡지 않는다. 셋째, 피로를 느끼면 바로 일을 중단하고 휴식한다. 넷째, 10시간 정도 충분히 잠을 잔다. 다섯째, 힘든 일과 즐거운 일을 적당히 섞어서 한다. 누구나 실천할 수 있을 것 같아 위안을 준다. 그는 매일 10시간을 자고도 엄청난 일을 해냈다.

“인생은 나에게 어떤 것도 미루지 말라고 가르쳐 주었다.”

_알렉산드로비치 그라닌

물론 사람은 잠을 자야 하고 먹어야 하기 때문에 기본적으로 필요한 시간이 있다. 이러한 시간을 제외하면 약 12~13시간이 남는다. 바로 이것이 일하거나 학문을 연구하거나 인생을 즐기는 데 사용할 수 있는 시간이다. 성공적인 하루는 하루 12시간 정도를 어떻게 잘 활용하느냐에 달려 있는 것이다.

대부분 사람들은 편하게 살기 위해 매일매일 시간을 계산하며 생활하지 않는다. 그러는 사이 소중한 시간이 흘러가고 마는 것이다. 시간은 활용하는 사람의 편이다. 계획을 세우고 시간을 '채굴'해서 사용하면 누구나 류비셰프처럼 될 수 있지 않을까. 사실 따지고 보면 시간이 없다, 바쁘다는 말은 핑계에 불과하다.

류비셰프는 자기 능력에 맞춰 과제를 정하지 않고 과제에 맞춰 능력을 정했다. 위험을 회피하며 마음의 안정을 얻기보다는 부담을 안고 살아가는 편이 낫다고 생각했던 것이다. 달리 말하자면 자신의 능력을 과소평가하기보다 과대평가하는 게 목표 달성을 돕는다는 말이다. 즉 류비셰프는 위험을 회피하며 마음의 안정을 얻기보다는 부담을 안고 살아가는 편이 낫다고 생각했다. 그는 한 해의 시간을 결산하고 나면 다음 해 계획을 세웠는데, 반드시 달성해야 할 가장 중요한 목표를 맨 앞에 놓았다. 계획을 짤 때는 과거 경험을 바탕으로 대략적인 시간을 배당한다. "계획이란 시간을 분배하고 그 과정에서 생활의 질서와 조화를 만들어 내는 작업이다." 시간 통계와 자투리 시간의 달인이 말하는 계획에 대한 정의는 이렇게 간단명료하다.

그렇다면 새해 계획을 세울 때 가장 중요한 것은 무엇이어야 할까. 그것은 지금 바로 실행할 수 있는 계획부터 세우는 것 아닐까. 나아가 그것은 바로 자신을 확장하는 계획이어야 하지 않을까. 자신의 확장은 다름 아닌 지식의 확장에서 시작한다. 류비셰프는 자투리 시간을 이용한 생산적인 독서와 초서를 통해 비로소 자기 확장을 이룰 수 있었던 것이다. 달리 말하자면 자기 확장을 위한 독서의 비결은 바로 자투리 시간과 독서 그리고 초서에 있었던 것이다. 그렇다면 사계절의 변화에 맞춰 더 효과적인 독서법은 없을까. 옛 성현들은 계절에 따라 책의 내용도 달리 읽기를 권하고 있다.

"경서를 읽기에는 겨울이 좋다. 그 정신이 전일한 까닭이다. 역사서는 여름에 읽는 것이 좋다. 그 날이 길기 때문이다. 제자백가는 가을에 읽는 것이 좋다. 그 운치가 남다른 까닭이다. 문집은 봄에 읽는 것이 좋다. 그 기운이 화창하기 때문이다." 이는 장조가 쓴 『유몽영』('내가 사랑하는 삶'이라는 제목으로 번역) 첫 페이지에 나온다. 인간의 성정은 계절마다 달라 그 달라진 성정에 맞춰 책을 읽어야 한다는 말이다. 새해에는 경서에 이어 문학, 역사, 제자백가 등의 순으로 독서에 도전해 보는 계획은 어떨까. 이때 책을 읽으면서 초서를 제대로 한다면 누구보다 시사에 밝고 나만의 관점을 가진 사람이 될 수 있을 것이다. 새해는 자기 확장을 위한 자기 경영에 초점을 두고 가족 경영과 조직 경영, 인간관계 경영의 방정식을 푸는 계획을 세워 보는 게 어떨까.

33
내가 무엇을 알고 있는가에 집중하라

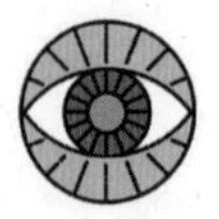

"나의 아버지는 손을 뻗치는 사람을 보살필 의무가 있다고 생각하셨다."

_몽테뉴

지금으로부터 약 480년 전인 1533년 프랑스 남부 보르도에 사는 피에르 에켐은 아들 미셸을 얻었다. 상업으로 부유한 집안의 이 아버지는 커다란 성을 사들여 귀족이 되었다. 아버지는 많은 학자들과 권위자들에게 아동 교육에 대해 자문을 구했다. 그가 얻은 결론은 '아이에게 최소한의 강제를 과하고, 스스로 공부하고 싶어지도록 환경을 만들어 주는 것'이었다. 그 후 피에르가 아이에게 한 두 가지 일은 자녀를 키우는 부모에게 많은 시사점을 준다.

먼저 피에르는 젖먹이 아들 미셸을 자신의 성 안에서 키우지 않기로 결심했다. 그는 허름한 농가에 유모를 구해 놓고 젖먹이 아들을 보내 그 농민의 자녀와 똑같은 대우와 똑같은 음식으로 키우게 했다. 또한 아이에게 최하층민이 세례를 받을 때 사용하는 세례 반을 받들도록 시켰다. 아이가 농민 등 최하층민들과 애정으로 결속하게 만들기 위해서였다.

다음으로 아버지 피에르는 당시 유럽 교양층의 언어였던 라틴어를 아들에게 고생 없이 가르치기 위한 방편으로 라틴어를 훌륭하게 구사하는 독일인 가정교사를 고용했다. 미셸이 있는 데서는 누구라도 라틴어만 말해야 한다고 아버지는 명령했다. 미셸은 여섯 살이 되기까지 자신의 모국어인 프랑스어를 전혀 배우지 못했다. 그런데 놀라운 일이 벌어졌다. 이 방법으로 라틴어를 배운 결과 미셸의 라틴어 실력은 최고 수준에 올랐다. 보르도에 있는 학교에 입학했는데 아주 희한한 광경이 벌어졌다. 라틴어 교사들은 완벽하지 못한 자신의 라틴어 실력을 미셸이 알아챌까 전전긍긍하며 두려워했다고 한다. 라틴어를 어떻게 배웠느냐에 대해서 미셸은 "방법도 없이, 교과서도 없이, 문법도 규칙도 없이, 회초리도 눈물도 없이 배웠노라"고 말하고 있다. 요즘의 영어 교육과 대비된다. 미셸이 살던 시기는 우리와 비교하자면 퇴계 이황이 과거 시험에 합격하고 조정에 출사하던 시기인데, 그 당시 아버지에 의해 이런 외국어 교육이 실행된 것이다.

또한 아버지는 잠에서 느닷없이 깨어날 때 아이들의 '말랑말랑한 두뇌'는 충격을 받을 것이라 믿고 악기 소리로 아이의 잠을 깨웠고 유모에게도 그렇게 하라고 일렀다. 그야말로 세심한 아버지가 아닐 수 없다. 현대의 가장 진보된 교육도 이보다 더할 수 없을 것이다. 또한 아버지는 자녀들에게 종교의 자유도 주었다. 아버지는 가톨릭이었지만 자녀들은 신교(기독교)를 믿게 했다. 당시 서구 세계에서는 쉬운 일이 아니었다. 16세기 당시 프랑스는 신교에 대한 종교적 박해가 극심했다.

이렇게 자란 아이는 훗날 보르도 시장에 선임되었고 문필가로 이름을 날렸다. 그가 바로 오늘날 에세이, 즉 산문 문학 형식의 전형이 된 『수상록』의 저자인 미셸 에켐 드 몽테뉴(1533~1592)다. 그는 『수상록』에서 이렇게 말한다. "젖 먹는 동안 내내, 그리고 그 뒤로도 오랫동안 농가에 살도록 해 가장 소박하고 가장 평범한 생활방식을 훈련시켰다. 그리고 아버지는 나에게 등을 돌리는 사람이 아니라 손을 뻗치는 사람을 보살필 의무가 있다고 생각하셨다." 이어 그는 아버지의 계획은 전혀 어설프지 않게 성취되었다고 고백한다. "나에게는 힘없는 사람들에게 헌신하는 경향이 있는데, 그렇게 하면 허영심을 더 강하게 느낄 수 있기 때문이거나 타고난 동정심 때문인데, 이러한 감정이 내 안에서 무한한 힘을 휘두른다."

'내가 배운 모든 것은 유치원에서 이루어졌다'는 말이 있다. 어린 시절의 교육은 평생 한 사람의 습관과 습성을 좌우한다. 여기서 몽테뉴 아버지의 혁신적인 자녀 경영을 읽을 수 있는데, 그것은 바로 '전문가에게 자문을 구하라. 그리고 그 조언 가운데 가장 적절한 방안을 선정해 실행하라'라고 하겠다.

대학에서 법을 공부한 몽테뉴는 가족의 연줄을 통해서 행정관이 되었다. 그 뒤 10년 동안 그는 추문의 세계, 법의 타락과 부정을 경험했다. 그는 한 동료 판사가 방금 간통죄를 선고했던 문서의 한 귀퉁이를 찢어 같은 재판석에 있는 다른 동료의 아내에게 연애쪽지를 쓰는 것을 보았다. 법원 참사관으로 근무하다 이런 현실을 목도한 몽테뉴는 서른여덟 살 때 은퇴를 결심하고 성으로 돌아온다. 지금으로 보면 이른 나이지만 은퇴는 나이와 상관없다고 할 수 있다. 필자는 신문기자를 17년 동안 하고 마흔세 살에 그만두고 인생 2막을 시작했다. 이 또한 이른 나이라고 할 수 있겠지만 인생 2막은 '사회적 은퇴'를 의미하는 것이 아니다. 그것은 새로운 사회적 여정의 시작을 의미한다고 하겠다. 몽테뉴는 전망이 좋은 탑의 4층에 서재를 만들고 서른여덟 번째 생일날 서재 입구에 자신의 은퇴에 관해 라틴어로 이렇게 새겼다.

"궁정과 공직 생활에 오랜 세월 시달린 미셸 드 몽테뉴는 여전히 순수한 상태로 박식한 뮤즈의 품속으로 돌아왔노라. 온갖 근심을 털어버린 고요함 속에서 얼마 남지 않은 여생을 보낼 곳으로…… 그리고 그는 자유와 평정, 여가에 여생을 바치노라."

이때 몽테뉴는 서재를 소박하게 꾸몄다. 막대한 유산을 상속받은 부자이기에 귀족들처럼 호화로운 서재를 꾸밀 수 있었지만 그는 수도승의 방처럼 검소하게 꾸몄다. 그는 이 서재에서 해박한 라틴어로 고전을 독파하면서 인간성의 탐구에 돌입했다. 그는 객관적인 인간 관찰이 아니라 자기 자신을 도마 위에 올려놓고 자아 파악에 나섰다. 그의 평생 화두는 '내가 무엇을 아는가Que sais-je?'였다.

몽테뉴는 서재에서 아버지가 지시한 레몽 세봉이 쓴 『피조물에 관한 책』(일명 자연신학)을 번역한다. 아버지는 150년 전에 쓰인 이 책이 신교에 대한 해독제가 될 수 있을 거라고 생각해 마음에 들어 했다. 그는 이 번역본을 아버지가 돌아가신 바로 그날 아버지에게 헌정했다. 그가 쓴 「레몽 세봉을 위한 변론」은 그가 쓴 에세이 중에서 가장 길고 철학적으로 가장 명쾌한 작품이 되었다. 몽테뉴는 이 에세이에서 "사람은 신이 없으면 아무것도 되지 못한다"고 증명하려 했지만 그 주장은 "사람은 아무것도 아는 것이 없으므로 회의론이 유일한 학문이다"라는 말만 되풀이하고 만다. 결국 이 책을 쓰면서 자신의 좌우명을 만들 수 있었는데 그게 바로 '내가 무엇을 아는가?'이다.

몽테뉴는 철학자를 진리를 찾았다고 주장하는 부류와, 진리를 찾을 수 있는 것이 아니라고 주장하는 부류, 그리고 소크라테스처럼 무지를 시인하고 계속 모색하는 부류로 나누면서 세 번째만이 지혜로운 자들이라고 주장한다. 나머지는 진리와 착오가 사람의 능력으로 재단될 수 있다고 믿는 과오를 저지르는 자들이라는 것이다.

몽테뉴는 묻는다. "내가 고양이와 노닥거릴 때, 내가 더 재미있어하는지 고양이가 더 재미있어하는지 누가 알겠는가." 그에게는 '서양 언어의 모험가', '문예 창조자'라는 이름이 붙었다. 그는 무엇보다 판단력과 비판력을 키우라고 조언한다.

"그러나 우리 판단력의 병폐는 다른 사람이 우리의 과오를 밝혀 주어도 그것을 알아보지 못하는 데 있다. 학문과 진리는 비판력 없이도 우리에게 깃들 수 있으며, 학문과 진리는 없어도 비판력은 가질 수 있다. 사실인즉 자기 무식을 인정하는 일은 판단력을 가졌다는 가장 아름답고도 확실한 증거라고 나는 본다." 그의 말처럼 학문이 높다고 판단력과 비판력을 가지는 것은 아니다. 자신의 무지를 인정하는 것이야말로 가장 아름다운 판단력이라는 말에 누구도 겸손해지지 않을 수 없을 것이다. 몽테뉴는 또 책을 읽다 어려운 구절을 만나면 "한두 번 공격하다가 집어치운다"고 말한다. "거기에 구애되다가는 방향을 잃고 시간만 낭비한다"고 단호하게 말한다. 자신이 이해 가능한 범위 내에서 책을 읽는 것도 독서의 한 방법이라고 할 수 있다.

"나는 긴장이나 기교 없이 꾸밈없는 매일 입는 옷차림으로 보이고 싶다."

_몽테뉴

몽테뉴는 서구의 다른 지식인들과 달리 성경을 애독하지 않아 그의 『수상록』에는 성경을 인용하는 구절이 거의 없다. 자신만의 주견을 가지고 삶을 대처하는 태도를 읽을 수 있다. 여기서 몽테뉴의 자기 경영 방식을 읽을 수 있는데, 그것은 다름 아닌 '자신의 생각을 깃들게 하는 서재를 만들어라. 그리고 책을 읽지 않아도 그 서재에서 판단력과 비판력을 키워라'라고 할 수 있다. "사람들은 기억을 오래, 많이 하는 것이 마치 머리가 좋은 것처럼 생각하지만 사실 중요한 것은 판단력이다." 루소의 『에밀』에도 판단력의 중요성에 대한 말이 나오는 것을 보면 루소도 몽테뉴의 『수상록』을 즐겨 읽은 모양이다.

몽테뉴는 두 살 많은 에티엔 드 라 보에시라는 판사와 편지로 우정을 나누었는데, 그가 그만 서른세 살에 요절하고 말았다. 그가 죽자 편지를 나눌 대상이 없어졌고, 그것이 『수상록』의 탄생 배경이 되었다고 한다.

몽테뉴는 자신이 만들어 낸 것을 '에세이'라고 불렀다. '시도하다, 실험하다'라는 뜻의 프랑스어가 바로 'essayer'이다. 그는 자신의 글에 대해 "자기 폭로의 새 실험을 몇 차례 '시도'한 것일 뿐"이라고 주장한다. 이렇게 해서 1580년에 『수상록Les Essais』이 나왔다. 『수상록』 머리말에서 그는 이렇게 선언했다. "나는 긴장이나 기교 없이 단순하고 꾸밈없는 매일 입는 옷차림으로 보이고 싶다. 있는 그대로의 나의 모습이 이 책에 드러날 것이다."

'시도'나 '실험'은 몽테뉴의 새로운 문학 창작에 필수적인 개념이다. 『수상록』은 자신의 철학을 세우거나 도덕 체계를 규정하려 한 것이 아니라 "자기 자신을 근접 거리에서 염탐하려"고 했을 뿐이라고 한다. "이것은 가르침이 아니다. 이것은 연구다. 이것은 다른 이에게 교훈을 주려는 것이 아니라 나를 위한 것이다. 이는 나의 익살과 견해다. 나는 믿어야 할 것이 아니라 내가 믿는 것을 보여 줄 것이다." 몽테뉴는 평생 가난한 이웃들의 돌봄으로 자란 어린 시절을 잊지 않고 가난한 이들의 벗이 되었다. 그의 『수상록』은 세상의 모든 가난한 이들을 위한 헌사였다고 할 수 있다. 몽테뉴는 자신의 『수상록』에 대해 "나의 책은 다만 '이웃과 친척, 친구를 즐겁게 해주기' 위한 것이었다"고 강조한다.

몽테뉴의 자기 경영의 핵심은 '은퇴 이후에도 새로운 시도를 즐겨라. 그리고 그 시도에는 반드시 자신뿐만 아니라 사회에 유익하고 즐거움을 주는 것들을 포함시켜라'라고 할 수 있을 것이다. 몽테뉴가 은퇴 이후에도 이타적인 시선을 가질 수 있었던 것은 어린 시절 가난한 이웃들과 함께 살도록 한 아버지의 가르침 덕분이었음을 알 수 있다.

몽테뉴는 서른아홉 살인 1572년에 『수상록』의 집필을 시작해 1580년에 출간했다. 그런데 이듬해인 1581년 9월에 보르도 시장으로 선출되었다는 통보를 받았다. 1583년에는 시장으로 재선되어 1585년에 임기를 마쳤다. 그는 미련 없이 자신의 서재로 돌아갔다. 처음 은퇴를 선언한 지 14년 만에 다시 서재로 돌아간 것이다. 그는 서재에서 『수상록』 1권과 2권을 개정하고 1588년에 3권을 출간했다. 3권에는 '에세이' 정신이 더 강하게 드러났다. '나 자신에 관한 이 에세이'라며 한층 단호한 주장을 피력하면서 자의식을 더욱 강하게 드러냈다. "나는 키케로의 권위자가 되느니보다는 나 자신에 관한 권위자가 되겠다."

『주역』에 출처어묵(出處語默)이라는 말이 나온다. 나아가 벼슬하는 일과 물러나 집에 있는 일과 의견을 발표하는 일과 침묵을 지키는 일로 곧 사람이 처세하는 데 근본이 되는 일이라는 뜻이다. 몽테뉴는 아버지의 선구자적인 자녀 경영으로 우뚝 선 인물이라고 할 수 있는데, 그 자신 또한 '출처어묵의 자기 경영'으로 세상에 우뚝 설 수 있었다.

34

위기를 만났을 때, 누군가의 등대가 되어라

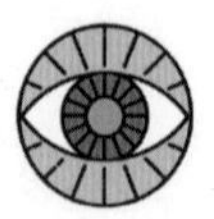

"샤토브리앙이 아니면 아무것도 되지 않겠다."

_빅토르 위고

작가는 작품으로 평가해야 한다는 관점에서 보면 빅토르 위고(1802~1885)만큼 시대정신을 대변하는 이도 드물다. 약자와 소외된 이웃들에 대한 따뜻한 시선이 녹아 있는 문학 작품, 권력에 맞선 항거 정신은 그를 이상주의적 작가이자 정치인으로 자리 잡게 했다.

잘 알려져 있다시피 빅토르 위고는 '장발장'으로 인해 전 세계적으로 모르는 사람이 없을 정도로 프랑스를 대표하는 대문호다.

그런데 위고의 결혼 생활은 외도로 얼룩져 있다. 결혼 생활 9년째 되던 해에 부인 아델이 먼저 바람을 피우고 이어 위고가 여배우와 외도를 하면서 결혼 생활에 금이 가고 만다. 아델의 외도 상대는 위고의 작품을 비평하던 친구이자 평론가인 샤를 생트뵈브였다. 위고의 반응은 의외였다. 알고도 모른 척한 것이다.

그러고는 마치 기다렸다는 듯이 맞바람으로 대응한다. 위고는 당시 인기 절정의 여배우인 쥘리에트 드루에로부터 연서를 받고 사랑에 빠진다. 당시 위고는 서른한 살, 드루에는 스물여섯 살이었다. 이들의 불륜 관계는 드루에가 여든한 살로 죽을 때까지 지속된다.

그 와중에 위고는 화가의 부인과 또 다른 불륜에 빠진다. 서른아홉 살 때 화가인 프랑수아 비아르의 부인에게 그만 매혹되고 만 것이다. 불륜은 4년간 지속되다 비아르가 위고를 고소해 간통 현행범으로 체포되면서 프랑스를 충격에 빠뜨린다. 비아르 부인은 철창 신세를 져야 했지만 위고는 귀족원 의원이어서 수감되는 망신은 피한다. 위고의 전기 작가 델핀 뒤샤르는 위고의 40대 초반 생활을 이렇게 묘사한다. "빅토르 위고는 곳곳에서 그가 유혹한 여성들은 셈에 넣지 않더라도 매우 분주한 생활을 보낸다. 점심 식사는 가족과 함께 한다. 오후에 귀족원 일을 보고 집에 돌아와서는 가족들과 저녁 식사를 한다. 그 이후의 시간은 비아르 부인에게 들렀다가 드루에 집에서 끝이 난다."

마치 이중인격자의 하루를 보는 듯하다. 위고는 영국 저지 섬에서 망명 생활을 할 때도 가족과 함께 살면서 드루에를 근처의 전원주택에 와서 살게 했다. 드루에는 위고가 건지 섬으로 다시 망명지를 옮길 때도 따라간다. 하지만 이때 위고는 정부인 드루에를 옆에 두고 그녀의 하녀와 관계하기를 더 좋아했다.

당시 위고의 나이 일흔 살이었다. 그러면서도 위고는 지치지 않고 글을 썼다. 일흔 살을 넘겨서도 지속되는 위고의 왕성한 불륜에 며느리와 사위들은 아연실색하고 손자 손녀에게 접근하지 말라고 경고했다.

위고는 호색한이 무색할 정도로 수많은 여성과 외도를 일삼았지만 프랑스 국민들로부터 변함없는 사랑을 받았다. 그는 죽어서도 영광이었다. 200만 명 넘는 시민이 프랑스의 영웅들이 묻히는 팡테옹으로 가는 그를 마지막까지 애도했다. "공화국은 제 할아버지를 잃었다…… 할아버지를 너무도 사랑했던 그의 손주들은 그를 '빠빠빠'라고 부르며 예의범절이나 허영심 따위는 개의치 않고 마음을 다해 울었다."

위고는 열네 살 때 "샤토브리앙이 아니면 아무것도 되지 않겠다!"는 당찬 자기 선언을 하며 작가의 길로 들어섰다. 아버지는 아들에게 군인이 되기를 권유했다. 이때 위고는 "저는 군인이 체질에 맞지 않습니다. 문학이 아니면 평생 아무것도 하지 않겠습니다"라고 아버지에게 말했다. 그는 이미 열 살 때 시를 쓰기 시작하면서 샤토브리앙을 인생의 등대, 즉 역할 모델로 삼았던 것이다.

위고의 부인은 당초 형의 애인이었다. 형은 동생에게 애인을 빼앗기자 그만 미치고 만다. 또한 자유분방한 아버지의 성적 편력을 보고 자라서인지 둘째 딸 아델 위고는 작가적 소질이 있었지만 영국 여행 중 군인이었던 앨버트 핀슨과 사랑에 빠졌고, 사랑에 너무 집착해 정신병이 심해져 인생을 그르쳤다. 아델이 핀슨을 만나기 위해 미국행 모험을 감행한 이야기는 1975년 〈아델의 이야기〉로 영화화되기도 했다.

위고의 어린 시절은 어머니의 영향이 컸다. 어머니는 "나는 네가 시를 쓰는 것에 찬성한다. 앞으로 네가 하고 싶은 일을 하며 살아라"라고 격려해 주었다. 아들은 어머니의 생일 때면 애정 넘치는 시를 지어서 바쳤다. 어머니는 왕당파였는데, 훗날 위고는 어머니가 죽자 루이 나폴레옹(2월 혁명으로 집권)에 경도되기도 했다. 정신분석학적으로 보면 루이 나폴레옹이 어머니를 대신했다고 볼 수 있다. 위고는 루이 나폴레옹의 쿠데타를 지지하다 비난하면서 급작스럽게 정치적 성향을 바꾸기도 했다. 이로 인해 그는 벨기에로 피신하면서 망명 생활을 해야 했고 훗날 대통령 후보로 물망에 오르기도 했다.

위고가 작가로서 세상에 이름을 알릴 수 있었던 데는 자녀들이 자신이 하고 싶은 일을 하도록 격려하고 배려한 어머니의 영향이 컸다. 위고는 자신의 자녀들에게도 그의 어머니처럼 하고 싶은 일을 하도록 격려했다. 큰아들 샤를 위고는 사진예술을 하고 싶어 했는데, 결국 그 분야에서 당당한 일가를 이루었다. 위고의 트레이드마크가 되다시피 한 검은색 톤의 묵직한 사진은 바로 아들 샤를의 작품이다. 아들 덕분에 그는 당시 작가로는 드물게 누구보다 많은 활동 장면이 담긴 사진을 남길 수 있었다. 위고가 대작가가 되고 정치인의 길을 갈 수 있었던 것은 하고 싶은 일을 지원해 준 어머니의 격려와 함께 샤토브리앙을 역할 모델로 삼은 데 있었다고 해도 과언이 아니다. 샤토브리앙 역시 작가이자 정치가로 이름을 날렸기 때문이다.

"단점을 보완하기보다 장점을 강화하라."

_피터 드러커

프랑수아 르네 드 샤토브리앙(1768~1848)은 프랑스의 생말로에서 브르타뉴 지방의 오래된 귀족 가문의 아들로 태어났는데, 집은 이미 파산한 상태였다. 우리나라로 말하자면 잔반인 아버지는 수단과 방법을 가리지 않고 부의 축적에 나서 마침내 파산한 가문을 일으켜 세웠다. 군인이었던 샤토브리앙의 아버지는 식민지와의 상업 거래와 노예 매매까지 서슴지 않았다. 마침내 아버지는 부도덕한 재산을 축적해 브르타뉴 지방의 콩부르 성을 사고 백작 지위를 얻어 몰락한 귀족에서 벗어날 수 있었다.

샤토브리앙가의 경우 아버지의 부의 축적이 그 자신뿐만 아니라 자녀들에게도 '더티 리틀 시크릿'이 되었다. 나아가 이는 그 자신과 가족의 불행을 예고한 것이기도 했다. 대혁명 와중에 아버지는 혁명 세력에 의해 묘가 파헤쳐지고 형은 단두대에서 죽는 등 가족의 비극이 잇따랐다. 마치 조선시대 반란 세력이 부관참시를 당하고 농민 반란이나 동학혁명 때 패악을 일삼던 토호나 지주들이 생명을 앗긴 것처럼 말이다. 아버지는 부를 축적하고 가문을 일으키는 데는 성공했지만 사회적으로 성공한 것은 아니었다. 말하자면 부자는 되었지만 사회적으로는 실패한 아버지였다.

더욱이 샤토브리앙의 어린 시절은 아버지의 학대 등으로 우울하기 그지없었다. 그는 학대를 받으면서 아무렇게나 자랐고 두서없는 공부를 했다. 커다란 숲과 음산한 늪으로 둘러싸여 있는 아버지의 저택에서 살았다. "무뚝뚝한 아버지가 자아내는 공포 속에서, 그 공허한 생활에서 오는 권태 속에서, 그 균형을 잃은 누나의 애정 속에서, 동경과 몽상으로 가득 찬, 곧 세상 사람들을 매혹하게 될, 이 우울한 샤토브리앙은 형성되었다." 샤토브리앙을 소개하는 책에는 이런 구절이 있다. 그런데 아버지는 아들이 스무 살 때 결정적으로 '아버지 역할'을 했다. 여행을 떠나려는 아들에게 막연한 여행의 충동 대신, 육군 소위 사령장을 얻어 주었다. 이것이 그의 생애에 전환점이 되었고 육군 장교의 자격으로 스물세 살에 미국에 파견되어 여행하면서 작가의 길로 들어서게 된다. 그의 대표작인 『나체즈 족』은 이때 접한 인디언들의 삶의 무대를 배경으로 탄생한 것이다.

결정적인 순간에 아버지 역할을 한 샤토브리앙의 아버지는 결코 좋은 아버지는 아니었다.

샤토브리앙은 아버지의 '나쁜 성공'과 이로 인한 비극적인 가족사에도 불구하고 이를 디디고 일어섰다. 그 역시 아버지를 이어 군인이 되었지만, 그 뒤에는 아버지와 다른 길을 걸었고 사회적으로도 큰 명성을 얻었다. 그는 왕정파의 일원으로 두 번의 장관직과 영국 대사를 비롯해 세 번의 대사직을 수행했다. 여든 살로 사망하기까지 루이 16세 치하, 프랑스 대혁명, 나폴레옹 치하, 왕정복고 등의 극심한 정치적·사회적 변화 속에서 정치가로, 작가로 파란만장한 인생을 살았다. 특히 샤토브리앙은 프랑스 낭만주의 문학과 문인들에게 깊은 영향을 준 작가로 성장했고, 프랑스 최고의 문인으로 불리는 빅토르 위고가 문인의 길을 걷는 데 지고한 영향을 끼쳤다.

샤토브리앙과 위고의 삶에서 보듯이 누구나 인간적인 약점을 지니고 있다. 그것은 개인에게서 연유할 수도, 개인을 둘러싼 환경에서 연유할 수도 있다. 누구나 '더티 리틀 시크릿'을 한두 가지 지니고 있는 것이다. 샤토브리앙에게는 '나쁜 성공'으로 부를 축적한 아버지와 그 아버지로 인한 음울한 성장 과정이, 빅토르 위고에게는 그 자신의 여성 편력이 치명적 족쇄가 될 수 있었다. 하지만 이들은 문학과 정치에서 괄목할 만한 성취를 이룸으로써 자신의 단점과 약점에도 불구하고 '전설'이 될 수 있었다.

이들은 또한 성공하고 싶다면 "단점을 보완하기보다 장점을 강화하라"는 피터 드러커의 '프로페셔널의 조건'과 닮아 있다. 더욱이 샤토브리앙은 음울한 가정환경에서 오는 부정적인 인간성을 극복하고 마침내 프랑스 낭만주의 문학의 선구자로 우뚝 섰다. 나약하고 섬세한 한 인간의 위대한 '진화'가 아닐 수 없다.

또한 위고에게서 볼 수 있듯이 인생의 등불 역할을 하는 역할 모델의 중요성을 새삼 확인할 수 있다. 역할 모델은 인생을 처음 시작하는 10대에서부터 인생의 위기를 맞기도 하는 성인 시기에 한 인간의 삶을 거친 세파로부터 보호하는 등대이자 방파제 역할을 하는 것이다. 물론 샤토브리앙처럼 스스로 모든 위기의 강을 건너 전설이 된다면 더 바랄 게 없을 터이다.

인생을 살아가다 보면, 자녀를 키우다 보면, 직장 생활을 하거나 기업을 경영하다 보면 누구나 위기의 강을 만나게 된다. 인생 초반기에 지혜로운 아버지나 어머니가 있다면 그 강을 무사히 건너고 더 넓은 세상으로 나아갈 수 있다. 샤토브리앙의 경우는 '나쁜 성공'을 한 아버지가 그 역할을 맡았고, 위고의 경우는 왕당파였던 정치성 강한 어머니가 맡았다. 그 후의 삶은 대별된다. 샤토브리앙은 스스로 '등대'를 만들면서 도전적인 삶을 살았고, 결국 다른 이들의 삶을 인도하는 등대가 되었다. 반면 위고는 샤토브리앙이라는 등대를 지표로 삼아 이상주의적인 문학과 정치의 세계로 나아갔다.

스스로 등대가 되고자 하는가, 등대를 찾아 그 등대의 세계로 여행하고자 하는가, 그리고 자녀에게 지혜로운 아버지나 어머니 역할을 하고 있는가. 나를 살펴보고 가정을 둘러보고 직장이나 회사를 살피면서 자문해 보자. 자기 경영과 가족 경영, 조직 경영은 개별적인 게 아니라 삼위일체여야 한다. 그리고 가장 성공적인 삶은 누군가의 등대, 역할 모델이 되는 것 아닐까.

35
멈추지 않고 성장하려면 기본에서 시작하라

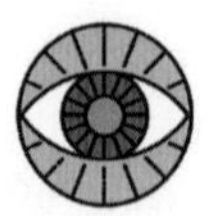

"비스듬한 자세로 듣지 말고, 흘겨보지 말아야 하며,

거만한 모습을 보이지 마라."

_김굉필

예전 사람들이 "먼저 인간이 되어라"라고 입버릇처럼 말한 것은 바로 인간이 지켜야 할 기본을 강조한 것이다. 예전 사람들은 아침에 일어나면 먼저 이불을 단정히 개어 정리해 놓고 방을 쓸었다. 요즘에는 대부분 침대 생활을 해서 이불을 갤 필요가 없지만 대신 침대의 이불 등을 단정히 정리정돈하면 된다. 그리고 마당에 나와 비질을 했다. 자기 방을 먼저 청소한 뒤 마당을 쓸고 청소했다. 이것이 바로 '공부의 기본'이기 때문이다. 자기 방이나 자기 집을 쓸고 청소하지 않는 사람이 사회에서 역할을 제대로 할 수 없다고 생각하기 때문이다. 또 자기 집을 찾아온 손님을 제대로 환대하지 않으면 사회에서 다른 사람을 환대하고 배려할 줄 모른다고 여겼다. 학문을 하기 이전에 먼저 인간이 되어야 한다고 강조한 이유가 여기에 있다. 예전에는 학문을 하기에 앞서 기본, 즉 좋은 습관을 만들고 부모에게 예를 다하고 다른 사람들을 존중하며 배려하는 덕목을 함양하는 공부가 있었다. 그것이 바로 『소학』이라는 책이었다. 자기 방 청소도 제대로 안 하고 책상 정리도 제대로 안 하는 사람은 공부도 잘할 수 없다는 것이다. "하나를 보면 열 가지를 알 수 있다"는 말이 있다. 이는 기본이 되고 좋은 생활습관이 되는 것부터 잘 익히고 몸에 배어야 다른 일도 잘할 수 있다는 것이다. 그런 사람은 친구들과의 교우 관계도 원만할 것이다. 『소학』은 바로 생활에서 지켜야 할 기본적인 덕목들을 가르친다. 『소학』의 핵심적인 가르침은 쇄소응대(灑掃應對)라고 할 수 있다. 집 안팎을 깨끗이 청소하고 부모님이나 다른 사람들의 부름이나 물음에 상냥하게 응대하는 것을 말한다.

이 『소학』을 무려 10년 동안 공부하고 비로소 다른 학문을 공부한 사람이 있다. 우리나라 '도학의 비조'로 꼽히는 한훤당 김굉필은 『소학』을 거의 10년 동안 공부하고 그의 제자들에게도 공부하게 했다. 김굉필에게 배운 제자가 조선시대를 들었다 놨다 한 정암 조광조다. 이런 큰 제자를 가르친 김굉필은 우리나라에 공자의 학문, 즉 유학을 처음으로 체계적으로 가르친 학자로 꼽힌다. 이 유학을 김굉필은 '도학(道學)'이라고 불렀다. 흔히 말해 '도를 가르치는 학문'이라는 뜻인데, 쉽게 말하자면 일상생활에서 실천해야 할 올바른 덕목을 가르치는 학문이라는 의미다. 이어 조광조를 거쳐 우리가 잘 아는 퇴계 이황, 율곡 이이, 우암 송시열 등으로 이어졌다.

김굉필은 『소학』을 근본 내지 초석에, 『대학』을 누각에 비유한다. 말하자면 집을 지을 때 주춧돌을 세워야 집을 짓듯이 가장 기본이 되는 공부가 『소학』이라고 한다. 『소학』을 먼저 공부해야 다른 공부로 나아갈 수 있다는 것이다.

김굉필(1454~1504)은 15세기 후반에 살았는데 스스로 '소학동자'라고 일컬었다. 그가 『소학』을 처음 접한 것은 스물한 살 때 스승인 김종직에게 글을 배우면서다. 당시 김굉필이 중국의 먼 옛날 역사를 기록한 『서경』을 공부하겠다고 하자, 스승이 『소학』을 건네주며 이 책부터 읽으라고 조언했다. 김굉필은 서른 살까지 『소학』을 어버이처럼 섬기며 탐독했다. 퇴계 이황은 『소학』에 대해 이런 말을 했다. "『소학』이 우리나라에 유포된 지 오래인데도 대의를 아는 사람이 없었는데, 김굉필이 학도들을 모아 놓고 해석해 밝힘으로써 그 책이 세상에 크게 유행하게 되었다."

예전에는 먼저 인성을 함양하고 좋은 생활습관을 키우는 『소학』과 『효경』을 읽으면서 부모와 친구, 인간관계의 기본을 배웠다. 이어 사서오경을 읽으면서 고전이 되는 경전 공부를 통해 세상의 이치를 배우고, 다음으로 역사서를 읽고, 그다음에 철학서를 본 것이다.

그러나 학생들은 기초 공부를 제대로 하지 않은 채 더 높은 단계의 공부를 하려고 했다. 『소학』 하면 으레 아동들이 공부하는 책으로 여겼다. 『논어』나 『대학』 정도는 들고 다녀야 공부하는 모양새가 난다고 생각했던 것이다. 너나없이 『소학』은 뒷전이고 『대학』을 들고 다녔다. 김굉필도 스승을 만나기 전까지는 그렇게 생각했던 모양이다. 그래서 스승에게 『서경』을 읽겠다고 한 것일 게다.

"귀를 기울여 비스듬한 자세로 듣지 말아야 하며, 고함 쳐서 대답하지 말아야 하며, 곁눈질해서 흘겨보지 말아야 하며, 게으르고 나태한

몸가짐을 가지지 말아야 한다. 걸어 다닐 때는 거만한 모습을 보이지 말아야 하며, 설 때는 몸을 한쪽 발에만 의지해 비스듬히 서지 말아야 하며, 앉을 때는 두 다리를 쭉 뻗지 말아야 하며, 잘 때는 엎드려 자지 말아야 한다." 여기서 보듯이 『소학』은 거창한 학문이나 이론이 아니다. 바로 일상생활에서 실천해야 하는 윤리와 행동들에 대해 공부하는 것이다.

한훤당은 "글공부를 해도 천기를 알지 못하였더니 『소학』에서 어제까지의 잘못을 깨달았구나. 이로부터 정성껏 자식 도리 다 하련다"라고 시를 쓰기도 했다. 김굉필은 "『소학』 공부는 모든 학문의 입문이요, 기초이며, 출발로 인간 교육에 있어서 절대적인 원리가 된다"며 『소학』 공부에 매진했다. 『소학』 공부의 바탕 위에 『대학』 등 학문 공부로 나아가 우리나라를 대표하는 18명의 대학자(동국 18현)에 뽑힌 것이다.

김굉필은 일상생활에서 실천할 수 있는 공부를 멀리하고 지식을 파고드는 책만 읽는다면 아무 쓸모 없는 공부라며 이렇게 강조한다. "도란 것이 어찌 별다른 것이냐. 아들이 되어서는 마땅히 효도하고 신하가 되어서는 마땅히 충성할 것이며, 나머지도 모두 이에 따라 행한다면, 모든 사물이 일상생활에서 당연한 이치가 아님이 없을 뿐이다."

"평생 성장을 멈추지 않는 사람들의 공통점은 바로 기본의 힘."

_도쓰카 다카마사

살아가면서 가장 힘든 일은 어쩌면 당연한 이치대로 하는 일 아닐까.

당연한 이치는 달리 말하면 상식대로 하는 것이다. 우리가 살아가면서 가장 힘든 상대는 바로 상식대로 하지 않고 자기 마음대로 독단적으로 하는 사람일 것이다. 그래서 "본래 진리나 도는 높고 먼 데 있는 것이 아니고 일상생활 속에 있는 것"이라고 한다.

『소학』 공부는 결국 어린 학생들에게는 생활 속에서 실천할 수 있는 '수신제가'의 덕목들을 배우게 하고 뒷날 『대학』에서 배울 '치국평천하'의 기초를 쌓는 데 있는 것이다. 요즘 청소년이나 대학생들은 이론만 배울 뿐 생활 속에서 실천하는 공부를 하지 않는다. 오늘날 우리 사회 교육의 문제는 모두 입시에 필요한 공부만 하는 데 있다. 이를 공자는 '위인지학(爲人之學)'의 공부라고 했다. 위인지학은 예전에는 과거시험 공부만 하고 지금은 수능 공부만 하는 것에 비유할 수 있다. 공무원이 되기 위해 시험 과목만 달달 외우는 공부, 즉 개인의 영달을 위해 필요한 공부를 일컫는다. 반면 마음을 살찌우는 공부, 자기 자신을 성찰하는 데 필요한 공부를 공자는 위기지학(爲己之學)의 공부라고 했다. 오늘날 청소년이나 대학생들은 위기지학의 공부를 하지 않는다. 토플과 토익 공부를 위해 단어나 문장, 문법을 달달 외우고 문제를 푸는 '공부기계'가 되고 있다. 그래서 삭막한 가슴을 지닌 삭막한 인재들로 넘쳐난다.

도쓰카 다카마사가 쓴 『세계 최고의 인재들은 왜 기본에 집중할까』라는 책을 보면 평생 성장을 멈추지 않는 사람들의 48가지 공통점으로 '기본의 힘'을 꼽고 있다. 이 책에서는 세계 최고의 인재들은 정작 명문대나 성적보다 '기본'에 집중한다고 결론짓는다. 많은 사람은 지금 이 순간에도 최고의 직장을 위해 끊임없이 외국어 공부를 하고 자격증 시험을 치르며 화려한 스펙을 쌓고 있다. 하지만 저자는 세계에서 1, 2위로 손꼽히는 최고의 조직, 최고의 팀에서 가장 중요시하는 것은 결코 화려한 스펙이나 경험이 아니라 누구나 알고 있으면서도 쉽게 지나치고 있는 '기본'임을 다시 한 번 강조한다. 유창한 영어 실력보다 승강기에서 남을 먼저 내리게 하는 배려가 더 중요하다는 것이다. 또 회사에서도 퇴근하기 전에 약 5분 동안 자신의 책상을 정리하는지 등이 외국어 능력보다 더 업무에 영향을 준다고 강조한다. 그리고 어떠한 상황에서도 반드시 '기본'을 지키고자 하는 그들의 노력이 바로 최고의 성과를 내고 멈추지 않는 성장을 가능하게 만든 원동력이라고 말한다.

"『소학』의 가르침은 물 뿌려 소제하고, 남의 말에 응대함이 예절에 맞으며, 집에 들어와서는 부모에게 효도하고, 집을 나가서는 어른을 공경하며, 행동이 조금이라도 도리에 어긋남이 없게 하는 데 있다. 이런 일들을 실천하고도 남은 힘이 있을 때는 시를 외우고 글을 읽고 노래하고 춤추며 정서를 도야해 생각이 바른 도리에서 벗어남이 없게 한다."

이 글은 송나라 주희(1139~1200)가 『소학』을 편찬하고 권두언으로 쓴 '소학제사(小學題辭)'에 나오는 말이다. 공자의 시대나 주희의 시대나 김굉필이 살던 시대나 지금의 시대나 늘 인간관계나 조직과 사회, 나아가 국가의 문제는 바로 기본을 소홀히 하고 업신여긴 데서 비롯하는 것이다. 기업과 경제에서도 늘 기초를 소홀히 하면 수출을 아무리 많이 해도 늘 남의 주머니만 채워 주게 되는 셈이다. 대일본 부품 수입이 바로 그렇다. 지난해 대일본 소재·부품 무역수지는 205억 달러 적자로 무역 역조가 지속되었다고 한다. 스마트폰의 경우도 핵심 소재는 아직도 수입에 의존하고 있는 실정이다. 그것이 모두 응용 학문만 발달하고 기초 학문을 소홀히 한 탓이다. 기업이나 국가가 당장 밥벌이에 급급해 기초 연구를 소홀히 하면 결국 남의 주머니만 채워 주는 꼴이 되고 만다. 거시적으로 보지 않더라도 인간관계나 개인적인 공부에서도 기초를 소홀히 하면 결국 '이기는 게임'을 할 수 없다. 단기적인 승자가 아니라 장기적으로 승자가 되기 위해서는 지금 당장 손해 보더라도 인간관계에서 이익을 탐하면 안 된다. 또 얼굴을 붉히며 남을 업신여겨서도 안 된다.

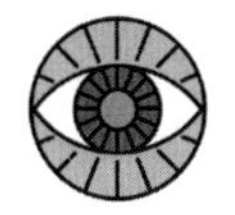

36
청춘은 열정, 장년은 끈기가 필요하다

"그 길에는 지식과 문화와 토양이 된 육체와 정신,

근육과 머리를 위한 양식이 있었다."

_베르나르 올리비에

세계적인 화제를 불러 모았던 베스트셀러 『나는 걷는다』의 저자 베르나르 올리비에는 예순두 살의 나이로 1999년 5월 6일 이스탄불을 출발해 2003년까지 무려 4년 동안 중국의 시안까지 무려 1만 2000킬로미터에 이르는 실크로드 전 구간을 여행했다. 한 번의 도보여행으로 전 구간을 여행한 것이 아니라 세 번에 나누어서 했다. 어떤 때는 장염에 걸려 죽을 뻔한 고비도 넘기면서 말이다.

올리비에는 프랑스의 『르 피가로』지 등에서 30년 동안 기자로 일하다 예순 살에 정년퇴직했지만 아내와 사별하고, 자식들이 독립해 떠나가면서 극도의 우울증에 빠져 자살을 기도했다. 다행히 자살에 실패한 뒤 파리를 떠나고 싶어 산티아고 데 콤포스텔라까지 1,300킬로미터를 걸었다. 이어서 이 거리의 10배에 해당하는 실크로드를 걸어 종단하기로 목표를 세웠다. 매년 봄부터 가을까지 기간을 정해 단 1킬로미터도 빼먹지 않고 걸어서 실크로드를 여행했다. 은퇴한 그는 도보여행을 통해 자신의 삶을 재활한 것이다.

그는 10대 시절 건강이 좋지 않아 달리기와 걷기를 시작해 결국 건강을 되찾았다. 기자 생활을 할 때도 틈나면 걷기와 달리기를 멈추지 않았다. 마라톤 대회에는 뉴욕 마라톤대회를 포함해 20번 넘게 참가했다. 그리고 100킬로미터 행군에도 수차례 참가했다. "그 길에는 지식과 문화와 토양이 된 육체와 정신, 근육과 머리를 위한 양식이 있었습니다."

도보여행자는 여정과 기간을 결정하고 자신의 의지를 실험한다. 올리비에가 쓴 『나는 걷는다』를 읽은 독자는 걷기 위해서는 용기와 의지, 인내심이 필요하다는 것을 배운다. 여행지는 곳곳에서 여행자의 안전을 위협한다. 올리비에는 카라쿰 사막에서 습격을 당하기도 하고 탈수증세로 여행을 일시 포기하기도 했다. 그리고 시간이 흐름에 따라 우리 몸이 얼마나 잘 적응하며 강건해지는지도 알 수 있다. 그는 한 대담에서 "걷는 즐거움 못지않은 새로운 만남에 대한 열망이 제게 길을 떠나라고 부추긴다"고 말한다.

"새로운 풍경을 갈구하는 나의 취향은 정말 마르지 않는 샘물과도 같다. 환상적인 장면을 보고 막 돌아섰는데도, 나는 다음에 올 경치에 다시 관심을 갖는다. 내게 행복은 항상 저 평원 너머에, 저 돌 장벽 뒤에 숨어 있는 것이고, 땅의 굴곡 속에, 강줄기가 바뀌는 곳에, 그리고 좁은 통로를 빠져나온 바로 그곳 어딘가에 있다. 그 행복을 잡으려는 욕망에 이끌려 나는 시간을 잊는다." 올리비에는 『나는 걷는다』에서 이렇게 도보여행에 나서는 자신을 설명한다.

올리비에는 실크로드 도보여행을 하면서 원칙을 하나 세웠는데, 그것은 처음부터 끝까지 오로지 걷기만 한다는 것이었다. 불가피하게 차를 타고 이동하면 다시 차를 탄 그 자리로 되돌아와서 걸었다. 지나가는 차량이 때로는 멈춰 서서 혼자 걷고 있는 그를 유심히 관찰하고 심지어 공짜로 태워 주겠다고 말할 때마다 그는 정중히 거절했다.

"오늘따라 마치 서로 입을 맞추기라도 한 것처럼 차와 트럭들이 나를 태워 주려고 했다. 버스 운전사 한 명은 차를 세우고 '파라 욕(공짜)'이라고 소리치기도 했다. 아버지와 두 아들이 탄 작은 트럭 한 대가 지나가더니 다시 후진했다. 아버지는 아이들에게 뭔가 진지한 연설을 했는데, 아마도 땀 흘려 노력하는 것에 대한 예찬과 옹호인 듯했다. 그가 몇 차례나 나를 손으로 가리켰으며 아이들은 내가 마치 성인이라도 되는 것처럼 뚫어지게 쳐다보았다. 아무리 설득해도 내가 차에 타려 하지 않자 그들은 포기했고, 커다란 손짓으로 인사하며 다시 떠났다."

올리비에의 글을 읽으면 같은 도보여행객으로서 동질감을 느끼곤 한다. 도보여행을 하다 보면 그만두고 집에 가고 싶은 강렬한 충동에 휩싸일 때가 있다. 무더운 여름날이나 추운 겨울날 도보여행을 할 때면 서울행 고속버스를 볼 때마다 집으로 가고 싶어진다. 또 비 오는 날이면 걷기를 포기하고 싶을 때가 있다. 올리비에는 4년 동안 실크로드를 걸으면서 때로 습격을 당하기도 하고 강도를 만나 곤욕을 치르기도 했다. 다음은 이란 여행을 앞두고 쓴 글이다.

"7월 9일 금요일. 내가 묵고 있는 고급 호텔 문 앞에 버스가 한 대 와서 국경 도시인 도우바야지트로 떠나는 승객들을 태웠다. 나는 한순간 그 버스에 오르고 싶은 욕구를 느꼈다. 어제 강도를 당할 뻔한 일 때문에 나는 표현할 수 있는 것 이상으로 심하게 흔들렸다. (……) 어째서 안전한 도보여행지를 가지 않고 생명의 위협을 받는 이런 나라를 택했을까? 어쨌든 내가 여기에 있어야 할 의무는 없었다. 내일 집으로 돌아간다 해도 아나톨리아에서 죽지 않았다는 이유로 내게 돌을 던지거나 비난할 사람은 아무도 없을 것이다."

그는 순간 모든 것을 포기하고 싶은 유혹을 느꼈다고 적고 있다. 그러다 "갑자기 내가 아침에 학교 가기 전에 꾸물거릴 핑계를 찾는 열등생 같다는 생각이 들었다"면서 다시 길을 나서자 차츰 힘이 생겼고 다시 걸을 수 있었다고 한다. 그는 "이전에도 몇 차례나 있었던 일이지만, 험난한 길을 갈 때면 나를 탐색하고 나 자신과 겨루기 위해서 나를 잃어 간다는 생각을 종종 하곤 했다"고 말한다. 그가 도보여행을 떠나기 전에 친구가 말했듯이 여행은 "자신과 벌이는 일대일 싸움"이다.

"두 시간 동안 걸어가 아리 마을의 지붕 아래에서 떠오르는 태양을 보기 위해 나는 발걸음을 돌렸다…… 조금 낙관적으로 본다면, 내 여행이 그다지 암울한 것은 아니었다. 나는 세 번이나 강도를 만났지만 세 번 모두 무사히 빠져나올 수 있었다."

"신은 내게 민감한 코와 노새 같은 끈기를 주셨다."

_알베르트 아인슈타인

도보여행은 자신과의 싸움이다. 포기해도 누구도 비난하지 않지만 도중에 포기하는 것은 자신과의 싸움에서 지는 것이다. 자신과의 약속을 포기하는 것이다. 이는 다른 사람과의 싸움에서 지는 것보다 더한 굴욕이다. 도보여행은 자신과의 약속을 이행하는 것이고, 그렇게 함으로써 자신과의 싸움에서 이기는 것이다. 그것은 자신에게 무한한 자긍심과 함께 감동을 주고 기적을 일으키는 원천이 될 수 있는 엄청난 힘이다.

더욱이 그는 '쇠이유'를 통해 비행 청소년들을 재활하게 하는 봉사 활동으로 노년의 아름다움을 더해 주고 있다.

올리비에는 '쇠이유'라는 비행 청소년의 사회 복귀를 돕는 협회를 창설했다. 걷기를 통해 그들을 바른 길로 인도하기 위해서였다. 15세에서 18세 사이의 소년 소녀들이 사회에 복귀할 수 있도록 도와주는 것이 협회의 목적이다.

올리비에는 콤포스텔로 가던 중 오이고텐이라 불리는 벨기에 협회에 대한 이야기를 듣고 쇠이유에 대한 영감을 얻었다. 아무도 돌봐 주지 않는 희망 없는 젊은이들은 범죄에 빠져들기 쉽다. 쇠이유는 교도소나 수용 시설에서 생활한 청소년들이 낯선 나라를 도보여행하면서 재활 의지를 다지는 것으로, 도보를 통해 자신을 치유하는 걷기 프로그램을 진행하고 있다. 두 명의 청소년이 짝을 이뤄 한 명의 인솔자와 함께 떠나 2,000~2,500킬로미터를 4개월 동안 걷는 것이다. 반드시 지켜야 할 의무 사항은 단 한 가지인데, MP3와 같이 녹음된 형태의 음악을 가져가서는 안 된다는 것이다. 텐트를 치고, 장을 보고, 요리를 한다. 그리고 걷는다. 장거리 여행을 하는 동안 그들은 자신의 삶을 되돌아보고 목적 없이 범죄로 빠져든 것에 대해서 깊이 생각하게 된다. 그게 도보여행을 통한 치유의 힘이다.

올리비에의 실크로드 종단은 경영학적인 측면에서 몇 가지 교훈을 얻을 수 있다. 먼저 올리비에가 도보여행에서 보여 주는 것은 다름 아닌 자신과의 싸움과 끈기가 만들어 내는 기적이다.

"난 별다른 재능을 갖고 있진 않았다. 단지 호기심이 많았을 뿐이다. 어려운 문제에 부딪힌 적도 있었지만 신은 내게 민감한 코와 노새 같은 끈기를 주셨다." 이는 알베르트 아인슈타인의 말이다. 그가 '상대성 원리'를 규명할 수 있었던 것은 그의 말처럼 재능이 아니라 끈기 때문이라는 말이다. 그런데 이 '끈기'는 청춘의 덕목이 아니라 장년 혹은 노년의 덕목에 더 가깝다고 하겠다. 신록과 같은 청춘의 시기에는 끈기보다 혈기방장함일 것이다. 혈기방장함은 때로는 폭풍처럼 질주하지만 이내 목표에서 일탈하기 일쑤다.

더욱이 올리비에의 실크로드 종단은 100세 장수 시대에 노년의 아름다운 도전 정신의 진수를 보여 준다. 나이 듦은 때로 나이 그 자체의 관성의 법칙이 작용해 도전을 주저하게 만든다. 기회비용을 따지고 또 따지다 결국 도전을 포기하곤 한다. 그래서 한 살이라도 더 나이 들기 전에 도전하라는 말이 있다. 창업을 하든 도보여행을 하든 또 새로운 인생을 설계하든 나이를 잊고 도전하는 것이야말로 아름다운 선택임을 올리비에는 웅변해 주고 있다. 올리비에가 걷기에 도전하지 않았다면 자살 혹은 우울증으로 생을 마감했거나 지옥 같은 날들을 보내고 있을지도 모른다. 그는 도전함으로써 아름다운 노년을 보내고 있는 것이다.

올리비에는 '불가능한 목표'에 도전했다. 그 누구도 가지 않은 전인미답의 실크로드 종단을 4년 동안 1만 2000킬로미터에 도전한 것이다. 그는 먼저 순례자 길에 도전해 자신감을 키우고 체력을 강화한 뒤 철저하게 준비한 끝에 실크로드 종단에 나섰다. 이 또한 노년의 아름다움은 서녘 하늘로 잠겨 드는 일몰이 아니라는 것을 웅변해 준다. 노년의 아름다움은 청년보다 더 혹독한 도전을 이겨 낼 수 있다는 것을 보여 준 것이다. 이 또한 노년이기에 인생의 경륜으로 도보여행 중에 겪는 모든 어려움을 이겨 낼 수 있게 했을 것이다.

베르나르 올리비에가 해낸 실크로드 도보여행은 자기 경영의 측면에서도 교훈을 준다. 즉 정년퇴임 후 노년기 혹은 인생 2막을 보내야 하는 현대인들에게 아름답게 노년에 도전하는 법을 제시하고 있는 '텍스트'라고 해도 과언이 아니다. 올리비에는 실크로드를 걸으면서 죽을 고비를 여러 차례 겪었는데 그게 그를 다시 살아나게 한 아름다운 고난이었던 것이다. 노년일수록 아름다운 고난을 즐겨야 더 아름다운 노년을 보낼 수 있다는 것을 보여 주는 것 아닐까.

올리비에는 늦었다고 생각할 수 있는 시기에 새로운 도전에 나섰고, 그것은 세계적으로 아름다운 노년의 도전으로 회자되고 있다. 그것은 불가능한 목표였다. 그 누구도 보지 않았고 강요하지 않았지만 스스로 철저하게 지킨 '원칙의 승리'였다. 기업 경영에서든 자기 경영에서든 어쩌면 가장 힘든 게 스스로 세운 원칙에 대한 준엄하면서도 고독한 실천일 것이다. 『대학』과 『중용』에서 말하는 통치자 혹은 리더에게 요구되는 '신독(愼獨)'이다. 베르나르 올리비에가 실크로드를 걸으면서 보여 준 것이 바로 '신독의 힘'이었다.

『나는 걷는다』의 마지막 문장은 이렇다.

"나는 이 책으로 길고 아름다운 실크로드를 마무리한다. 그러나 이것은 끝이 아니다. 다만 새로운 시작일 뿐이다. 자, 가자."

37

원대한 계획을 세우고 한 걸음씩 나아가라

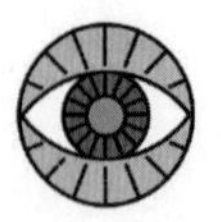

"인간의 지식이 곧 인간의 힘이다."

_프랜시스 베이컨

인간 능력의 한계인지, 신의 질투인지 모르겠지만 사람이 두 개의 상반된 능력을 가지기란 좀처럼 힘들다. 문과 무, 말과 글, 권력과 명예 등과 같이 서로 상반되는 덕목을 모두 지닌 사람들은 의외로 많지 않다. 문이 성하면 무가 약하고 말이 강한 사람은 글재주가 없다. 또한 학문이 뛰어난 사람은 권력에 약하고 반대로 높은 권력을 지닌 사람은 학문이 깊지 않다. 조선시대 재상을 지낸 인물이나 해방 후 총리를 지낸 인물 중에서 학문으로 존경받는 인물은 거의 없다. 물론 극히 예외적으로 권력의 화신이면서도 위대한 저작을 남긴 인물도 있다. 서양에서는 그 예외적인 인물로 우리에게 '아는 것이 힘이다'라는 말로 유명한 프랜시스 베이컨(1561~1626)을 꼽을 수 있다. 베이컨보다 한 세대 앞선 우리나라의 유성룡(1542~1607)도 재상을 두 차례나 역임하면서 『징비록』 등 저작을 남겼다는 점에서 예외적인 인물로 꼽을 수 있을 것이다. 소설가 황석영 씨가 소설도 잘 쓰지만 달변가라는 평을 지니고 있다고 한다. 베이컨은 학문이 뛰어나면서도 권력의 화신이었는데, 자기 확장의 화신이라고 해도 지나치지 않는 인물이다.

스물여덟 살 때 『영국 교회 논쟁론』을 집필(사후 1640년 출간)했고, 서른여섯 살(1597)에 『베이컨 에세이』를 출간해 세상에 이름을 알렸고, 마흔네 살 때 그 유명한 『학문의 진보』를 출간했고, 쉰아홉 살 때 『신기관』을 출간했다. 『학문의 진보』와 『신기관』은 그가 학문과 사상을 집약하는 '대혁신'의 일환으로 출간한 책들이다. 관운도 타의 추종을 불허했다. 쉰세 살에 법무장관에 올랐고, 쉰여섯 살에는 부친에 이어 그 자신도 왕의 최측근에서 보좌하는 옥새상서에 올랐다. 이어 쉰일곱 살 때 대법관에 임명되었고 남작 작위를 받았다. 그리고 예순 살에 자작 작위도 받았다.

베이컨을 일약 세계적 철학자의 반열에 올린 작품이 바로 『신기관』이다. 이 책에 경험론의 경구가 된 "인간의 지식이 곧 인간의 힘이다"라는 금언이 나온다. 베이컨은 지식이 곧 자연을 정복하는 인간의 힘이 되었다고 강조한다. 인간의 정신을 사로잡고 있는 편견들, 즉 네 가지 우상을 하나하나 논박하고 자신이 제창한 귀납법의 개요를 보여 주고 있다. 그러나 베이컨은 참된 귀납법을 채택하기만 하면 저절로 자연의 진리가 발견되는 것은 아니라고 말한다. 인간의 정신 속에 뿌리 박혀 있는 편견, 즉 우상idola을 먼저 제거해야 한다는 것이다. 인간의 정신을 사로잡고 있는 편견, 즉 우상은 네 가지로 종족, 동굴, 시장, 극장의 우상이 그것이다.

베이컨의 귀납법은 그 자신이 끔찍이도 아리스토텔레스를 싫어한 결과 나온 작품이라고 할 수 있다. 그는 열여섯 살 이전에 "아리스토텔레스 철학이 인간의 실생활에는 전혀 도움이 되지 않는 불모의 저작들이라는 판단이 들었다"고 회고했다. 『신기관』이라는 제목은 아리스토텔레스의 논리학 저서인 『오르가눔Organum』, 즉 '기관'에 대한 대항적 의미를 담고 있다. 그는 아리스토텔레스가 주장한 '삼단논법'의 논리학이 추론과 사색의 형이상학에 머물러 있다고 신랄하게 비판한다. 여기서 그가 새로운 논리학으로 주창한 것이 바로 귀납적 방법론이다. 삼단논법이 논리적 비약으로 추론하는 것이라면, 귀납적 방법론은 논리적 비약 대신 중간 명제를 끌어 내 일반적인 법칙을 이끌어 내는 것이다. 실험에 의한 개개의 사례 비교 및 고찰에서 자연의 일반 법칙을 찾아내는 방법, 즉 과학적 귀납법이다. 베이컨은 관찰이나 실험에 바탕을 두지 않은 명제는 우상일 뿐이라고 주장한다. 실제의 관찰 자료를 수집하는 것이 무엇보다 중요하다고 강조한 것이다. 이로 인해 베이컨은 상상이 가진 마력에서 이성을 해방시켰다는 평가를 받고 있다. 베이컨은 기존의 낡은 학문의 권위를 타파하고 새로운 관점을 제시하며 학문의 혁신을 이룰 수 있었다. 이와 같이 불굴의 자기 확장이야말로 베이컨에게서 배울 수 있는 첫 번째 '자기 혁신의 기술'이라고 할 수 있다.

베이컨은 생애에서 누릴 직위는 모두 얻었고 누렸다. 뿐만 아니라 마흔여덟 살 때인 1609년부터 20년 동안은 베이컨이 공무에 가장 시달린 시기였다. 그러나 틈을 아끼며 '대혁신' 계획의 재검토와 완성을 서둘렀다. 1612년에 저술한 『지식과 지구의 구분』과 『천체 이론』은 갈릴레이의 천문학상 발견에 자극을 받은 결과물이었다. 『조수간만에 대해』도 이 무렵 쓴 것이다. 「자연 해명에 대한 12장」과 「금언과 권고」는 1608년부터 20년 사이에 쓴 것들로 모두 『신기관』의 초안이다. 그리고 1620년 『신기관』을 포함한 '대혁신'이 '자연사와 실험사에 대한 안식일의 전날'과 함께 완성된다. 베이컨은 '대혁신'을 구상하면서 모두 60개 부문으로 나누고, 이를 다시 여섯 가지 계획으로 분류했는데, 그의 열정에도 불구하고 끝내 미완으로 남았다. 어쩌면 베이컨은 그 자신이 감당할 수 있는 계획보다 더 원대한 계획을 구상했던 것으로 보인다. 그래서 이런 말을 남겼다. "이 마지막 부문을 완성해 결말짓는 것은, 내 힘이 미치지 못하는 일임과 동시에 내 희망을 초월한 일이다. 나는 다만 실마리를 제시했을 뿐이며, 인간 운명이 거기에 결실을 가져다줄 것이다."

베이컨은 그러나 결국 권력과 학문의 정점에서 잠시 최고의 삶을 누렸지만 그 기간은 3년 남짓 했다. 베이컨은 자작 작위를 받은 지 넉 달 뒤 뇌물을 받은 혐의로 귀족원에서 탄핵되어 투옥되었다. 한 달 뒤 출옥해 그때부터 고향 자택에서 지냈다. 정점에서 결국 그는 뇌물을 받았다는 부패 혐의로 런던 탑에 투옥되면서 모든 권력을 내려놓아야 했다.

"지위에 오르는 것은 힘든 일이다. 서 있기에는 발밑이 위태롭고, 후퇴하면 굴러 떨어지거나 적어도 소멸하니 비참한 일이다." 그는 자신의 『베이컨 에세이』에서 이렇게 적고 있다. 이어 그는 "사람이 지금까지와 달라졌을 때, 살아 있는 흥미를 잃어버린다"는 키케로의 글을 인용한다. 당시 모든 지위를 잃어버린 그의 심정이 전해져 오는 것 같다.

그런데 권력과 지위를 내려놓은 베이컨은 그때부터 죽기까지 5년 동안 다시 위대한 저작들을 쏟아 내기 시작했다. 예순한 살에는 『헨리 7

세의 역사』, 『바람의 역사』, 『생명과 죽음의 역사』를 출판했다. 예순두 살에는 『밀집과 희박의 역사』를 집필했다. 예순세 살에는 『금언집』, 『시편의 영시 번역』을 출판했고, 『스페인과의 전쟁에 관한 논고』와 『새로운 아틀란티스』, 『숲 속의 숲』을 집필했다. 그는 죽기 1년 전인 예순네 살에 『베이컨 에세이』 제3판을 출판했다. 그는 평생 40편에 달하는 저작을 남겼다. 베이컨에게 배울 수 있는 두 번째 자기 혁신 기술은 원대한 계획을 세우고 실행하면 어떤 역경이 닥쳐도 자신을 일으켜 세울 수 있다는 것이다.

"권력을 얻으려고 자유를 잃는다는 것은 묘한 욕망이다."

부모 운이 좋은 것이야말로 타고난 행운이라고 할 수 있다. 베이컨만큼 부모 운이 좋은 사람도 드물 것이다. 아버지 니컬러스 베이컨은 청교도적인 성품에 학문을 좋아할 뿐만 아니라 권력의 정점인 옥새상서 자리에 올랐다. 프랜시스도 옥새상서에 올랐으므로 2대에 걸쳐 최고의 권력에 오른 것이다. 아버지는 자신의 길을 그대로 걷게 했다. 케임브리지 트리니티 칼리지를 거쳐 법학원에서 공부하게 했다. 아버지는 베이컨이 정치가 또는 법관의 길을 걷기를 바랐다. 그런데 베이컨이 케임브리지에서 철학적 논쟁에 지나친 관심을 보이자 혹 길을 이탈하는 것 아닌가 하는 우려가 생긴 것이다. 아들은 아버지의 뜻과 자신의 야망을 좇아 결국 아버지를 이어 옥새상서에 올랐다. 여기에 더해 아리스토텔레스의 추상적인 삼단논법에서 학문적 연구 방법을 혁신한 과학적 귀납법으로 경험론의 시조가 되었다. 또한 어머니는 그리스어와 라틴 고전어, 프랑스어와 이탈리아어에 정통한 청교도적 칼뱅주의자로 『설교집』을 번역하고 『영국 교회 옹호』라는 책을 출간했는데, 베이컨은 어머니에게 강한 열정을 물려받았다고 한다. 그가 관직에 있으면서 그 바쁜 와중에도 저술에 힘썼던 원동력은 바로 부모가 물려준 환경적 요인과 영향이 크게 작용한 것이다.

그런데 베이컨을 키운 것은 아버지의 저택인 고란벨리의 작은 연회소 식당에 있던 그림에서 시작되었는지도 모른다. 연회소 벽에는 음악 문법 수사학 논리학 기하학 점성술에 뛰어난 학자들의 이름과 여러 편의 시가 적혀 있었다. 또 식당 난로 위에는 곡식의 파종을 알려 주는 여신 케리스의 그림이 장식되어 있었다. 그 그림 밑에는 '교육은 진보를 가져온다moniti meriora'라는 라틴어가 새겨져 있었다. 이 그림과 문구야말로 어린 베이컨의 마음에 훗날 발견과 발명에 의해 인류 생활 대개선을 이끌어 낼 창조와 개혁의 꿈을 뿌렸는지도 모른다. 베이컨을 저술의 세계로 이끈 것은 그가 열다섯 살 때 방문한 프랑스에서 접한 몽테뉴의 『에세이』였다. 그는 몽테뉴의 수상록인 『에세이』를 읽고 나서, 자신도 그런 책을 써야겠다고 자극을 받았다. 결국 그는 서른여섯 살에 『베이컨 에세이』를 출판하게 된다. 그 수상록에는 이런 글이 있다.

"위대한 지위에 있는 사람은 3중의 하인이다. 군주 또는 나라의 하인이고 명성의 하인이며 일의 하인이다. 그러므로 그의 몸에나 행동에나 시간에 자유를 갖지 못한다. 권력을 얻으려고 자유를 잃는다는 것은 묘한 욕망이다. 남에 대한 권력을 추구해 자기 자신에 대한 권력을 잃게 되는 것이다." 베이컨에게 배울 수 있는 세 번째 자기 혁신의 기술은 바로 역할 모델을 정하고 그 역할 모델을 모방하면 자신의 삶 또한 한 단계 업그레이드할 수 있다는 것이다.

베이컨은 또한 상상의 나라로 '과학자가 지도하는 국가'를 유토피아로 제시하기도 했다. 이것이 그가 말년에 쓰다 미완으로 남긴 유작 『새로운 아틀란티스』이다. 이 책은 그의 비서인 윌리엄 롤리의 편집으로 사후에 출판되었다.

베이컨은 학문이 개혁을 이루어 인류 낙원을 실현하는 것이 평생 꿈이요 목표였다. 그러나 학문 개혁은 개인적인 노력만으로 완성이 불가능하고 많은 사람이 장기간에 걸쳐 조직적이고 계획적으로 협력해야 하는 일이었다. 그런 조직적인 연구 시설의 필요성에 대해 베이컨은 기회가 있을 때마다 언급했다. 오랜 세월 베이컨이 꿈꿨던 조직적 연구 기관은 『새로운 아틀란티스』를 집필하기 시작하면서 윤곽을 드러내기 시작했다. 이 책 제목은 그가 플라톤의 『티마이오스』에 등장하는, 대서양 한가운데서 사라진 '아틀란티스' 낙원에서 빌린 것이다. 베이컨은 벤살람이라는 국가가 소유하고 있는 이 섬에 그가 꿈꿨던 조직적 연구 기관을 솔로몬 학원으로 생생하게 그려 내고 있다. 솔로몬 학원은 사물의 발생 원인과 숨겨진 운동에 관한 지식을 탐구해, 인간 제국 영역을 확대하는 데 목적이 있다. 거기에는 지하 실험실을 비롯해 천체 관측소, 동물 사육장, 인공 온천, 농장 등 모든 연구실험 시설이 갖추어져 있다. 그리고 이 학원 원장은 벤살람 국정 지도자이기도 하다. 즉 새로운 아틀란티스는 과학자가 지도하는 국가다. 이 나라 사람들은 경건하고 선량한 성격을 지니고 있어 불화나 시기하는 일이 없다. 법 없이도 질서가 완전히 유지되는 나라다. 그러나 베이컨은 『새로운 아틀란티스』

를 완성하지 못한 채 후세에 남겨졌다. 그는 『새로운 아틀란티스』에 자신이 목표로 한 계획을 세우기 위해 필요한 사회적·정치적 조직을 그렸던 것이다. 베이컨에게 배울 수 있는 네 번째 자기 혁신 기술은 생전뿐만 아니라 사후 계획도 포함시키라는 것이다. 그는 후세 사람들에게 자신의 상상력을 더욱 확장해 새로운 과학의 세계를 건설해 갈 수 있는 상상의 세계를 '과제'로 남겨 주었던 것이다.

그런데 권력과 학문으로 명성을 누렸던 그는 결혼 운이 없었다. 출세에 대한 강렬한 욕망으로 마흔다섯 살에 뒤늦게 스무 살도 안 되는 여성과 결혼했지만 자녀를 두지 못했고, 그가 죽자 아내는 3주일 만에 시종과 재혼했다. 그는 문과 무, 말과 글, 권력과 명예뿐만 아니라 부모 운까지 가졌지만 정작 행복한 삶의 동반자인 배우자와 자식 복은 없었던 것이다. 누구나 모든 복을 누릴 수는 없는가 보다.

38
아버지를 배우다

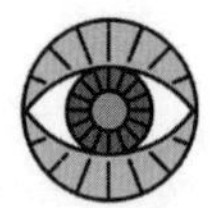

"아버지의 일을 직접 보지 않은 아들의 영혼에 구멍이 생긴다."

_알렉산더 미체를리히

까마득한 옛날부터 내려온 아들 키우는 방법은 아버지와 아들이 가깝게, 지겨우리만큼 가깝게 붙어 지내는 것이었다. 그러면서 아버지는 아들에게 장사가 아니면 농사를, 또는 목공과 대장간 일과 재단을 가르쳤다. 하지만 오늘날의 현실은 어떠한가. 가정에서 아버지의 존재는 무력하기만 하다. 산업화가 진행된 이후 아버지는 직장 일로 바빠 집에서는 엄마가 모든 일을 대신한다. 아이를 키우고 공부를 지도하고 학교를 보내는 일은 엄마의 일이다. 아이는 어릴 때부터 아버지의 품을 모르고 자란다. 그러다 어느새 아버지는 아이들로부터 멀어지고 급기야 아이들도 아버지를 배척할 지경에 이르렀다. 집에서 몇십 킬로미터씩 떨어진 곳으로 일하러 다니는 아버지들은 안 그래도 파김치가 되어 있기 때문에 아버지 노릇을 제대로 할 수가 없다. 더욱이 밤늦게 집에 돌아오면 아이들은 대개 잠들어 있다. 산업 혁명으로 가장 심하게 훼손당한 애정 관계는 부자지간의 유대라고 하는 이유도 여기에 있다.

로버트 블라이는 『무쇠한스 이야기』에서 D. H. 로런스의 에세이를 소개하며 아버지 없는 사회가 어떻게 연유했는지 말하고 있다.

산업 혁명은 사무직 노동자와 공장 노동자를 충원하기 위해 아들에게서 아버지를 앗아 갔고, 한술 더 떠 아들을 여선생이 대부분인 의무제 학교에 데려다놓았다. D. H. 로런스는 「여자도 남자처럼 일해야 한다」라는 에세이에서 그런 경험을 묘사했다. 영국의 탄광지대에서 자란 그의 세대는 그러한 변화를 온몸으로 겪었다. 당시의 새로운 분위기를 한마디로 요약하면 육체노동은 천하다는 것이었다. 로런스의 어머니 또한 육체노동을 경멸했는데, 이는 아들인 로런스에게 큰 영향을 미쳤다. 광부인 아버지와 이지적인 어머니 사이에서 넷째로 태어난 로런스는 가난과 부모의 불화 속에서 어린 시절을 보냈으며 어머니의 바람대로 교사가 되기도 했다.

로런스가 기억하는 아버지는 매일같이 막장으로 들어가서 일하고 동료들과 어울리다 기분 좋게 집으로 돌아와 부엌에서 목욕물에 몸을 담그는 그런 사람이었다. 그러나 런던에서 새로 부임해 온 선생님은 로런스와 그의 친구들에게 육체노동은 천하고 값어치가 없으며 남자든 여자든 더 높은 '정신적' 단계, 고귀한 일, 머리를 쓰는 일로 올라서기 위해 노력해야 한다고 가르쳤다. 아이들은 자기 아버지는 전부터 무언가 몹쓸 일을 해왔고, 남자의 육체노동은 좋지 않으며, 하얀 커튼과 신분 상승을 꿈꾸는 감수성 있는 어머니가 예나 지금이나 옳다고 단정 지었다.

소설 『아들과 연인』에 묘사된 것처럼 로런스는 '고귀한' 생활을 원해 육체노동을 기피하는 어머니 편을 들었다. 그러다가 결핵에 걸려 이탈리아에서 죽기 2년 전, 로런스는 비로소 이탈리아 노동자들의 생명력에 눈뜨면서 자기 아버지를 못내 그리워했다. 그제야 어머니의 신분상승주의가 자기를 망쳐 놓았고, 아버지와 자신의 육체가 쓸데없이 멀어지도록 자기를 부추겼다는 사실을 깨달았다. 사무실 책상에서 일하는 남자는, 아버지가 되어서도 아들과 공유할 수 있는 일이 없고 무슨 일을 하는지 아들에게 설명하지도 못한다.

그래서 현대 사회를 '아버지 없는 사회fatherless society'라고 말한다. 여기서 아버지는 권위와 질서, 법, 제도 등을 상징하는데, 아버지 없는 사회란 법과 제도 등이 권위를 잃어버린 상태를 의미한다. 독일의 심리학자 알렉산더 미체를리히는 『아버지 없는 사회Fatherless Society』라는 책에서 이 말을 처음 사용하며 부자 관계의 위기에 관해 이야기한다. 그가 말하려는 골자는 이렇다. 아들이, 자기 아버지가 낮에 그리고 일 년 열두 달 무슨 일을 하는지 직접 눈으로 보지 못하면 아들의 영혼에는 구멍이 생기고, 그 구멍은 아버지와 아버지의 일은 사악하다고 속삭이는 악마들로 채워진다는 것이다. 이는 아버지가 사악해서가 아니라 아버지가 멀리 있는 탓에 생긴 것이다.

자기 아버지가 사악하다는 아들의 믿음은 권위를 가진 모든 남성에게 전이되었다. 학생들은 학문의 권위를 상징하는 대학도 아버지처럼 겉으로는 점잔을 빼며 고상한 체하지만 뒷구멍 어딘가에서는 아버지나 대학이나 무언가 못된 짓을 하고 있으리라고 예단하기에 이르렀다. 총장실은 점거되고 유린되었다. 아버지로 상징되는 권위의 부정은 남성들에게 무의식적인 직관을 형성해 주면서 아버지 부재 사회를 부채질했다.

“아들은 마흔이 되면 아버지에게 자연스럽게 이끌린다.”

_로버트 블라이

서구에서 남성성의 상징은 ‘제우스의 기백’으로 표현된다. 그리스인은 권위를 받아들이는 적극적인 남성의 기백을 이해하고 찬양했는데 이를 ‘제우스의 기백’이라고 불렀다. 제우스의 기백은 지성, 건강한 신체, 포용력을 겸비한 과단성, 선의, 너그러운 지도력을 모두 담고 있었다. 제우스의 기백은 공동체의 안녕을 위해 수용된 남성의 권위였다.

제우스의 기백은 미국에서 세대를 거듭하면서 허물어졌다. 먼저 대중문화에서 제우스의 기백을 무너뜨리기 시작했다. 만화나 드라마 등에서 남자는 늘 유약하고 멍청하게 나타난다. 우리 사회에서도 요즘 TV 광고에 나오는 아버지는 약 하나 제대로 먹을 줄 모른다. 미국에서도 〈코스비 가족〉을 비롯해 코미디 연속극에 나오는 남자들은 시기심 많고 덜렁대며 잘 속아 넘어간다. 남자를 골탕 먹이고, 그들에게 교훈을 주고 마을 전체의 화합을 유지해 나가는 것은 여자들이다. 할리우드의 젊은 작가들은 성인 남성을 죄다 바보로 만들었다. 이는 달리 말하면 아버지에게 복수하는 길이다. 즉 어린 시절 아버지의 권위에 억눌려 지냈던 아들일수록 아버지의 권위를 철저히 부수려는 무의식적 갈망에 지배당하기 때문이다. 이는 결국 그 자신에게로 부메랑이 되어 돌아오는데, 오늘날 모든 남성의 권위 추락, 나아가 남성성의 실종으로 이어지고 있다.

로버트 블라이는 『무쇠한스 이야기』에서 자신 또한 제우스의 기백을 약화시키는 데 일조했다고 고백한다. 블라이는 문화계의 나이 든 문필가를 가차 없이 공격하면서, 내가 쏜 화살이 그들의 몸을 뚫고 지나가는 것을 흐뭇하게 바라보았다고 한다. "내 영혼에 담겨 있던 신경질적인 에너지가 쏘아 보낸 화살이었다. 나의 구멍은 미체를리히의 예언대로 악마들로 채워졌다. 낯모르는 어른들이 내 분노의 표적이 되었다."

그러나 로버트 블라이에 따르면 아들은 마흔이나 마흔다섯 살 정도 되면 아버지에게 자연스럽게 이끌린다. 어머니에 대한 이상화나 어머니에 대한 집착, 어머니에 대한 애증이 교차하는 아들은 서른, 서른다섯, 아니 마흔이 되어도 떨쳐 버리기 힘들다. 마흔이나 마흔다섯 살 정도 되면 아버지에게 자연스럽게 이끌린다. 아버지를 정확히 보고, 아버지에게 다가가려는 욕구가 생긴다. 그것은 마치 인간의 생물학적 시간표에 따르기라도 하듯이 불가해하게 찾아드는 현상이라는 것이다. 우리 주변에서도 대부분 아들이 아버지를 이해하기 시작하고 아버지를 마음으로 찾기 시작하는 시기가 마흔 이후인 것 같다. 필자 역시 마흔 이후가 되어서야 아버지를 제대로 찾기 시작했다.

로버트 블라이는 "아버지가 모두 선한 존재라고 말하려는 것은 아니다. 어머니가 아버지의 좋지 않은 면을 정확히 짚을 수도 있다. 그러나 여성은 단순히 자기와 다르거나 예상하지 못했던 남성의 특성에 대해 성급한 단정을 내리기도 한다"면서 그것은 아들에게 큰 영향을 끼치고, 급기야 아버지 부재 사회를 촉진했다고 분석한다. 즉 "아들이 어머니에게서 먼저 감수성을 배우면, 그는 아마 자신의 남성됨까지도 여성의 관점에서 바라보게 될 것이다"라고 지적한다.

로버트 블라이는 현대 사회가 지나치게 여성화되어 있다는 점이 모든 문제의 시발이라고 진단한다. 남자는 가족 내에서 남편으로서, 아버지로서의 권위를 상실하고 외톨이가 되어 가고 있으며, 더 이상 남자다움의 빛으로 아이들을 제대로 건사하지 못하고, 가족의 울타리조차 제대로 지켜내지 못하고 있다. 우리나라에서 보듯이 부드럽고 예의 바른 꽃미남들이 넘쳐나 남자만의 거칠거칠한 생명력이 소멸하면서 수동적이고 착한 남자들을 양산하고 있다. 이는 사회에서도 마찬가지다. 점점 조직은 여성화되어 가고 여성성의 미덕이 경영의 원리로 자리 잡아 가고 있다. 남성들의 목적 지향성은 거친 리더십으로 폄훼되고 여성들의 관계 지향성이 각광받고 있다.

여기서 로버트 블라이는 '아버지 부재' 사회의 폐해를 줄이기 위해서는 다시 남성성을 회복시켜야 한다고 강조한다. 그는 『무쇠 한스 이야기』에서 소년을 남자로 키우고 인도하는 무쇠 한스라 불리는 '야성인'의 존재와 역할을 통해 기사로 변장한 왕자가 남성성을 회복하는 과정을 그리고 있다.

블라이는 이전의 '전사'처럼 싸우면서 가족과 자기 내면의 영역을 지켜 내고 진정한 사회적 가치에 헌신하는 원형질의 '남자다움'을 자기 것으로 만들어야 한다고 역설한다. 그는 그것을 무쇠 한스 이야기를 통해 이른바 '야성인'의 복권이라고 강조한다. 블라이는 '야성인'과 '야만인'은 다르다고 주장한다. 자연적인 남자다움을 '야성적'이라 부를 수 있다면, 영혼이 없는 무반성적인 폭력성을 '야만적'인 것이라고 구별한다.

블라이는 야성인으로의 이행 과정을 색깔을 통해 단계적으로 성숙해 간다고 주장한다. 즉 『무쇠 한스 이야기』에서는 기사로 변장한 왕자가 소개되는데, 왕자는 처음에 '붉은 말', 다음에 '흰 말', 그다음에 '검은 말'로 갈아탄다. 이러한 색깔은 남성의 인생과 관련해 논리적이고 상징적인 발전을 의미한다고 주장한다. 즉 붉은색은 젊은 시절의 감정과 억제되지 않는 성욕을 뜻하고, 흰색은 자신의 일과 법규에 따르는 삶을, 검은색은 성숙을 의미하며 비로소 연민과 인류애가 꽃을 피운다는 것이다.

흔히 승용차를 보면 취향을 알 수 있는데, 젊은 층은 주로 강한 원색을 선호하고 나이가 들수록 흰색이나 검은색을 선호한다. 블라이에 따르면 이것은 '젊음'에서 '성숙'으로의 진화와 관련 있다. 다만 젊은이가 검은색을 선호한다면 조로증을 경계해야 할 것이고, 장년층이 원색을 선호한다면 뜻하지 않은 오해를 살 수 있으니 조심해야 하지 않을까. 또 자신의 애마가 무슨 색깔인지 보면서 자신의 성숙 단계를 체크해 볼 수 있지 않을까.

05

인생을 깨닫다

05

어느 날 퇴계 이황은 도산서당에 와서 공부하고 순천 집으로 돌아가는 이함형이라는 제자에게 편지 한 폭을 써주었다. 제자가 부부 사이의 어려움을 자문한 데 따른 조언의 글이었다. 부부 생활의 법도를 가르치기 위함인데, 그 자신의 심경이 절절하게 담겨 있다. 퇴계는 편지를 주면서 "이보게, 집에 가서 읽으라고 편지 한 장을 썼네. 이 편지를 중간에서 읽지 말고 꼭 사립문 앞에서 읽고 곧바로 집으로 들어가게"라고 말했다.

이함형은 선생이 시키는 대로 했다.

"나는 재혼을 했으면서도 참으로 불행했네. 그렇지만 감히 처를 박대하려는 마음을 품어 본 적이 없으며, 잘 대접하려고 수십 년 동안 갖은 노력을 다했네. 때로는 마음이 흔들리고 번잡하여 참기 힘들고 민망할 때도 있었지만 어찌 정을 돌릴 수 있겠는가! 후한 때 사람 질운이 말했듯이 아버지가 부부의 도를 그르치고서 어찌 뒷날 자식의 부도덕을 바로잡을 수 있겠는가! 또 부부의 도를 실천하지 아니하고서 학문은 무엇 때문에 하는가. 군자의 도는 부부 생활로부터 이루어지는 것을."

그 뒤 이함형은 좋은 남편이 되어 부인을 소중히 여겼다고 한다. 퇴계가 세상을 떠난 뒤 그 부인은 퇴계 선생이 고마워 3년 동안 상복을 입었다. 이처럼 퇴계는 학문의 목적을 가정생활과 부부생활에서 찾고 그 소명과 책임을 다함으로써 자식을 넉넉히 교육할 수 있다고 믿었다.

인문학의 즐거움은 바로 깨달음을 준다는 데 있다. 더욱이 그 깨달음은 우리의 삶을 풍요롭게 하는데, 그 풍요로움이야말로 행복에 이르는 바로 그 길이다.

39
운명은 자신의 의지로 얼마든지 바꿀 수 있다

"한 번 음하고 한 번 양하는 것을 일러 도라고 한다."

_『주역』

소년 시절, 새해가 되면 아버지는 어김없이 『토정비결』 책을 꺼내 놓고 가족의 한 해 신수를 보고 결과를 들려주었다. 지금은 『토정비결』 책이 흔하고 인터넷으로도 토정비결을 볼 수 있다. 하지만 1970년대에 영남의 산골에서는 구하기도 쉽지 않았을 텐데 아버지는 『토정비결』 책을 소장하고 계셨다. 아버지는 새해가 되면 어김없이 가족의 토정비결뿐만 아니라 소설 속의 그 여자처럼 이웃들의 토정비결도 보아 드렸다. 한글도 읽을 줄 모르는 이웃에게는 토정비결 내용을 읽어 주곤 했다.

그런데 아버지와 가족의 연은 짧았다. 뭐가 그리 급하신지 아버지는 일찍 세상을 떠나셨다. 아버지가 돌아가신 뒤로는 토정비결을 봐주는 이가 없었다. 그리고 언제부터인가 어머니가 새해마다 용하다는 '거창할매'에게 한 해의 운세를 듣고 전화로 들려주었다. 새해 신수가 안 좋게 나올 때는 부적을 보내 지갑이나 승용차에 넣고 다니라고 신신당부했다. 특히 점괘가 안 좋거나 '삼재'라면 몸조심을 거듭 당부했다. 지난 날들을 되돌아보면 마치 한 편의 드라마처럼 아득할 때가 있다. 때로는 가파른 오르막을 오르는 것처럼 힘에 부치기도 하지만 곧이어 내리막길을 걷는 것처럼 순탄한 날들을 맞기도 한다.

"요즘 우리 집은 참 행복해요. 이 행복이 달아날까 봐 꼭 붙잡고 싶어요!" 최근 필자는 아내와 산책하다 이런 이야기를 주고받은 적이 있다. 우리 부부는 네 살 터울로, 아내는 마흔 중반에 들어섰고 필자는 쉰을 넘기고 있다. 여성은 마흔 중반 이후가 가장 행복한 시기라고 한다. 자녀도 웬만큼 키웠고 인생도 살 만큼 좀 살았다. 부부 관계도 티격태격하면서 어느 정도 완급 조절이 가능하기 때문이다. "나도 그렇게 생각해요. 요즘은 큰 걱정 없고 건강도 별문제 없고 돈 문제도 별로 없어 행복하단 생각이 들어요. 나도 이 행복이 달아나지 않도록 꼭 붙잡아 줄게요!"

추석을 앞두고 큰댁에서 "이번 추석에는 내려오지 않는 게 좋겠다"고 했다. 차례 지낸 뒤 어머니 모시고 가족끼리 나들이를 갈 참이라고 했다. 우리 부부는 평창에 있는 콘도에서 하루를 쉬었다. 그런데 추석 전날 큰댁에서 연락이 왔다. 어머니가 허리를 삐끗했다는 것이다. 좀 더 지나자 병원에 입원해야 할 상황이라고 했다. 우리 부부는 큰 문제 없기를 바랐지만 내심 불길한 생각이 꼬리를 물었다. 어머니는 지난해 가을부터 부쩍 척추가 좋지 않아 병원에서 약 처방을 받아 1년 정도 복용해 오고 있었다. 시간이 갈수록 허리가 점점 더 굽어졌다. 결국 추석날 부랴부랴 대구로 내려갔다. 어머니의 상태는 예상보다 더 심각했다.

허리를 펴고 앉기도 힘들어하고 걷기는 아예 불가능했다. 추석을 앞두고 빨래를 하다 그만 허리를 삐끗했는데 목욕을 하다 그만 척추에 큰 부담을 주어 앉지도 서지도 못하는 처지가 된 것이었다.

우리 부부가 아침 산책을 하면서 나눈 이야기가 불길하게도 일어난 것이다. 우리 부부는 그때 우리 가족만 별 탈 없으면 행복을 지킬 수 있다고 생각했다. 그런데 미처 어머니를 '행복의 변수'에 포함시키지 않았던 것이다. 어머니가 입원하자 그제야 어머니도 우리의 행복을 결정하는 변수였다는 것을 새삼 실감했다. 그제야 맹자의 군자삼락(君子三樂)이 생각났다. 바로 부모님이 모두 살아 계시고 형제가 무고한 것이 첫째가는 즐거움이라는 말이다. 맹자가 군자삼락의 첫째가는 즐거움으로 부모의 무탈함을 든 것은 그만큼 한 사람의 행복에 중대한 요인이라는 의미일 것이다. 아직도 어머니는 걷지 못하고 겨우 앉아 있는 상태다.

어머니는 '거창 할매'가 세상을 떠났다며 한 해 신수를 들려주지 않았다. 대신 화투로 한 해 신수를 떠봤다며 매사에 조심하라고 당부했다. 올해는 어머니의 와병으로 그마저 듣지 못하게 되었다. 한 해가 저물고 다시 한 해를 맞이할 때면 누구나 한 번쯤 운명이나 행운 등을 떠올릴 것이다. 급한 성격이면 철학관으로 달려가 궁금증을 풀 것이다. 필자는 『주역』을 읽으며 마음에 담아 둔 구절을 자주 되새겨 보곤 한다. 그중 하나가 바로 '일음일양지위도(一陰一陽之謂道)'이다.

『주역』은 독특한 이론 체계를 갖고 있다. 『주역』의 기본 이론은 '음양론'이다. 음양론에 따르면 대자연에서는 모든 것이 상호 작용을 한다. 하늘의 기운은 땅에 영향을 주고, 땅은 하늘의 기운에 영향을 받아 자신을 변화시키는 동시에 하늘에 영향을 주어 변화시킨다. 하늘은 이것을 받아들여 변화하고, 그 변화를 다시 땅에 주는 순환의 연속이다. 그 가운데 사람으로 대표되는 만물이 하늘과 땅의 교감 작용을 받고 다시 자연에 그 영향을 미친다. 이러한 상호 교감 작용을 끊임없이 되풀이하는 것이 자연의 도이며 그 과정을 64괘라는 틀 속에 넣은 것이 『주역』이다.

음양론의 변화 이치는 '일음일양지위도'이다. 즉 우주 속에서 벌어지는 변화상은 한마디로 한 번 양이 되고 한 번 음이 되는 과정의 순환이다. 음양의 이치는 하루로 치면 낮이 가면 밤이 오는 것이고 사람으로 치면 번성기가 가면 쇠퇴기가 오는 것과 같다. 즉 우리가 흔히 말하는 도란 거창한 것이 아니라 이런 것에서 출발하는 셈이다.

『주역』을 관통하는 음양의 논리는 대대(對待)와 교감의 논리라고 한다. 『주역』 계사전에서 "강과 유가 서로 미루어 변화가 일어난다" 하고 "음과 양의 전환에 대해서 한 번 음하고 한 번 양하는 것을 일러 도라고 한다"고 강조한다. 대대는 서로 달라서 맞서고 다르기 때문에 기대는 관계다. 음과 양이 분명히 반대 관계에 있지만 서로 배척하고 용납할 수 없는 모순된 관계가 아니라 서로 끌어당기는 관계, 서로 상대가 존재함으로써 자기가 존재할 수 있는 관계다. 단적으로 부부의 관계가 여기에 해당한다.

『주역』의 구(姤)괘에서는 여성 배우자의 조건에 대해 말한다. 『주역』은 무엇보다 부부의 관계에서 여장(女壯), 즉 양의 기운이 지나치게 강한 여성은 배우자로 삼지 말라고 강조한다. 실제로 주변에서 여성 배우자의 기가 세면 남자들이 좀 초라해지고 볼품이 없어져 매사에 자신감을 잃고 아내 뒤에 숨어서 지내려고 하는 경우를 보곤 한다. 그래서 주변 사람들에게 배우자의 궁합은 먼저 기(氣)를 보아야 한다고 들려주기도 한다. 이때 남자의 기가 여성의 기보다 조금이라도 센 경우가 낫다는 말이다. 여성의 기가 남성의 기보다 세면 이는 음양의 이치에 어긋난다는 것이다.

우스갯소리일 수 있지만 필자기 보기에 기가 센 부인을 둔 남자들은 자꾸 집 밖으로 돌려고 한다. 저녁이 되어도 집에 들어가지 않고 술친구를 찾는다. 집에 들어가면 호랑이 같은 마누라의 기세에 짓눌리기 때문일 것이다. 달리 말하자면 기운이 강한 배우자는 강한 기운으로 자꾸 배우자를 밀어내기 때문이다. 이런 남자는 자칫 일을 핑계로 집을 아예 나가 '떠돌이'로 사는 경우도 있다. 필자 주변에도 이런 남자들이 있는데 부인이 모두 '여장부' 스타일이었다.

"『주역』은 주어진 상황에서 최선을 다하라고 조언하는 책."

_루 매리노프

『주역』에서는 우주 삼라만상의 가장 기본적인 실체를 '기(氣)'로 본다. 기는 실체적 개념일 뿐만 아니라 영향을 주고받는 기능적 매체이기도 하다. 『주역』은 '기' 하나의 개념으로 모든 사물을 이해하고 설명하는 기일원론이라고 할 수 있다. 기의 작용과 변화 원리를 나타낸 구체적인 개념과 이론이 음양오행론이다. 오행은 만상의 탄생과 소멸 및 변화를 주관하는 다섯 가지 기초 원소인 목화토금수이다.

『주역』은 영어로 '변화의 책Book of Changes'이란 말로 번역되고 있다. 모든 것은 변화하고 그 속에 존재하는 나 자신도 변화하고 있다는 점 때문이다. 변화에 대응하기 위해 중요한 것은 외적 변화에 대한 관찰보다 자기 자신에 대한 성찰이다. 『주역』은 바로 이런 자기 성찰을 통해 스스로를 재건하도록 만들어 주는 역할을 해준다.

『주역』은 결코 인간의 정해진 운명론을 이야기하는 점서의 성격만 있는 것이 아니다. 오히려 이 책은 사람들에게 주어진 상황을 잘 살피고 그 속에서 최선을 다해 자신의 운명을 스스로 만들어 나가라는 '입명(立命)'을 주문하고 있다. 64괘의 384효사는 자신이 처해 있는 상황의 본질을 주체적으로 이해하도록 하고, 자신을 성찰하도록 하며, 스스로 문제 해결 방법을 찾을 수 있게 한다. 바꾸어 말하면 384효의 어떤 효가 나오더라도 그 속에서 자기 자신을 스스로 돌아볼 수 있는 '자관(自觀)'을 발견할 수 있다는 것이다. 자관이란 자신에 대한 단순한 관찰이나 수동적인 반성에만 머무는 것이 아니라 스스로를 돌아보게 만드는 적극적인 자기반성과 실존적인 자기해석을 의미한다. 이에 대해 『주역』은 "나의 생을 살펴서 나아가고 물러난다(觀卦 六三爻辭)"라고 했다.

『주역』의 또 하나의 논리는 '극즉반(極卽反)'이다. 하나의 상황이 극한에 이르면 반전이 일어난다는 상황 전환의 논리다. 고괘에 나오는 말로, "큰 변고를 만나 극도에 달한 뒤에는 통하게 된다"고 강조한다. 음이 극에 이르면 혼란은 다스려지고, 간 것은 되돌아오며, 흉한 것은 다시 길하고, 위태로운 것은 안정을 찾는 것은 천시자연의 운행이라는 것이다. 즉 길흉이 고정불변한 결과가 아니라 인간의 노력 여하에 따라 극복될 수 있다는 것이다. 『주역』 권위자인 루 매리노프는 『철학으로 마음의 병을 치료한다』라는 책에서 "『주역』은 운명에 의존하는 것이 아니라 주어진 상황에서 최선을 다하도록 하는 책"이라고 강조한다. 즉 『주역』은 우리가 좋은 상황에서 더 좋은 상황으로 나아가도록 도와주고 나쁜 상황에서 더 나쁜 상황으로 떨어지지 않도록 막아 주는 역할을 한다는 것이다. 그것이 『주역』이 우리에게 말하고자 하는 진정한 점괘가 아닐까.

『주역』에서 점을 쳐서 만약 64괘 가운데 좋지 않은 점괘가 나왔다고 하면 누구나 마음이 불편할 것이다. 그런데 『주역』은 설사 나쁜 괘가 나왔다 하더라도 누구나 나쁜 운명조차 변화시킬 수 있다고 강조한다. 운명이 좋지 않다면 자기 의지로 얼마든지 바꿀 수 있다는 것이다. 이것이 신무방역무체(神无方易无體)이다. 그렇다면 무엇으로 바꿀 수 있을까. 이에 대해 중국의 현자로 불린 남회근은 『주역계사강의』에서, 첫째는 덕이요, 둘째는 명(命)이요, 셋째는 풍수요, 넷째는 음덕이요, 다섯째는 독서라고 풀이한다. 이 다섯 가지 중에서 무엇을 중요하게 여기느냐에 따라 삶을 대하는 자세 또한 달라질 것이다.

이와 같이 『주역』에서 말하는 일음일양지위도와 극즉반, 대대의 이치를 헤아려 궁구하면 그 어떤 난관에도 좌절하지 않고 도전을 헤쳐 나갈 수 있으며, 여기에 필요한 자세가 바로 자관과 신무방역무체라는 것이다.

『주역』은 총 2만 4000여 자에 이르는데, 이 속에 인간의 길흉화복에 대한 예언과 지침들이 담겨 있다. 『주역』은 점서로서 운명을 점치는 예언의 기능에 머물지 않고 인간사의 길흉화복에 대한 철학서로서 가치를 더 지니고 있다. 즉 『주역』은 운명을 '점'치는 기능상의 측면이 퇴색하고 도덕적 수신, 깨달음이나 형이상학적 내용들을 이야기하는 인문주의적 성격으로 전환되면서 비로소 하나의 경전으로서 가치를 얻게 된 것이다. 『주역』의 발생적 기원은 '점서'이지만 후대로 갈수록 예언의 기능에서 점치는 자의 주체적 깨달음을 도와주고 조언해 주는 기능이 점점 강화된다.

필자는 새해를 맞아 예전 아버지가 그랬던 것처럼 아내와 아들의 토정비결을 보고 들려줄 참이다. 그 속에 무슨 내용이 담겨 있더라도 '자관'하며 긍정적으로 받아들이면서 나의 행복, 가정의 행복을 만들고 보호해 나갈 것이다. 물론 새해에는 병중의 어머니도 다시 기운을 추슬러 일어나실 것이라 믿으면서 말이다.

40
비록 세상이 험하더라도 인간적 가치와 자유를 추구하라

"시장 경제란 전혀 도달할 수 없는 적나라한 유토피아."

_칼 폴라니

이런 가족이 있다. 헝가리 출신의 부친 미할리 폴라섹은 유럽에서 손꼽히는 '철도 왕'이었다. 헝가리 산골의 작은 유대인 정착촌에서 태어난 그의 부친은 1848년 오스트리아의 합스부르크 왕가에 맞선 헝가리 혁명에서 학생 지도자이자 가장 뛰어난 연설가의 한 사람이 되었다. 게릴라 지도자인 부친은, 처음에는 오스트리아에 대항했고 다음에는 폭동을 진압하기 위해 러시아 황제가 헝가리에 보낸 군대에 대항했다. 혁명이 실패로 돌아가자 부친은 스위스로 망명해 공학을 공부해 유럽 곳곳에 철도를 건설한 토목 기술자와 철도 건설업자로 변신했다. 막대한 부를 축적한 미할리는 고국인 헝가리로 돌아가 헝가리를 속국으로 만든 합스부르크 왕가에 대항하는 새로운 계획을 실행에 옮겼다. 그것은 직접적인 투쟁이 아닌 실용적인 투쟁이었다. 즉 합스부르크 왕가와 전쟁을 하는 대신 조국 헝가리를 번영시킬 계획을 세워 철도를 건설하고 농업을 일으켜 유럽의 문명국으로 만들기로 했던 것이다. 미할리는 이내 철도 왕에 올랐다. 하지만 이후 무리한 철도 건설에 뛰어들어 1900년경 파산하면서 사망하고 말았다.

어머니 세실 볼은 러시아 백작 가문 출신의 무정부주의자였고 폭탄을 만들기도 했다. 이들 부부는 4남 1녀를 두었는데 장자크 루소와 제임스 밀(존 스튜어트 밀의 아버지)이 주창한 방식에 따라 자녀들을 교육했다. 루소는 『에밀』에서 아버지는 아이들을 사회의 위선과 부패로부터 완진히 분리시켜 놓고(자연 상태) 가르쳐야 한다고 주장했다. 또한 제임스 밀은 아들 존 스튜어트 밀이 태어나자마자 직접 조기 영재 교육을 해 10대 초반에 천재적인 사상가로 만들었다. 이들 부부는 자녀들이 학교에 갈 나이가 되자 미리 구입해 놓은 거대한 성으로 보내 철저히 고립된 상태에서 교육했다. 아이들은 오직 가정교사에게 가르침을 받았다.

그런데 이렇게 교육을 받은 미할리 폴라섹의 아이들은 마치 존 스튜어트 밀처럼 각자의 영역에서 뛰어난 역량을 발휘했다. 장남인 오토는 성공한 공학자이자 사업가였는데, 급진적인 사상이 지나쳐 그만 이탈리아에서 무솔리니의 후원자가 되었다. 차남 아돌프는 철도 기술자로서 브라질의 철도 발전에 헌신했다. 셋째인 딸 무지는 헝가리 민족음악 운동의 선구자로 '농촌사회학'의 창시자였고 이스라엘 공동체 키부츠에 영향을 주었다. 넷째인 칼은 '헝가리 자유당'을 창설했는데 그가 바로 지나친 시장만능주의를 비판해 시장 메커니즘에 메스를 가한 『거대한 전환』(1944)의 저자 칼 폴라니(1886~1964)다. 칼은 시장 경제 체제를 빗대어 일컬었던 '악마의 맷돌Satanic Mills'처럼 시장 경제를 주도하는 기업적 가치가 다른 모든 걸 분쇄해 견제와 균형의 민주주의 원리를 위협하게 된다고 말한다. 막내 마이클은 물리화학자로 두각을 나타낸 뒤 과학철학자로 전향했는데 저서 『개인적 지식』에서 그 유명한 '암묵지Tacit Knowledge'를 주창했다. 암묵지는 경험과 학습에 의해 몸에 쌓인 지식을 말한다. 예를 들어 자전거의 경우 한 번 타는 법을 익히면 세월이 지나도 타는 법을 잊지 않는다. 암묵지가 많이 저장될수록 그 사람의 내면은 깊어질 것인데, 말하자면 지식이 체화된 상태의 '내공'이라고 할 수 있을 것이다. 마이클의 아들 존 폴라니는 1986년 노벨화학상을 공동 수상했다.

'악마의 맷돌'은 원래 영국의 시인 윌리엄 블레이크가 산업 혁명이란 기치 아래 근대화 과정이 이루어지는 영국에서 서민들의 비참한 빈곤 상태를 묘사하기 위해 처음 사용했다. 블레이크의 시집 『밀턴』의 서문에 「아득한 옛날 저들의 발길은」이란 시가 실려 있다.

아득한 옛날 저들의 발길은
잉글랜드의 푸른 산 위를 거닐고
신의 성스러운 양이
기쁨의 풀밭 위에 보였네.
구름 낀 산 위로
성스러운 얼굴도 빛났을까?
여기 이 어두운 악마의 맷돌 사이
예루살렘이 세워졌을까?

예수가 청년기에 영국을 방문했다는 전설을 바탕으로, 산업 혁명에 의해 피폐해져 가는 자연과 전통을 그리워한 시다. 여기서 악마의 맷돌은 산업 혁명이란 기치 아래 근대화 과정이 이루어지는 영국에서, 종속된 서민들의 비참한 빈곤 상태를 일컫는다. 1769년 런던에 앨비언 제분소가 들어섰다. 증기기관을 개량한 제임스 와트가 버밍엄의 공장주와 손잡고 세운 이 제분소는 1주일에 약 169톤의 밀가루를 생산했다. 놀라운 생산력으로 손쉽게 주변의 전통 방앗간들을 몰아냈지만 2년 만에 화재로 잿더미가 되었다. 당시 전통 방앗간들은 이 제분소를 '악마의 방앗간'으로 여겼고, 제분소 화재를 묘사한 당시 그림에는 제분소 꼭대기에 웅크리고 앉은 악마가 그려져 있다. 당시 제분소 가까이에 있던 집에서 자랐던 블레이크는 그 생생한 감회를 이 시로 읊었던 것이다.

폴라니는 '자기 조정적 시장'을 '악마의 맷돌'이라 표현하며, 그런 자기 조정 시장의 실패로 국가가 개입을 하기 시작했다고 이야기하고 있다. 폴라니의 『거대한 전환』에 따르면 중세 도시에서 국지적 교역과 원격지 교역은 단절되어 있었고, 중상주의 시스템에서 시장은 중앙 집권적 정부의 통제 아래서 번영한 것이었다. 이때까지 자기 조정적 시장은 존재하지 않았다. 통제가 없는 정책이나 조치만이 시장의 자기 조정 작용을 보장할 수 있기 때문이다. 따라서 18세기 말의 통제적 시장으로부터 자기 조정적 시장으로의 이행은 사회 구조의 본질적인 전환을 의미하는 것이었다. 이것이 바로 시장 만능주의를 초래한 '거대한 전환'이다. 이 자기 조정적 시장이라는 악마의 맷돌은 곧 부작용을 가져온다. 인간 사회는 모든 측면에서 경제 시스템의 부속물이 되었다. 경제 시스템의 부속물화에 대한 반발이 일어났고, 결국 국가가 개입하는 것으로 그 부작용을 처리하게 되었다. 즉 시장의 자기 조정 능력의 포기(사회의 자기 방어)가 일어난 것이다.

폴라니는 "자기 조정 시장이라는 것은 한마디로 유토피아"라고 단언했다. 폴라니는 시장 경제 자체를 허구로 보고 있다. 즉 국가 경제 및 세계 경제를 시장의 자기 조정적 기능을 통해 운영할 수 있다는 믿음 역시 허황된 것이라 말한다. 폴라니는 '시장이 사회를 지배하는' 현상을 비판하면서 '시장을 사회 아래'에 두고 인간적 가치와 자유를 되찾아야 한다고 주장한다. 이것이 그의 경제학의 요체다.

"시장 경제란 전혀 도달할 수 없는 적나라한 유토피아다…… 인간, 자연, 화폐를 상품으로 보고 시장에 맡겨 둔다면 결국 인간의 자유와 이상을 근본적으로 파괴하는 비극만 낳고 모두 실패할 수밖에 없을 것이다." 폴라니의 『거대한 전환』이 나온 지 70년, 그가 죽은 지 50년이 지난 지금 전 지구적인 자본주의가 지속적인 경제 위기(불황) 상태에서 헤어나지 못하고 있다. 한편으로는 폴라니의 단언이 어느 정도 설득력을 지닌다고 볼 수 있을 것이다.

"폴라니와의 저녁 식사는 내 생애 최악의 식사였다."

_피터 드러커

폴라니가는 아버지가 철도로 거대한 부를 축적한 산업 자본가였지만 조국 헝가리를 위해 노블레스 오블리주를 실천했다. 이어 칼도 아버지의 뒤를 이었다. 마흔한 살 때인 1927년 그는 『오스트리아 이코노미스트』지의 편집장이었다. 당시 그를 만난 피터 드러커는 칼과 그 가족의 삶을 보고 큰 충격을 받았다. 피터 드러커(1909~2005)는 자신이 쓴 『피터 드러커 자서전』에 자세히 회고하고 있다. 칼은 거액의 월급을 받았지만 한 푼도 쓰지 않고 빈에 피난 중인 헝가리인들을 위해 전액을 내놓고 자신들은 정작 빈 외곽의 빈민가에서 살았다. 당시 드러커는 폴라니로부터 자기 가족과 크리스마스 저녁 식사를 함께 하자는 제안을 받고 집을 방문했다. 폴라니는 그날 월급을 받았는데 드러커는 월급으로 받은 수표의 액수를 보고 놀랐다. 1927년도 오스트리아 기준으로 보면 굉장한 금액이었기 때문이다. 그런데 그는 여전히 빈민가에 살고 있었다. 드러커로서는 이해가 되지 않는 부분이었다. 전차를 갈아타고 종점에서 내려 20분 정도 걸어서 도착한 집은 쓰러질 것 같은 판잣집과 쓰레기더미 사이에 위치한 낡고 꾀죄죄한 5층짜리 주택이었다. 드러커는 5층까지 걸어 올라갔다. 도착하자마자 곧바로 식사를 시작했다. 드러커는 "과장이 아니라 정말로 내 생애 최악의 식사였다"고 회고한다. "신선하지도 않아 보이는 데다 껍질도 대충 벗긴 설익은 감자가 전부였다. 감자에 발라먹을 마가린조차 없었다. 이것이 크리스마스 만찬이란 말인가!"

그런데 폴라니가 거액의 월급은 받은 날인데도 불구하고 가족들은 먹는 둥 마는 둥 하면서 네 명 가족의 다음 달 생활비를 어떻게 벌어 올 것인지에 대해 논쟁했다. "끼어들어 죄송합니다만, 우연히 폴라니 박사님의 월급을 보게 되었습니다. 그 정도면 누구라도 아주 잘살 수 있는 액수 아닌가요?" 그 순간 폴라니 식구들은 입을 다물었고, 네 명 모두 드러커를 노려보면서 합창이라도 하듯이 동시에 말했다.

"월급을 자신을 위해 쓰다니! 우리는 그런 소린 처음 들어 봅니다."

"하지만 사람들은 대부분 그렇게 살아요." 드러커는 더듬거리며 말했다.

그러자 헝가리 국유 철도 총재의 딸이자 반전주의 활동가로서 체포된 적도 있는 폴라니의 아내 일로나가 단호하게 말했다. "우리는 대부분의 (그런) 사람들이 아니에요. 빈은 헝가리 피난민들로 넘쳐나고 있어요." 그러면서 자신들은 식사비까지 아낀 월급의 거의 전부를 헝가리 국민들을 위해 사용하는 게 마땅하다고 말했다.

폴라니 가문은 엄청나게 부유했고 얼마든지 자기들끼리 잘먹고 잘살 수 있었다. 하지만 그들은 빈민가에서 살았고, 월급의 거의 전부를 헐벗는 이웃들을 위해 내놓았다. 폴라니 부모는 폴라섹이라는 유대인 이름을 버리고 폴라니로 바꾸고 칼뱅주의로 개종하면서 폴라니 형제들을 더 나은 세계를 만들고자 애쓰는 뜨거운 이상주의자로 키워 냈다. 폴라니 가족의 이런 모습은 그들이 살아온 방식으로는 당연한 것이었다. 드러커는 "그들은 19세기를 극복하려고 했다"고 평가했다. "자유를 추구하되 부르주아적이지 않은, 번영을 이루되 경제에 종속되지 않는, 공동체를 지향하되 마르크스주의의 집산주의가 아닌 새로운 사회를 추구했던 것이다. 아버지와 다섯 형제는(어머니까지도) 각자 독자적인 길을 갔지만 결국 똑같은 목표를 추구했다." 폴라니 가족이 정말로 대단한 것은 가족 모두가 19세기를 극복하려는 한 가지 목적에 헌신했다는 사실이라고 드러커는 말한다. 그들은 모두 '자본주의와 사회주의를 초월하는 제3의 사회'를 탐구했으며, 사회에 의한 구원을 믿었다는 것이다. 20대 시절 칼 폴라니와의 만남은 피터 드러커에게 공적 헌신이라는 덕목이 한 인간의 삶에 얼마나 중요한지를 깨닫게 해준 계기가 되었다. '현대 경영학의 아버지'로 불리는 드러커는 "도덕적 윤리를 지키지 않는 기업과 사회는 위태롭게 될 것"이라고 강조한다. 경영자에게 명석한 두뇌나 뛰어난 지식보다 도덕적 윤리와 성실함을 강조한 윤리 경영과 사회적 책임의 정신이야말로 드러커 경영의 핵심이 되고 있다.

부유했던 폴라니 가문은 자기들끼리 잘먹고 잘살 수 있었지만 개인적 욕망의 실현에 머물지 않고 사회와 민족을 위해 부와 지식을 사용했다. 달리 말하자면 요즘 우리 사회에 무엇보다 요구되는 '공적 헌신성'에 철저한, 성공한 가족이었다고 할 수 있을 것이다. 올해 크리스마스에는 가족들이 모여 저녁 식사를 하면서 폴라니 가문의 크리스마스 저녁 식사에 대해 이야기를 나누면 어떨까. 월급의 일부를 떼어 이웃을 돕는다든지 생활비를 절약해 그 돈으로 이웃돕기에 보탠다든지 하는 이야기를 나눠 본다면 더 의미 있는 성탄절의 밤이 되지 않을까. 혹은 기업가라면 회사 내에서 어려움을 겪고 있는 임직원들에게 작은 나눔의 행사를 가질 수도 있을 것이고 회사 밖으로 눈을 돌려 회사 주변의 이웃들에게 작은 위로를 나눌 수도 있을 것이다. 폴라니 가문에서 보듯이 선한 일은 '아버지 CEO'가 앞장서야 한다! 그렇게 된다면 폴라니가 말한 것처럼 '사회 위에 군림하는 시장'이 아니라 '사회와 함께하는 시장'이 될 수 있지 않을까. 말하자면 좀 더 따뜻한 시장, 좀 더 따뜻한 자본주의가 된다면 폴라니가 꿈꾼 유토피아에 한발 다가갈 수 있지 않을까. 찰스 나윈의 말처럼 '선한 경영'이야말로 지속 가능한 경영의 요체이기 때문이다.

41
돈과 명예보다 마음 편한 게 제일이다

"사람은 누구라도 앞모습보다 뒷모습이 실해야 한다."

_최명희

소치 허련 탄생 200주년 기념 특별전시회에 다녀온 적이 있다. 소치 허련(1809~1892)가는 5대에 걸쳐 걸출한 화가들을 배출하면서 예술의 명가를 일구었는데, 소치 특별전시회에는 이 가문이 배출한 화가 7명의 작품도 전시되어 세인의 이목을 끌었다. 관람객들은 7명의 화가가 모두 한국화를 그렸지만 각기 개성 있는 화풍을 선보여 비교하며 관람할 수 있는 이색적인 기회를 가질 수 있었다. 허련의 아들 허형, 허형의 아들 남농 허건과 허림, 허림의 아들 허문, 허건의 손자 허진과 허백련에 이르기까지 5대에 걸쳐 화맥을 일군 주인공들이다. 소치와 남농으로 대표되는 소치 허련 집안이 5대 200년에 걸쳐 걸출한 화가를 배출한 비결은 '냉정한 대물림'이라고 한다. 재능은 억지로 이어지지 않기 때문이다.

소치 전시회에서 눈길을 끈 작품이 또 하나 있는데, 다름 아닌 소치 허련이 그린 「일속산방(一粟山房: 좁쌀 한 톨만 한 작은 집)」이란 그림이다. 일속산방은 다산 정약용과 그의 제자 황상의 일화를 간직한 그림이다.

"집 짓고 살아갈 땅은 산수가 아름다운 곳을 선택해야 한다. 커다란 강과 산이 어우러진 곳은 좁은 시내(川)와 자그마한 동산이 어우러진 곳만 못하다. 그 좋은 땅으로 가려면 골짜기를 따라 들어가야 하는데, 그 어귀에는 깎아지른 절벽에 바위 몇 개가 기우뚱하게 서 있어야 한다. 조금 더 안으로 들어가면 병풍이 펼쳐지듯 시계가 환하게 열리면서 두 눈 번쩍 뜨게 하는 곳이라야 복된 땅이다. 한가운데 땅의 기운이 맺힌 곳에 띳집 서너 칸을 정남향으로 짓는다. 방 안에 책꽂이 두 개를 설치하고 거기에 1천3, 4백 권의 책을 꽂아야 한다."

다산이 제자 황상에게 써준 「숨어 사는 자의 모습(題黃裳幽人帖)」을 읽노라면 금세 은자가 사는 공간으로 들어가고 싶은 충동을 억제할 수 없다. 다산이 어느 날 제자 황상에게 명 말기 황주성의 「장취원기(將就園記)」를 읽어 주자, 황상이 자신도 그렇게 살고 싶다고 스승에게 아뢰면서 그 꿈을 시로 지어 올렸다. 이때 다산은 「제황상유인첩」을 지어 주며 어린 제자에게 선비의 바른 마음가짐을 들려주었다.

열다섯 살 때 다산을 만나 가르침을 받은 황상은 강진 천개산 아래 백적동에 자신만의 은자 공간을 마련해 농사를 지으면서 은둔하는 선비의 삶을 살았다. 황상은 명리를 추구하기보다 세속적인 욕망을 절제하며 일하면서도 학문 연구를 게을리하지 않는 선비의 삶을 선택한 것이다.

황상은 후일 '일속산방'(강진군 대구면 항동 소재)이라 불리는 집을 짓고 살았다. 일속산방은 추사가 그에게 내려준 당호다. 스승인 다산은 가끔 제자가 사는 일속산방에서 하룻밤을 지내기도 했다. 다산은 황상이 지어 준 조밥에 아욱국을 먹고 시를 짓기도 했다. 일속산방은 당대의 화가인 허소치가 황상을 위해 「일속산방도」를 그려 주어 오늘날 전해지고 있다. 황상이 쓴 글에 일속산방의 내력에 대한 내용이 나온다.

"내가 일속산방을 짓겠다는 뜻을 아뢰자, 선생은 놀라시며 '자네가 어찌 내 마음을 말하는가?'라고 하셨다." 황상은 어린 제자였지만 스승과 유자의 삶에 이심전심으로 통했던 것이다. 황상은 스승의 염원을 담아 "구름과 안개 노을이 포근히 덮어 가려 주고, 가는 대나무 숲과 향기 짙은 꽃들이 푸름과 향기를 실어 주는 곳"에 은자의 거처를 마련했고, 스승의 가르침을 실천에 옮겨 시골 소년에서 훌륭한 시인으로 성장했다. 그는 죽을 때까지 일속산방에 살며 부패한 사회를 고발하는 풍자의 다산 시풍을 계승했고 『치원유고(巵園遺稿)』라는 문집을 남겼다.

"뜰 앞에는 벽을 한 줄 두르는데, 너무 높지 않게 해야 한다. 담장 안에는 석류와 치자, 목련 등 갖가지 화분을 각기 품격을 갖추어 놓아둔다. 국화는 제일 많이 갖추어 48종쯤은 되어야 한다. 마당 오른편에는 작은 연못을 판다. 사방 수십 걸음쯤 되면 넉넉하다. 연못 속에는 연꽃 수십 포기를 심고 붕어를 길러야 한다. 대나무를 따로 쪼개 물받이 홈통을 만들어 산의 샘물을 끌어다 연못으로 졸졸졸 떨어지게 한다. 연못의 물이 넘치면 담장 틈새를 따라 채마밭으로 흐르게 한다…… 문밖에 임금이 부른다는 공문이 당도하더라도 씩 웃으며 응하면서 나아가지 않는다."

「제황상유인첩」에 나오는 한 구절이다. 그야말로 누구나 한 번쯤 희구하는 전원의 삶이 아닐까. 임금이 불러도 씩 웃으며 나아가지 않는다는 표현에 유배지에서 자신의 꿈을 삭혀야만 했던 다산의 한스러운 정서가 그대로 묻어 나온다.

황상에게 집은 결코 부를 축적하는 재테크의 도구적 공간이 아니라 자신의 삶을 완성하는, 아늑한 오이코스였다. 오이코스는 공적 영역으로서의 '폴리스'에 대비되는, 사적 생활단위로서의 '집'을 의미하는 그리스어다. 황상의 일속산방은 소박하지만 의미 있는 꿈을 만들어 가는 오이코스라고 할 수 있다. 채마밭에서 먹고살 만큼의 농작물을 키워 내면서 자신의 내면을 가꾸는 작은 세계의 축소판이었던 것이다. 일속산방에서 그는 부족한 게 없었을 것이다.

그렇지만 우리 시대에는 평수가 넓은 아파트에 살면서도 항상 욕망의 결핍에 사로잡힌다. 재테크의 욕망은 끝이 없다. 넓은 집에 고급 승용차가 있어야 하고 욕망을 채워 줄 각종 유희가 항상 대기하고 있어야 한다.

임진왜란을 전후해 영의정을 지낸 서애 유성룡은 평생 청렴결백하게 살았고 관직에 있을 때도 전셋집을 얻어 생활했다고 한다. 당시 양반들은 첩을 두는 게 묵인되던 시절이었다. 지방에서 올라온 벼슬아치들도 한양에 첩을 두었는데 이를 '경첩(京妾)'이라고 불렀다. 영의정을 지낸 서애는 경첩을 두지 않았다.

청백리로 서울에서도 전세를 살던 그는 쉰일곱 살 때 파직되어 고향인 풍산 하회로 돌아왔는데 고향에서도 마땅히 거처할 곳이 없었다. 형님인 겸암 유운용의 집에 잠시 머물렀지만 수많은 문사가 그를 보러 찾아오자 풍산 서미동의 산중에 초가를 지었다. 여기서 그는 임진왜란을 후세의 교훈으로 전하기 위해 회고록인 『징비록』을 썼다고 한다. 현재 하회마을에 있는 서애의 고택인 충효당은 서애 사후에 맏손자인 유원지가 문하생들의 도움을 받아 건립한 것이다. 서애는 정작 이 집에서 살지 못했다.

예전에 어른들은 "사람은 누구라도 앞모습보다 뒷모습이 실해야 한다. 살고 난 뒷자리도 마찬가지다"라고 했다. "앞에서 보면 그럴듯해도 돌아선 뒤태가 이상하게 무너진 듯 허전한 사람은 인생이 미덥고 실하지 못하다"고도 했다. 앞모습은 꾸밀 수 있으나 뒷모습만큼은 타고난다는 뜻도 있으리라. 또한 이렇게 말하기도 했다. "사람 귀천은 뒤꼭지에 달려 있느니 뒷모습은 숨길 수가 없다." 이는 관상에서도 마찬가지였다. "전상(前相)이 불여(不如) 후상(後相)이라"고 하여, 사람의 앞모습 좋은 것이 뒷모습 좋은 것만 못하며, "후상이 불여 심상(心相)이라" 하여 뒷모습이 아무리 보기 좋아도 그 사람 마음의 모습이 바르고 훌륭한 것만 못하다고 했다.

이는 최명희가 쓴 소설 『혼불』에 나오는 내용이다. 『혼불』은 남원 지역 한 종가의 삶을 재현해 놓은 작품으로, 구한말을 배경으로 한 종부의 삶을 그려 내고 있다. 주인공인 청암 부인은 불행하게도 첫날밤조차 제대로 보내지 못하고 그만 10대에 과부가 된다. 이른바 '묵신행'의 풍습에 따라 신부 집에서 결혼식을 올리고 본가로 돌아가던 중에 남편이 열병으로 죽고 만 것이다. 소설 『혼불』은 바로 청암 부인이 남편도 없는 시댁으로 오면서부터 시작된다. 억척같은 종부의 힘으로 스러져 가는 종가를 재건하고 천석지기 이상의 부를 축적한다.

"돈보다 명예가 좋고 명예보다 마음 편한 게 좋다."

_안철수

어쩌면 '격(格)'은 드러나 보이는 부분보다 드러나지 않는 부분에 달려 있다고 할 수 있을 것이다. 사람에게도 격이 있듯이 가문에도 격이 있고, 나아가 국가에도 격이 있다. 격이 높은 나라는 선진국이 되고 선망의 대상이 된다. 여기서 격은 단순히 가시적으로 보이는 경제적인 척도에만 국한되는 것이 아니다. 드러나지 않는 문화적인 척도가 중요하게 작용한다. 우리나라가 미국이나 일본 등 선진국과 확연하게 차이 나는 것은 바로 경제적인 척도가 아니라 눈에 잘 드러나지 않는 문화적인 척도일 것이다. 경제적 척도가 '전상'이라면 문화적 척도는 '후상'이나 '심상'에 해당할 것이다.

영국을 방문했을 때 영국인들은 삼성이나 LG가 어느 나라 회사인지 잘 모르고 대부분 일본 브랜드라고 생각한다는 말을 들었다. 첼시 축구팀 유니폼에 'SAMSUNG' 로고가 적혀 있지만 한국 브랜드라고 알고 있는 영국인은 거의 없다고 한다. 그런데 삼성 역시 굳이 한국 브랜드라고 알리려 하지 않는다고 한다. 왜냐하면 삼성을 일본 브랜드라고 여기면 비즈니스에 더 도움을 주니 생소한 코리아 브랜드라고 굳이 말할 필요를 느끼지 못한다는 것이다. 이는 단기적으로 눈에 보이는 이익, 사람으로 말하자면 '전상'에만 신경 쓰는 것과 다를 바 없다.

명품 혹은 명문 브랜드는 바로 드러나 '보이는 것'만 챙겨서는 결고 다다를 수 없을 것이다. 드러나지 않는 부분, 뒷모습, 나아가 마음까지 헤아려야 한다. 고객들의 마음은 헤아리지 않고 드러나는 디자인만 신경 쓰면 결코 명품에 도달할 수 없다. 삼성 등 대기업들이 한국에서 사랑받지 못하는 현실은 비록 제품에 대한 명성은 얻었을지 모르지만 사람의 마음을 얻지 못한 것과 연관 있지 않을까.

황상의 '일속산방'이나 청암 부인이 말한 후상과 심상의 중시에서 알 수 있는 것은 바로 보이는 것에 집착하는 것에 대한 교훈이라고 할 수 있다. 보이는 것은 결코 오래 지속될 수 없다. 기업에서도 단기적인 수익에 집착하면 고객의 마음을 헤아릴 수 없다. 오늘날은 황상처럼 일속산방을 짓고 은둔하면서 살 수 없다. 모두가 다른 사람들보다 더 많이 갖기를 원하고 경쟁적으로 다른 사람에게 '보이는 것'에 집착하고 있다.

"상대적 성공은 불행입니다. 남과 비교해서, 남의 눈에 행복해 보이는 것이 상대적 성공인데 별 의미가 없지요. 그것보다는 남이 뭐라 생각하든 자신이 생각하는 성공의 모습을 달성하는 것, 이것이 중요합니다."

안철수의 말이다. 안철수는 "돈보다 명예가 좋고 명예보다 마음 편한 게 좋다"면서 이 기준에 따라 자신의 일을 찾고 때로는 자신의 일과 꿈을 추구하고 있다고 한다. 안철수의 말처럼 보이기 위한 성공이 아닌 자신을 위한 성공, 사회와 소통하는 성공을 꿈꾼다면, 이제라도 전상보다 후상의 경영학, 심상의 경영학을 추구해야 하지 않을까.

42
고난의 비용을 치르지 않고는 최고가 될 수 없다

"이 무릎을 꿇어 종이 되게 할 수 없도다."

_석주 이상룡

"A는 서울 강남 청담동의 명품 매장에서 두 차례에 걸쳐 총 5800여만 원어치의 선물을 챙겨 갔다. A는 B 씨가 정장을 사고 있는 매장으로 찾아와 '옷을 골라 보라'고 하자 무려 2900만 원어치를 골라 가져갔다. A는 이후 또 다른 명품 매장에서 만나 '가죽지갑을 수선해야 하는데 악어 지갑으로 바꿔 달라'며 또 2900만 원가량의 명품을 가져갔다."

최근 한 스포츠 신문에 난 기사의 일부다. 노총각인 40대 벤처 기업가가 연예인에게 명품을 1억 원어치나 사주고 버림받았다고 한다. 기사에서처럼 그 연예인은 두 번 쇼핑하는 데 무려 6000만 원 가까운 돈을 명품을 사는 데 썼다. 거리에서 보면 많은 여성이 수백만 원씩 하는 루이비통 핸드백을 들고 다닌다. 한번은 아내에게 루이비통 핸드백이 최소 수백만 원씩 한다는 이야기를 듣고 놀란 적이 있다. 대학 캠퍼스에서도 여학생들이 수백만 원씩 하는 핸드백에 책을 넣고 다니기도 한다. 왜 여성들이 명품 핸드백에 열광하는지 이해가 가지 않는다.

명품 선호 때문에 진짜 같은 가짜들이 넘쳐난다. 은밀하게 거래되는 그 '짭'들을 소비하는 이들 역시 여성이다. 그런 소비 심리 때문에 덩달아 짝퉁이 판을 친다. '짝퉁'은 제대로 연구 개발하지 않고 진짜 같은 모방품을 만들어 부당한 이득을 취하는 것이다.

진짜 같은 가짜가 판을 치는 이러한 현상은 비단 기업 차원에서만 있는 게 아니다. 이른바 '족보 세탁'이라는 게 있다. 족보 세탁이란 부당한 끼어들기를 통해 자신과 무관한 명문가의 후예로 둔갑하는 것을 말한다. 족보 세탁을 통해 짝퉁이 진짜처럼 행세한다. 요즘도 일부 유명인들이 족보 세탁을 한다고 한다.

우리나라는 18세기 중반에 이미 '위조 족보 사업가'가 등장했다. 당시 역관이었던 김경희는 인쇄술이 발달하자 이를 기회로 이용했다. 김경희는 자기 집에 인쇄소를 만들어 놓고 신분 상승을 노리는 평민이나 노비들이 은밀하게 부탁하면 그가 수집해 놓은 족보에 이름을 위조하거나 추가하는 수법으로 위조 족보를 팔았다. 몰락한 양반들로부터 족보를 사들이거나 족보 간행 문중 책임자에게 뇌물을 주고 여벌을 더 간행하게 한 다음 이를 건네받는 방식이었다고 한다. 족보 세탁은 지금도 공공연한 비밀에 해당한다. 국립중앙도서관 고서실 주변에는 족보 세탁 전문가들이 은밀하게 활동하며 네트워크를 이루고 있다고 한다.(백승종의 「천대만상 족보 위조」 참조)

필자가 『5백 년 명문가의 자녀 교육』이라는 책을 쓸 때 만난 종가 관계자로부터 충격적인 이야기를 들은 적이 있다. 유명 정치인이 족보를

'세탁'하려고 이런저런 방법을 시도하려 한다는 것이었다. 이들은 재력이나 권력을 이용해 처음에는 문중 행사를 후원하고 기념비를 세우기도 하면서 얼굴을 내밀다, 어느 정도 문중에서 영향력을 행사할 수 있는 단계가 되면 '본색'을 드러낸다는 것이다.

짝퉁이나 족보 세탁은 명품이나 명문가가 되기 위해 반드시 치러야 하는 '고난의 비용' 없이 부당하게 무임승차하려는 것에 해당한다. 가격은 같으나 품질에서 차이가 있는 상품의 경우에는 시장 경쟁에 의해 품질이 우수한 것이 열등한 것을 밀어낸다. 반면 세상의 현실은 때로 친일파의 후손들이 득세하는 것처럼 꼭 그렇지만은 않은 것 같다. 짝퉁이 시장을 교란하면 원조 제품을 만든 기업이 흔들리고 때로는 짝퉁이 진품처럼 지배하기도 한다. 마치 독립운동가가 지배 계층에서 밀려나고 친일파가 득세한 것처럼 말이다.

이른바 '노블레스 오블리주'는 명문가가 치르는 자발적 고난이라고 할 수 있다. 명문가가 지불하는 자발적 고난은 높은 명문가가 되기 위한 비용이자 사회적 신분에 상응하는 도덕적 의무의 발로인 것이다. 존경받는 기업이 되기 위해서는 스스로 이윤을 사회에 환원해야 하는 것과 같다.

이미 내 논밭과 집 빼앗아 가고
다시 내 아내와 자식을 해치려 하네.
이 머리는 차라리 자를 수 있지만
이 무릎을 꿇어 종이 되게 할 수 없도다.

이 시는 1911년 석주 이상룡이 대대로 살아온 안동의 대저택인 임청각을 떠나 압록강을 건너기에 앞서 비분한 마음을 이기지 못해 지은 것이다. 석주는 국치를 당하자 삭풍이 몰아치던 1911년 1월 5일, 쉰세 살의 나이에 온 가족을 데리고 망명길에 올랐다. 고성 이씨 17대 종손이었던 석주는 조국을 되찾을 때까지 결코 돌아오지 않겠다며 사당의 위패를 모두 땅속에 파묻었다. 석주의 증손자인 이범증은 "지금 임청각 사당에 조상의 위패가 없는 것은 그 때문"이라고 설명한다.

석주는 상하이 임시정부 초대 국무령에 올랐지만 파벌 싸움으로 물러난 뒤 1932년에 끝내 만주에서 숨을 거뒀다. 그의 정신은 형제와 아들, 손자에게 이어져 3대째 독립운동에 투신했으며, 모두 9명이 독립 훈장을 받았다.

석주가 만주로 갈 때 처남인 백하 김대락도 동행했다. 백하는 당시 석주보다 나이가 열세 살이나 많아 70을 바라보는 나이였다. 그러나 경술국치를 당하자 만삭의 손부와 손녀를 데리고 서간도로 망명한 것이었다. 결국 그는 3년 뒤 세상을 떴다. 백하의 아들은 1948년 남북연석회의 때 사회를 본 월송 김형식이다.

백발이 성성한 석주나 백하는 삭풍을 뚫고 압록강을 건넜다. 그리고 만주에서 풍찬노숙도 마다하지 않으며 교육과 독립운동에 힘을 쏟았다. 당시 만주에서 가장 잘 알려진 한인 학교였던 신흥무관학교는 바로 석주가 주도해서 세운 것이다.

"보이는 것이 전부가 아닐 수 있다."

신흥무관학교의 설립 배경에는 석주와 함께 우당 이회영이 있다. 우당은 그를 포함한 6형제가 석주와 비슷한 시기에 40여 명의 식솔을 이끌고 만주로 떠나와 독립운동에 뛰어들었다. 6형제가 처분한 가산은 당시 화폐로 총 40만 냥이었다. 요즘 돈으로 환산하면 600억 원 정도라고 한다. 안동의 고성 이씨 석주 이상룡도 일가를 이끌고 그 뒤를 따랐다. 석주가 만주에서 다시 고국 땅을 밟지 못한 것처럼 우당의 6형제 중 5형제도 살아서 고국으로 돌아오지 못했다. 6형제의 아들들도 대부분 독립운동을 하다 죽거나 실종되었다. 우당은 22년 뒤 1932년 경찰에 붙잡혀 고문으로 숨졌다. 6형제 중 유일하게 살아 돌아온 이가 다섯째 성재 이시영이다. 그는 귀국 후 이승만 정권에서 초대 부통령까지 지냈다. 여기서 주목되는 것은 성재의 처신이다. 이승만 대통령이 권력욕과 전횡을 일삼자 성재는 1951년에 부통령직을 미련 없이 사임했다. 반면 성재는 독립운동가 후손들에게 장학금을 주는 우당장학회를 설립하고 신흥대학(경희대 전신)을 세워 만주에서의 신흥학교를 계승하려 했다.

1910년 당시 국내의 내로라하는 일부 양반가들은 어떻게 지냈을까. 일제에 협력한 양반가들은 자녀들을 일본에 유학 보내고 호가호위하며 지냈다. 석주나 백하의 선택을 '모난 돌'이라며 오히려 빈정거렸을지도 모른다. 하지만 석주는 눈앞의 이익에 집착하지 않고 일시적으로 손해를 보더라도 장기 투자를 택했다. 어쩌면 그의 시선은 국권을 회복한 이후 조국과 그 후손이 살아갈 미래를 보고 있었을 것이다. 따라서 언젠가 그 후손들은 석주가 뿌려 놓은 장기 투자의 수혜자가 될 수 있을 것이다.

석주와 우당의 가문 경영은 기업 경영에도 그대로 적용될 수 있다. 우리나라 재벌들은 100년 혹은 50년 이상 넘긴 경우가 드물다. 더욱이 정경 유착 등으로 수많은 기업이 명멸했다. 창업 때부터 '100년 기업'을 생각한다면 정경 유착과 같은 불공정 행위를 통해 부당 이익을 탐하지는 않을 것이다.

단기 이익에 집착하면 결코 글로벌 경쟁력을 지니는 명품 기업이 될 수 없다. 명문 기업은 수많은 도전과 고난을 이겨 내야만 고객들로부터 사랑받으며 세상의 중심에 우뚝 설 수 있다. 즉 명가의 가문 경영에서처럼 기업도 때로 혹독한 고난의 비용을 치르지 않고서는 고객들로부터 사랑받는 장수 기업, 명문 기업으로 우뚝 설 수 없을 것이다.

셰익스피어의 『베니스의 상인』에서처럼 겉으로 드러나는 금 상자나 은 상자에 현혹되어서는 결코 꿈을 이룰 수 없다. 『베니스의 상인』에는 막대한 재산을 상속한 벨몬트의 포샤 아가씨 이야기가 나온다. 재산뿐만 아니라 지혜까지 겸비한 포샤에게 구혼자들이 줄을 선다. 포샤의 아버지는 임종 전 포샤에게 "금, 은, 납으로 된 세 개의 상자 가운데 초상화를 넣어 두고 그 상자를 고르는 사람을 신랑으로 맞이하라"고 유언했다. 금 상자와 은 상자에는 부귀영화를 상징하는 경구가, 납 상자에는 가혹한 시련을 상징하는 경구와 함께 초상화가 들어 있었다.

두 명의 구혼자는 외양뿐만 아니라 더 많은 것을 얻을 수 있다는 글이 적힌 금 상자나 은 상자를 골랐다. 납 상자에는 모험까지 해야 한다는 경구가 있었기 때문이다. 이들은 겉으로 드러난 가치로 평가하려는 것을 경계한 포샤 부친의 의도를 간과했던 것이다. 밧사니오는 "보이는 것이 전부가 아닐 수 있다"면서 납 상자를 택했는데 결국 아름답고 지혜로운 신부를 아내로 맞았다.

우리나라는 일제 강점기라는 혹독한 시련기를 거쳐야 했다. 일제가 국권을 침탈한 1910년 이후 사회 지도층 인사들에게는 금 상자와 은 상자, 납 상자를 선택해야 하는 얄궂은 운명에 직면했을 것이다. 당시 일제는 화려한 수식어로 금 상자나 은 상자를 주겠다면서 지배층들을 유혹했다. 그렇지만 암흑 속에서도 일신의 영달이 보장되는 금 상자가 아니라 모험과 고난이 뒤따르는 납 상자를 고른 사람들이 있다.

일제에 협력한 대가로 금 상자를 받고 편안한 삶을 누린 집안의 후손들은 그들 조상들이 받은 금은보화보다 훨씬 값비싼 대가를 치르고 있다. 아직도 그들 후손은 친일파라는 주홍글씨를 지우지 못한 채 얼굴 없는 후손으로 살아가고 있다.

당시 일제의 유혹에 넘어가지 않고 모험을 해야 한다는 것을 알면서도 납 상자를 선택한 이들은 고난 속에서 시련을 겪어야만 했다. 심지어 하나뿐인 생명을 내놓기까지 했다. 납 상자를 선택한 이들의 후손들도 가난이 대물림되는 등 후유증을 톡톡히 겪고 있다. 하지만 멀리 내다보면 꼭 그렇지만은 않을 수도 있다. 그 후손들은 당당한 자긍심을 유산으로 물려받았기 때문이다. 그 자긍심으로 부활한 경우는 역사상 수없이 많다.

박경리의 소설 『토지』에 나오는 다음 구절은 자긍심을 먹고 사는 게 얼마나 인간적인 긍지를 지니는 삶인지 역설적으로 알 수 있게 해준다. 조용하와 찬하 형제는 부친의 친일 낙인을 평생 혈통에 대한 열등감으로 부끄러워하며 살아가는데, 결국 형은 자살하고 가문도 파국을 맞기에 이른다.

석주와 우당가의 교훈은 역설적으로 교육을 많이 받아 해방 이후 많은 인물을 배출한 다른 어느 명문가보다 더 후손들에게 정신적인 유산을 많이 물려준 것 아닐까. 개인이든 가문이든 기업이든 국가든 고난이라는 비용을 치르지 않고서는 결코 리더가 될 수 없고, 세상을 움직일 수 없다는 사실을 다시 한 번 노블레스 오블리주의 정신과 함께 되새겨보자.

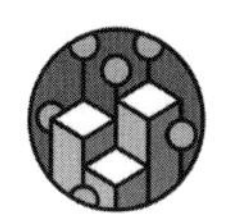

43
자식과 명리, 그리고 수명은 뜻대로 하기 어렵다

"노력해서 진보할 것을 도모해야지, 의기가 꺾여서는 안 된다."

_퇴계 이황

"사람 일생에 세 가지가 뜻대로 이루기 어렵다고 했으니, 자식이 그렇고 명리가 그렇고 수명이 그렇다고 했겠다." 조정래의 소설 『아리랑』에 나오는 말이다. 이 중에서 가장 뜻대로 이루기 어려운 게 무엇일까. 누구에게는 자식일 것이고 누구에게는 명리일 것이고 누구에게는 수명일 것이다. 그가 처한 환경과 여건, 나이에 따라 각각 다른 대답이 나올 수 있다. 그런데 대체로 자식이 가장 어렵다고 대답할 것이다. 그 까닭은 자식이야말로 상대적이기 때문이다. 명리나 수명은 개인의 노력으로 인해 어느 정도 통제 영역에 있다. 다만 자식은 그렇지 못하다. "가만히 내버려 두어도 저들이 알아서 잘 크더라"라고 말하는 이도 있지만, 이는 극히 드문 경우라고 하겠다.

때로는 황제도 자식 때문에 속이 상했다. 청의 강희제는 직접 아들을 가르칠 정도로 완벽주의를 추구했지만 태자 윤잉은 공부하는 흉내만 내고 탈선을 일삼다 결국 폐위되었다. 또 청의 도광제는 공부를 싫어하는 맏아들을 걷어차 죽게 했다. 황제도 자식을 어쩌지 못했다.

자녀를 키우다 보면 하는 양이 마음에 들지 않아 이내 화를 내고 이내 반성하는 못난 부모가 될 것이다. 그럴 때일수록 아이의 단점을 보지 말고 장점을 더욱 북돋워 주면서 아울러 취미도 키워 주는 장기적인 마음가짐이 필요하다. 부모가 된다는 것은 끊임없는 인내와 기다림의 연속이라고 한다. 아마도 세상에서 가장 힘든 일이 '부모 노릇' 아닐까.

아들과 손자를 키우면서 『양아록』을 쓴 조선 전기의 선비 이문건(1494~1567)은 퇴계 이황 등과 교우한 인물로 24년 동안 유배지에서 보냈다. 그런데 공부를 등한시하는 아들의 얼굴을 때려 코피를 나게 했고 공부를 멀리하는 손자를 지팡이로 때리기도 했다. 자기수양으로 존경받은 선비도 아들에게는 때로 절망하고 화를 참지 못했다. 자녀 교육은 어쩌면 500년 전이나 지금이나 별반 다르지 않다. 이문건은 고려 말에 "이화에 월백하고 은한이 삼경인제……"라는 「다정가」를 쓴 이조년의 8대손이라고 한다.

이문건은 조광조의 문하생으로 사화에 연루되어 폐족이 되었고 형들도 사약을 마시고 죽었다. 23년간 유배 생활을 하다 유배지인 성주에서 죽었다. 『양아록』은 유배지 성주에서 손자를 키우면서 쓴 내용이다. 그 아들은 놀기를 좋아하고 공부를 안 했다. 그 아들은 어릴 때 열병에 걸려 풍을 앓아 평생 몸이 성치 않았고 결국 아들을 남기고 요절했다. 하지만 애지중지한 손자는 공부를 하지 않고 놀기를 좋아했다. 하루 종일 그네를 탔다. 급기야 그네 줄을 끊어 버리고 아이를 방으로 끌고 들어와 종아리를 때렸다. 그대로 내버려 두었다가는 버릇이 잘못 들어 자신은 물론 남에게까지 피해를 주는 망나니가 될 것 같았기 때문이다.

"(손자가 자신의 잘못된 뜻풀이를 굽히지 않자) 나는 화가 나서 책을 밀쳐 놓고 대꾸하지 않았다. 다음 날 아침 늙은 아내에게 손자의 잘못을 깨우쳐 주어야겠다고 말했다. 손자를 불러 앞에 엎드리게 하고 말 부릴 때 쓰는 채찍 손잡이로 엉덩이와 종아리를 30대 때렸는데 겁을 먹고 숨 막힐 듯 놀라기에 매질을 그만두었다. 또 초 10일 밤에는 글을 읽으며 익히려고 하지 않아 꾸짖고 그 이유를 말하라고 했다. 그러나 손자는 베개 위에 엎드려 아무 말도 없었다. 치밀어 오르는 화를 참지 못해 대나무로 만든 화살대로 등과 엉덩이를 때렸더니 숨을 잘 쉬지 못해 그만두기도 했다. 19일에도 살펴보고 학문을 익히도록 다시 타일렀지만 따르지 않자 갑작스럽게 화가 나서 지팡이를 집어 들고 사정없이 종아리를 때렸다.

그 일을 다시 생각해 보니 어렸을 때는 늘 어여삐 여기고 안타깝게 생각해서 차마 손가락 하나 대지 못했지만 글을 가르치는 지금은 늘 성급하게 화를 내고 손자를 사랑하지 않게 되었다. 어쩌다 이 지경이 된 것인가. 할아비의 난폭함을 진심으로 경계한다. 손자도 지나치게 게으름을 피워 날마다 익히는 것이 고작 몇 장이다. 서른 번 읽으라고 하면 따르지 않고 열다섯 번이나 열 번 정도에서 그만두고 만다. 글의 뜻을 잘 생각하며 읽으라고 일러도 끝내 말을 듣지 않는 것이 어찌 잘못 아니겠는가. 할아비와 손자가 함께 실수를 서실러 그칠 때가 없구나. 반드시 할아비가 죽은 후에야 멈출 것이다."

이문건은 아들과 손자가 공부를 제대로 하지 않자 때로는 몽둥이를 들었는데 이내 자신의 난폭함을 반성하며 일기를 썼다. 할아버지는 손자에게는 매를 잘 들지 않는 법인데 손자가 어지간히 애를 먹인 모양이다. 이렇듯 수양을 쌓고 쌓은 선비들도 자식 앞에서는 화를 주체하지 못하고 매를 들었으며, 매를 들고 나서는 그 자신도 울었다. 결국 할아버지의 우려대로 아들과 손자는 과거시험에 합격하지 못했고 선비로도 이름을 남기지 못했다.

퇴계 이황은 지금 생각해도 과하다 싶을 정도로 자신의 아들과 손자와 조카들이 제자들과 함께 공부할 수 있도록 배려하고 권유했다. 그가 생전에 멘토링을 한 후손들만 무려 100명에 이른다. 성인으로 추앙받는 퇴계도 자녀 교육에 있어서는 요즘 부모들처럼 극성스러울 정도였다. 퇴계는 과거시험에 대해서는 부정적인 입장이었지만 자신의 아들과 손자들이 과거시험에 합격하도록 조언과 뒷바라지를 아끼지 않았다. 그러나 퇴계의 노심초사에도 불구하고, 퇴계의 아들과 손자들은 초시에는 합격했으나 마지막 관문인 대과에는 합격하지 못했다.

"무사히 공부하고 있음을 알고 마음이 놓인다. 답안지가 등수 안에 들지 못한 것은 네게 당연하다. 안타깝구나. 하지만 이는 네가 평일에 게을리 논 결과이니 다시 누구를 허물하겠느냐. 다만 더욱 노력해서 진보할 것을 도모해야지, 스스로 풀이 죽어 의기가 꺾여서는 안 된다."

이 글은 퇴계가 쉰다섯 살이던 1551년 서른이 다 되어 과거시험을 준비하는 아들 준에게 쓴 편지글이다. 퇴계의 자녀 교육 열정은 그가 쓴 편지에서 확인할 수 있다. 그는 아들 준에게 613통, 손자 안도에게 125통 등 아들과 손자, 후손에게 모두 1,300여 통의 편지를 썼다. 이는 아마 세계적으로도 전무후무한 일일 것이다. 그러나 멀리 보면 자녀 교육에 대한 퇴계의 열정은 그 후손과 후손들로 이어지면서 500년 동안 수많은 인재를 낸 원동력으로 작용했을 것이다.

"나는 애써서 터득한 사람이다.
결국에는 성공하는 데까지 이르렀으니 뜻과 소원을 다 이루었다."
_김득신

중국 최고의 시인으로 불리는 두보는 소년 시절부터 시를 잘 지어 시성으로 명성을 누렸는데, 과거시험에는 합격하지 못했다. 과거시험에 낙방한 두보는 평생 방랑하다 결국 쉰아홉 살에 세상을 떠나지만, 그의 시는 지금도 사람들의 입에 오르내리고 있다. 두보가 만약 과거시험에 붙었다면 시인으로서는 크게 이름을 떨치지 못했을지도 모른다.

그런데 우연일까, 조선시대의 김득신(1604~1684)은 쉰아홉 살에 과거시험에 합격했다. 김득신은 임진왜란 때 진주대첩에서 전사한 김시민의 손자다. 김시민는 후사가 없어 김시회의 넷째 아들 김치를 양자로 삼았다. 김치는 대사간과 경상도 관찰사를 지내다 객사에서 세상을 떠났다. 김치는 택당 이식에게 광해군 당시 최고의 시인이라는 평가를 받았던 인물로, 그의 아들 김득신도 아버지의 재능을 타고나 시인으로 이름을 남겼다. 훗날 김득신은 『사세문과(四世文科)』라는 장서인을 쓸 정도로 가문에 긍지를 가졌다고 한다. 김득신은 아버지의 재능을 물려받아서인지 시를 쓰는 재능은 뛰어났지만 과거시험에는 줄줄이 낙방했다. 그런데 아이러니하게도 오늘날 김득신은 과거시험에 대한 에피소드로 더 이름이 높다.

김득신은 두보처럼 소년 시절부터 시를 잘 지었고 수많은 시를 남겼다. 두보가 과거시험에 합격하지 못한 반면 김득신은 과거시험에 합격했다. 대부분 30대까지 과거시험에 응시하다 계속 떨어지면 포기하는데 김득신은 그렇지 않았다. 도전하고 또 도전해 예순 살을 바라보는 쉰아홉 살에 합격했던 것이다.

김득신이 끝까지 과거시험을 포기하지 않고 합격할 수 있었던 배경에는 아버지의 영향이 컸다. 아버지는 아들이 평소 총명하지 못한 것을 알았다. 아들이 비범하지 못하고 평범한 아이들보다 어리석은 듯 보였다. 아버지는 아들을 '노둔'하다고 표현했다. 한마디로 어리석고 우매하다는 것이다. 아이가 똑똑하고 총기 있기를 바라는 게 모든 부모의 한결같은 소망인데 소년 김득신은 그렇지 못했던 것이다. 과거시험에 번번이 낙방하자 아버지는 보다 못해 아들에게 하나의 지침을 내리기로 했다. 떨어지더라도 낙담하지 말고 예순 살까지는 과거에 응해 보라고 한 것이다.

김득신은 계속되는 낙방에도 책을 읽고 또 읽었다. 책을 읽으면서 몇 번을 반복해서 읽었는지 표시하기 시작했다. 그가 책을 얼마나 읽었는지 직접 쓴 『독수기(讀數記)』에 나온다. 독수기란 책을 몇 번 읽었는지에 대한 기록이라는 뜻이다. 그는 1634년부터 예순일곱 살인 1670년까지 36년 동안 고문을 읽으며 1만 번 이상 읽은 36편의 이름과 횟수를 기록했다. 사마천의 『사기』에 나오는 「백이전」의 경우 무려 1억 1만 3천 번 읽었다고 한다. 서재의 이름도 이를 따서 '억만재'라고 붙였다. 오늘날이었다면 기네스북에 오를 만한 인물 아닐까.

문집 『종남총지』를 남긴 김득신은 죽기 1년 전 자신의 인생에 대해 이렇게 회고했다. "나는 애써서 터득한 사람이다. 결국에는 성공하는 데까지 이르렀으니 뜻과 소원을 다 이루었다." 김득신은 후대에 조선시대의 8대 문장가라고 말할 정도였다. 그는 뒤늦게 출사해 높은 벼슬은 하지 못했지만 416수의 시를 남기고 여든한 살에 세상을 떠났다.

조정래가 소설에서 표현한 것처럼 세상에서 가장 이루기 어려운 게 자식과 명리, 수명이다. 이문건이나 퇴계 이황은 명리를 얻었고 비교적 장수했지만 자식은 명리를 얻지 못했다. 김득신은 장수(83세)를 누렸지만 명리를 얻지 못했다. 다만 김득신은 오늘날에도 이름이 회자되는 것을 보면 당대에서보다 후대에 이름을 얻은 경우라고 할 수 있겠다. 그런데 자식과 명리, 수명 이 세 가지를 모두 얻을 수는 없을까. 그런 욕심은 아마도 인간이 함부로 낼 수 있는 게 아닌 듯하다. 다만 한 가지라도 제대로 이룬다면 행복한 사람 아닐까.

44

재물을 요령 있게 쓰는 법을 터득하라

"선으로 가는 길은 오직 하나요, 악으로 가는 길은 여럿이다."

_아리스토텔레스

신문지면을 훈훈하게 장식한 할아버지가 있다. 경기도 용인시에 사는 손창근 씨가 용인시와 안성시에 걸쳐 있는 자신의 임야 662헥타르(약 200만 평)를 산림청에 기부했다는 기사였다. 50년 이상 관리해 오던 시가 1천억 원대의 대규모 임야를 국가에 조건 없이 기증한다는 내용이었다. 기부한 땅은 김대건 신부의 묘가 있는 천주교 미리내 성지와 인접한 임야로 서울 남산 면적의 두 배 규모다. 손 씨는 1960년부터 잣나무와 낙엽송 등 다섯 종류 200만여 그루를 이 임야에 심어 가꿨다. 임도 16킬로미터를 조성하고 계곡물이 주변 천주교 성지 등으로 범람하는 것을 막기 위해 사방댐을 설치하는 등 산림 관리에 힘을 쏟았다. 그의 자녀도 기부에 적극 동의한 것으로 알려졌다.

또 이런 할아버지도 있다. 할아버지가 생일 기념으로 할머니와 일본을 여행하다 갑자기 세상을 떴다. 생일을 기념해 할머니와 저녁 식사를 하고 가볍게 술을 한잔 하고 잠자리에 들었는데 돌연사했던 것이다. 고등학교를 나와 은행에 다니면서 지방에서 야간 대학에 다녔고 그 와중에 고등고시를 공부해 합격했다. 그런데 할아버지는 공무원의 길을 접고 은행에 다녔다. 아마도 돈을 벌기에는 공무원보다 은행원이 더 낫겠다고 판단했던 것 같다. 할아버지는 억척같이 재산을 불렸다. 그런데 당시 고등고시 합격자라면 고위직으로 올라갈 수도 있었을 텐데, 할아버지는 도쿄 지점장을 끝으로 은행에서 퇴직했다. 그 뒤 정부 산하기관 사장을 역임한 이후에는 주식 투자로 소일했다. 증권사 객장에서는 VIP로 대접받았다.

할아버지의 자녀들은 수백억대에 이르는 할아버지의 재산에 기대어 살아 거의 홀로서기를 하지 못했다. 자녀들은 툭하면 아버지에게 돈을 달라며 행패를 부렸다. 그래도 할아버지는 자녀들에게 결코 큰돈을 주지 않았다. 문제는 할아버지가 돈을 축적할 줄만 알았지 그 돈을 잘 활용할 줄 몰랐다는 것이다. 결국 할아버지가 세상을 떠나자 할머니와 그 자녀들은 유산 전쟁에 돌입했다. 할아버지는 전처와 이혼하고 새부인을 맞았는데 전처와 후처 사이에 각각 자녀를 두었다. 그런데 할머니가 자녀에게는 유산을 거의 주지 않아 유산 전쟁이 불거진 것이었다. 유언장이 있을 것으로 예상되었지만 할머니는 유언장을 공개하지도 않았다. 결국 할머니와 전처 자녀들 간에 유산을 차지하기 위해 골육상쟁 중이다. 악마 같은 돈의 마력이 가족을 해체시키고 있는 것이다. 사회면 뉴스를 보면 돈을 가진 이들은 가진 돈 때문에, 돈이 부족한 이들은 부족해서 바람 잘 날이 없다.

“선으로 가는 길은 오직 하나요, 악으로 가는 길은 여럿이다.” 일찍이 아리스토텔레스는 이렇게 갈파했다. 사람들에게 회자되는 것들은 제각각의 사연들로 이루어진 이야기들이 더 많을 수밖에 없다. 이 모든 이야기의 근원에는 ‘돈’의 이야기들로 넘쳐난다. 대부분 악덕으로 얼룩진 돈의 이야기들이다. 아리스토텔레스는 『니코마코스 윤리학』에서 “과도함과 부족함은 악덕의 특징이며, 중용은 덕의 특징이다”라고 강조한다. 대부분 악덕은 돈의 과도함과 부족함에서 나오기 때문이다. 2300여 년 전이나 지금이나 인간이 살아가는 모습은 별반 다를 바 없는 것 같다.

아리스토텔레스가 아들 니코마코스에게 들려준 행복론인 『니코마코스 윤리학』은 돈의 과도함 혹은 부족함으로 고민하는 이들이라면 필독서로 삼아 평생 경구로 활용할 만하다. 특히 자녀가 자신보다 좀 더 나은 생활을 바라면서 많은 돈을 물려주기를 마치 ‘의무’처럼 여기는 우리나라 기성세대에게 이 책은 ‘돈을 잘 쓰는 기술’을 터득할 수 있는 텍스트로 삼아도 손색이 없을 것이다. 그는 “덕이란 중용으로 이루어진 우리 선택의 기초가 되는 정신 상태”라고 말한다. 이때 중용은 두 악덕, 즉 과도함과 부족함 사이의 중용으로 재물을 관대하게 쓰는 상태인 것이다. 과도함에 치우치거나 부족함에 치우치는 것이 바로 악덕이라는 것이다. 그 과도함은 방탕이며 사치요 부족함은 인색함이라는 것이다. “방탕한 사람은 지출에 있어 지나치고 취득에 있어 모자란 데 반해, 인색한 사람은 취득에 있어 지나치고 지출에 있어 모자란다.”

“과도함과 부족함은 악덕의 특징이며, 중용은 덕의 특징이다.”

_아리스토텔레스

아리스토텔레스는 재물에 대한 관점을 ‘너그러움’과 ‘호탕함’, ‘방탕함’과 ‘인색함’으로 나눈다. 이때 너그러움과 호탕함은 중용을 실천하는 덕의 길이며 방탕함과 인색함은 이와 반대로 악덕의 길에 해당한다. 먼저 재산에 대해 너그러운 사람은 재산을 잘 활용하면서 사회적으로 사용하는 사람이다. 무슨 물건이나 그것을 가장 잘 쓸 수 있는 사람은 그 물건에 관한 덕을 가지고 있는 사람이다. 이때 재물을 가장 잘 사용할 수 있는 사람이 다름 아닌 너그러운 사람이라고 아리스토텔레스는 강조한다. “자기 재산 정도에 따라, 마땅히 써야 하는 일에, 요령 있게 재물을 쓰는 사람이 너그러운 사람이다.”

재산에 너그러운 사람이 되려면 재물을 베풀 수 있어야 하는데, 그러자면 적어도 재물을 어느 정도 소유한 부자여야 한다. 그래서 아리스토텔레스는 너그러운 사람이 되려면 재물을 자신이 직접 취득한 사람보다 재물을 상속받은 사람이 적합하다고 강조한다. “자수성가하여 재산을 모은 사람보다, 재산을 물려받은 사람들이 더 너그러운 것 같다. 왜냐하면 재산을 물려받은 사람들은 궁핍했던 경험이 없고, 자기 자신이 직접 이룬 사람들은 누구나 자기 것에 더 애착을 갖기 때문이다.”

남의 것을 받는 것보다 자기 것을 내주는 데 더욱 인색한 게 인지상정이다. 그런데 너그러운 사람은 마땅히 받지 말아야 할 곳에서는 받지 않을 것이다. 너그러운 사람은 걸핏하면 돈을 청하는 따위의 일을 하지 않는다. 너그러운 사람은 가질 만한 데서만 취한다. 때문에 너그러운 사람이 부자가 되기는 쉽지 않다고 아리스토텔레스는 말한다. 이것은 그가 재물을 얻거나 모으는 데 익숙하지 않고 남에게 주는 수단으로 여기기 때문이다. 아리스토텔레스는 너그러운 사람은 모든 덕 있는 사람들 가운데서도 가장 사랑받는데, 이것은 그들이 유익한 존재이며 주는 자이기 때문이라고 강조한다. 그런데 우리 사회에서 너그러운 사람은 좀처럼 찾기 힘들다. 남에게 재물을 주려면 지속적인 부 창출이 전제되어야 할 것이다. 그렇지 않으면 이내 재물이 바닥날 수밖에 없다.

다음으로 재물에 대해 호탕한 유형이다. 아리스토텔레스는 그것은 '통이 큼'이라는 이름이 시사하는 바와 같이, '큰 규모에서의 알맞은 소비'에 해당한다고 말한다. 즉 호탕함은 소비 규모에서 너그러움을 능가한다. 호탕함의 규모는 상대적이다. 다만 그때 사정과 소비 대상에 적절한 것이어야 한다. 작은 일이나 그다지 크지 않은 일에서 지출한 사람, 예를 들어 "나는 나그네에게 많은 것을 주었다"고 말할 수 있는 사람을 호탕한 사람이라고 부르지 않는다. 큰일에 있어서 알맞게 소비하는 사람을 호탕하다고 부르는 것이다. 즉 호탕한 사람은 너그럽지만, 너그러운 사람이라고 해서 반드시 호탕한 것은 아니라는 말이다. 아리스토텔레스가 살던 시대에 호탕함은, 예를 들어 감사의 봉헌, 신전 건축과 희생 제사와 같은 신들과 관련된 지출들, 신적인 존재들과 관련된 모든 것이 해당한다고 설명한다. 국가적인 축제를 크게 베풀어야겠다고 생각하는 때처럼 공공의 명예심을 만족시키는 온갖 지출이 그러하다. 그 지출이 보람 있도록 만들어 내는 것이 호탕한 사람의 특징이라고 한다. 예를 들어 한 연예인이 동료의 결혼 축의금으로 한 달 치 용돈을 냈다면 호탕한 지출이라고 할 수 없을 것이다.

호탕한 성품이 부족할 때는 '인색함'이라 불리고, 그 지나침은 '속물근성'이나 '과시성 소비' 등에 해당한다. 호탕함이 지나치면 마땅한 일에 있어서 지나친 것이 아니라 옳지 못한 모양으로 지나치게 사치스러운 소비를 하게 된다. 호탕한 사람은 자신을 위해 돈을 쓰지 않고 공공의 일로 돈을 쓴다. 달리 말하면 자신을 위해 재물을 사용하지 않고 다른 사람이나 이웃, 사회를 위해 사용한다.

그런데 지나치게 지출해서 속물인 사람은, 적당한 정도 이상을 써서 지나침으로 흐르게 된다. 즉 그는 조금 지출해야 될 일에 많이 지출하며 천박한 사치를 과시한다. 예를 들면 회식을 조촐하게 해도 될 것을 마치 결혼식 잔치처럼 성대하게 차린다. 그리고 이 모든 것을 그는 명예를 위해서가 아니라 그 부를 자랑하기 위해서 한다. 그는 이렇게 돈을 물 쓰듯 하면 사람들로부터 자기가 존경받는다고 생각한다. 그러나 정작 마땅히 많이 써야 할 곳에는 적게 쓰고 마땅히 적게 써야 할 곳에는 많이 쓴다. 아리스토텔레스는 이를 재물에 대한 악덕의 실천으로서, 방탕함으로 분류한다. 방탕함은 얻는 일에 있어서는 부족한 반면, 주는 일에 있어서는 지나친 유형이다.

마지막으로 재물에 인색함은 대체로 주는 일에는 부족하고 받는 데는 지나친 유형이다. 어떤 사람은 받는 데 지나치고, 또 어떤 사람은 주는 데 부족하다. 구두쇠, 수전노 같은 칭호를 듣는 사람들은 모두 주는 면에서 부족한 사람들이지만, 남의 소유물을 부러워하거나 탐내지는 않는다. 또 다른 어떤 사람들은 무엇이든 그리고 어디서든 받아서 지나치게 재물을 쌓는다. 뚜쟁이나 고리대금업자 같은 사람들이 여기에 속한다. 이런 사람들은 모두 받아서는 안 될 곳에서 받으며, 받아야 할 분량 이상의 것을 취한다. 인색한 이들에게 공통되는 것은 분명히 추악한 욕심이라고 아리스토텔레스는 비판한다. 이들은 모두 얼마 안 되는 이득 때문에 더러운 욕을 먹는다는 것이다.

아리스토텔레스가 재물과 관련해 분류한 네 가지 중에서 재물에 너그러움은 인색함과 대조되고 호탕함은 방탕함과 반대된다고 할 수 있다. 재산이 있어도 베풀기를 즐겨 하는 이들이 있는가 하면 재산이 있어도 꽁꽁 움켜쥐고 내놓으려 하지 않는 이들이 있다. 오히려 가진 이들이 더 인색한 경우도 있다. 그래서인지 인색함은 방탕함보다 더 큰 악덕에 해당한다고 아리스토텔레스는 지적한다. 아마도 그것은 '덕의 선순환'이 아니라 '악덕의 악순환'이 되기 때문일 것이다.

앞서 들었던 사례 가운데 은행원 출신의 할아버지는 재물을 인색하게 사용한 경우에 해당할 것이고, 산림을 기증한 할아버지는 재물을 너그럽게 사용한 사례에 해당할 것이다.

아리스토텔레스는 사람의 생활 형태를 크게 향락적 생활, 정치적 생활, 관조적 생활로 나누었다. 향락적 생활을 하려면 돈을 방탕하게 사용해야 할 것인데 이것은 악덕에 해당한다. 정치적 생활을 하려면 다른 사람들에게 재물을 나누어 주어야 하므로 이는 돈을 너그럽게 사용하는 유형에 해당할 것이다. 단, 이 경우는 나눠 줄 만한 재물을 축적하고 있어야 가능하다. 관조적 생활은 재물의 많고 적음에 상관없이 살아갈 수 있을 것이다. 그런 점에서 보면 향락적 생활은 악덕에 이르는 길이요, 정치적 생활과 관조적 생활은 중용에 이르는 길이라고 할 수 있지 않을까.

아리스토텔레스는 델로스에 새겨진 다음과 같은 잠언을 인용한다.

"가장 고귀한 것은 가장 옳은 것이요, 가장 좋은 것은 건강이라. 그러나 가장 즐거운 것은 우리가 사랑하는 것을 얻는 것이다." 이 잠언에 따르면 건강하고 사랑하는 것을 얻는다면 그것만큼 좋고 즐거운 일이 없다는 말이다. 단, 돈을 인색하게 쓰거나 방탕하게 쓴다면 그것은 악덕의 길이니 즐거운 것이 아니라는 말이다.

45
불행을 탓하지 않고 앞날을 도모하라

"시 짓는 법을 배우는 많은 학자가 소동파의 시에 빠진다."
_이규보

흔히 작가의 생명은 '문체'에 있다고 한다. 문체는 사람으로 치면 고유의 인품이라고 할 수 있다. 글은 단순히 문자의 나열이 아니라 작가의 세계관이 반영된 것인데 이것이 문체인 셈이다. 어떤 작가의 책을 읽을 때 상승 에너지를 느낀다면 그 작가의 문체와 궁합이 맞는다는 의미일 것이다.

소동파(1036~1101)의 시를 읽다 보면 절로 마음에 잔잔한 물결이 일어나고 때로는 위안을 얻고 때로는 에너지를 얻곤 한다. 비단 필자만 그런 게 아닌 모양이다.

송(宋) 대의 소동파는 고려시대와 조선시대를 걸쳐 우리나라 문인들에게 지대한 영향을 끼친 인물로 꼽힌다. 심지어 김부식과 동생 김부철의 이름이 바로 소동파(본명 소식)와 동생 소철 형제의 이름에서 유래했을 정도다.

고려시대의 걸출한 학자이자 관료였던 이규보는 "세상의 학자들이 처음에는 과거시험에 필요한 문체를 익히느라 풍월을 일삼을 겨를이 없다가 과거에 합격하고 나서 시 짓는 법을 배우기 시작하면 소동파 시 읽기를 무척이나 좋아하기 때문에 매년 과거의 방이 나붙은 뒤에 사람마다 금년에 또 서른 명의 소동파가 나왔다고 여긴다"라고 했다.

소동파의 시를 대하면 필자는 다산 정약용의 삶과 글을 대하는 듯한 착각에 빠지기도 한다. 다시 말하면 다산 또한 소동파의 시와 삶에 심취했던 것 아닐까. 소동파는 우리의 유교사상과도 연결된다. 그는 현실참여주의자로서 나라를 걱정하고 백성을 구제해야 한다는 지식인으로서의 사명감이 투철한 시인이었다. 또 다정다감한 성격이어서 백성에 대한 연민의 정뿐만 아니라 가족이나 친구에 대한 인간적 애정과 관심도 유난히 깊었다. 다른 한편으로 지나친 물질주의도 추구하지 않았고 현실 도피적 사고방식도 동시에 지니고 있었다. 또한 자연을 사랑하고 그 자신이 자연으로 돌아가 자연의 일부가 되기를 바랐다. 소동파의 삶과 사상, 시어 등 모든 것이 어쩌면 한국인의 정서와 일맥상통한다고 할 수 있을 것이다.

소동파의 시 「망호루에서 술에 취해 제5수」라는 시에는 대은(大隱), 중은(中隱), 소은(小隱)이라는 말이 나온다. 대은은 조정과 시가지에 사는 것, 소은은 벼슬을 버리고 산림에 묻혀 은거하는 것을 가리키고, 중은은 한직에 있으면서 마음의 여유를 가지며 정신적으로 은거하는 것을 뜻한다.

옛날 중국에서 벼슬길에 나간 사람들은 소은하기를 바랐지만 대부분 대은에서 벗어나지 못했다. 우리의 삶 또한 대부분 생활전선을 떠나지 못하는 대은의 삶이다. 소동파는 그래서 차선으로 중은을 선택했다. 하지만 중은도 쉬운 일이 아니다. 누구나 한직에 있으면 '밀려났다'는 주변의 따가운 시선을 받는다. 소동파조차 소은은 먼 것이었다. 그는 은거 생활을 그리워하며 다음과 같은 시를 짓기도 했다.

소은을 못 이루고 중은이나 하나니
길이길이 한가하게 지낼 수만 있다면
잠시 한가함보다 나을 테지만
내 본시 집 없거늘 더 이상 어디로 가나?
고향에는 이리 좋은 호수와 산도 없는데

소동파의 삶은 그 자체가 교훈을 주고도 남는다. 그는 자신의 자리에서 최선을 다해 살았다. 관리 역할에 충실했고 문인으로 수많은 글을 지었다.

소동파는 아버지 소순과 동생 소철과 함께 3부자가 모두 당송8대가로 이름을 얻었다. 서른 살에 조정으로 들어간 소동파는 그해 부인이 사망하고 이듬해 부친조차 세상을 떠났다. 왕안석의 신법파에 반대하는 구법파에 섰다 정치적 마찰이 극심해지자 지방관을 자청해 떠나기도 했다. 신법파들이 소동파의 시문 가운데 왜곡할 수 있는 것들을 들춰 내 모함함으로써 결국 투옥되었고 마흔다섯 살에 사형 위기에서 겨우 벗어나 유배 길에 올랐다.

유배는 그의 문학을 또한 성숙시키는 계기이기도 했다. 흔히 단점이 장점이 되고 장점이 단점이 된다는 말은 소동파에게 그대로 적용할 수 있다. 5년 넘는 유배 기간에 그는 황무지를 얻어 개간한 뒤 '동파(東坡)'라는 호를 짓고 은거하면서 스스로 동파거사를 자처했다. 쉰 살에 다시 조정에 들어간 소동파는 쉰네 살에 다시 모함을 받자 자청해서 항주 태수로 갔다. 환갑을 앞두고 다시 유배령에 처한 소동파는 급기야 해남도에 있는 담주에까지 보내졌다. 중국 문화권 바깥으로 추방된 셈이었다. 그러나 소동파는 더위와 습기, 가난 등 모든 악조건과 싸우면서도 초연한 마음으로 열대 섬 지방에서 3년에 걸친 유배 생활을 견뎌 냈다. 예순다섯 살에 마침내 자유의 몸이 되었으나 이듬해 7월 28일 세상을 떠나고 말았다.

그러고 보면 연이은 정치적 불행으로 파란만장한 삶을 산 소동파는 중은의 삶을 살았다기보다 조정에서 밀려난 '강요된 중은'이었다고 할 수 있을 것이다. 강요된 중은의 삶이었지만 그것이 오히려 문학 창작의 샘을 더 풍부하고 깊게 해주었던 것이다. 자신에게 드리워진 불행을 탓하지 않고 그 불행을 안고 치열하게 글로 숙성시켜 후세를 살아가는 이들에게 큰 좌표가 되었다.

"오직 이렇게 중은하는 선비는, 몸이 복되고 편안하다네."

_백거이

당 대의 백거이(772~846)는 대표적인 중은론자로 통한다. 이백이 죽은 지 10년, 두보가 죽은 지 2년 뒤에 태어났으며, 같은 시대의 한유와 더

불어 '이두한백(李杜韓白)'의 한 사람이었다. 「장한가(長恨歌)」로 유명한 백거이는 시를 통해 비판했던 고위 관료들의 반감을 사서 좌천되기도 했다. 또한 장안에서 벌어지는 권력다툼의 소용돌이를 피하기 위해 쉰한 살 때인 822년에 자진해서 항저우자사가 되었다. 이후 그는 낙양에 영주하였고, 일흔한 살 때 형부 상서로 관직을 마쳤다. 그는 '북창삼우(北窓三友)'로 유명한데 그가 친구로 삼은 술과 시, 거문고를 말한다. 북창삼우와 시름을 달랜 소동파는 지방의 관직에 은거하면서 중은의 삶을 살았던 것이다. 반면 도연명은 호구지계를 위해 마음에도 없는 상관에게 허리를 굽혀야 하는 수모를 피해 관직을 버리고 전원으로 돌아왔다. 중국에서는 소은의 삶을 산 이들을 가리켜 '죽림칠현'이라고 한다. 소은의 삶을 산 사람들은 관직이나 명예보다 자신의 본성에 가장 충실했던 이들이다.

백거이는 중은의 삶을 이렇게 시로 남겼다.

대은은 조정과 저잣거리에 숨고,
소은은 산속에 들어가는 것이라네.
산속은 너무 쓸쓸하고,
조정과 저잣거리는 너무 시끄럽다네.
차라리 대은과 소은의 중간에 은거하여,
관직에 은거하는 것이 적당하다.
관직에서 물러난 듯 그 자리를 차지한 듯,
바쁘지도 않고 한가롭지도 않네.
마음과 힘을 기울이지도 않고,

배고픔과 추위를 면하네. (중략)

오직 이렇게 중은하는 선비는,

몸이 복되고 편안하다네.

빈궁과 달통, 풍부와 간소,

이 네 가지 중간에서 산다네.

시에서 표현된 것처럼 중은의 삶은 일단 배고픔과 추위를 면해 준다. 백거이는 유배령에 처해지지 않았던 것으로 보아 소동파보다 조정 대신들의 핍박을 덜 받았다고 할 수 있다. 조정 대신과의 긴장 관계 속에서 백거이는 아예 지방의 한직을 택해 은거하는 방식을 택했다. 자연에 은거하는 삶이 아니라 지방관에 은거하는 삶이었던 셈이다.

봉건 왕조에서 자신의 충정이 외면당하고 정당하지 않게 배척당했다면 역모를 꾀하거나 아예 관직을 버리고 산속에 은거하는 방법을 택한다. 백거이는 이와 달리 파벌에 끼어야 살아남는 조정의 관직 생활을 버리고 지방으로 내려가 관직 생활을 하며 시를 짓고 지조 있는 삶을 택한 것이다. 권력에 대한 욕망은 술과 거문고, 시로 달랬다. 이렇게 보면 백거이의 중은은 소동파의 중은과 성격이 조금 다르다. 백거이는 조정에서 지방으로 좌천당하자 아예 지방 관리를 자청해 그곳에 눌러 산 '자의에 의한 중은'인 반면, 소동파는 치열하게 조정과 긴장 관계를 유지해 결국 유배지를 전전하는 '강요에 의한 중은'을 살게 된 것이다. 하지만 이들은 공동적으로 시문으로 시름을 달래며 후세에 길이 이어지는 글들을 남겼다.

흔히 과거시험에 합격해 조정에 출사하면 고위관리가 되어 선정을 베푸는 역할을 하려는 목표를 갖는다. 유교사상에서는 이것을 신하의 도리로 여긴다. 중은의 풍조는 당 말기에 성행하기 시작했는데, 명 대에 이르러서는 대은과 중은, 소은에 더해 시은(市隱)이라는 풍조도 생겼다. 명 대에 이르러 성시산림(城市山林)이라는 새로운 풍조가 유행했는데, 소란스러운 도시의 현실 공간에서도 산림처럼 구속되지 않는 구조의 거주 환경을 만들어 즐기는 풍조였다. 이것은 일종의 시은(市隱)이다. 성시산림은 명 대에 수많은 민간 정원이 조성되는 계기가 되었는데, 대표적인 민간 정원으로는 쑤저우에 있는 '졸정원'을 꼽을 수 있다. 하지만 시은은 시내에 정원을 조성하는 데 필요한 막대한 재물이 뒷받침되어야 한다는 점에서 누구나 꿈꿀 수 있는 은거 문화라고 할 수는 없다.

소동파와 백거이, 그리고 이들을 둘러싼 송 대와 당 대 조정의 권력투쟁을 통해 현대의 기업 환경에 많은 시사점을 얻을 수 있다.

먼저 기업의 환경이 백거이와 소동파가 활동하던 당 대와 송 대의 조정처럼 유능한 직원을 밀어내는 조직 문화가 아닌지 점검해 볼 일이다. 필자가 신문기자로 근무할 때 '줄서기'를 하지 않으면 안 되는 문화가 지배적이었다. 줄서기를 하지 않는다는 것은 승진이나 부서 배정 등에서 불이익을 감수한다는 것과 동의어였다. 줄서기를 주도한 선배들은 조직의 리더가 되었고 이러한 리더를 둔 조직들이 회사를 좌지우지했다.

결국 조직의 생존경쟁에서 밀려난 조직과 그 조직에 줄을 선 직원들은 쓴맛을 감당해야 했다. 급기야 서로 비난하고 적대시하기까지 하는 문화가 팽배했다. 더러는 이러한 문화를 감당하지 못하고 불이익을 당하는 이들이 생겨났고 한직으로 추방되기도 했다. 이것이 소동파식의 '강요된 중은'인 셈이다. 심지어 회사를 떠나는 기자도 생겨나기 시작했다. 또한 어떤 동료는 아예 한직을 자청하거나 한직으로 밀려나면 그 자리에서 자신이 하고 싶은 일들을 하며 조직 속에서 은거를 즐겼다. 일종의 백거이식 '자의적인 중은'인 것이다.

조직에서 중은의 문화가 팽배하면 그 조직은 다이내믹한 역동성을 잃고 회사의 시스템에 의해 조직이 운영되는 것이 아니라 회사의 조직이 회사 경영에 영향을 미치는 지경에까지 이를 것이다. 힘이 쏠린 조직의 리더가 회사를 좌지우지하면서 임직원들의 창발성이 위축될 수밖에 없다. 눈에 거슬리지 않기 위해 보신하는 풍조가 생겨나기도 할 것이다. 회사 내 한직이나 지방으로 발령을 자청해 은거할 수도 있을 것이다. 이렇게 되면 조직의 시너지를 기대할 수 없게 된다. 안일한 근무 풍조가 확산되기 마련이다.

물론 이러한 조직의 위기는 개인에게 위기로 작용하지만 소동파에게서 확인할 수 있듯이 새로운 기회로 작용하기도 할 것이다. 자신을 되돌아보고 반성하고 성찰하면서 다시 앞날을 도모할 수 있는 목표를 세우고 도전으로 나아가게 할 수 있을 것이다.

우리나라 기업 문화에서 휴가철이 되면 직원들은 상관의 눈치를 보게 된다. 휴가조차 상관의 눈치를 봐야 한다면 그 조직은 심각한 위기라고 진단하지 않을 수 없다. 경영자라면 직원들이 상관의 눈치 때문에 휴가조차 제대로 못 가는 일은 없는지 은밀히 점검해 볼 필요가 있지 않을까. 결론적으로 기업에서 이른바 '중은'의 심리가 확산된다는 것은 기업 경영의 비상등이 켜진 것이라고 할 수 있을 것이다.

46
떳떳한 자신을 위해 욕망보다 의무를 선택하라

욕망과 타협한 것에 대한 자책감, 이광수의 『무정』.

"이보게 춘원……."

사람들이 가득한 다방 안에서 커다란 목청으로 이렇게 부르는 사람이 있다. 김소운과 마주 앉았던 춘원이 고개를 돌려 그쪽을 본다. "이보게, 그 자네 창씨 이름 말이야…… 뭐라고 불러야 되나? '고오장'인가 '가오리야마'인가……." 이광수에게 창씨 개명한 이름을 묻는 것은 여러 사람 앞에서 놀려 주자는 악동 짓일 것이다. 이때 춘원은 얼굴을 좀 붉히면서 "마음대로 부르게나……"라고 응수했다. 김소운이 쓴 「삼오당잡필」에는 이광수가 창씨개명을 한 이후의 이 같은 일화 한 토막이 실려 있다. 춘원은 일제가 창씨개명을 강요할 때 '香山'이라는 일본 성을 썼다. 이광수는 '민족을 위한 친일'이라는 명분 아래 솔선해 창씨개명에 나섰고 내선일체만이 민족 보존의 길이라며 서슴없이 징병제까지 주장했다. 김소운은 얼굴을 붉히면서 대답이 없던 춘원의 모습을 두고

"그날의 그 '쇽크(쇼크)'를 나는 십수 년이 지나도록 잊을 수가 없다"고 적고 있다.

춘원 이광수(1892~1950)의 첫 소설이자 출세작인 『무정』은 신분 상승을 향한 개인적 야심의 민족적 사명감과의 절충에서 나온 작품이라고 비평가들은 평한다. 그것은 『무정』이 1917년 1월에서 6월까지 총독부 기관지인 「매일신보」에 연재되었기 때문이다. 이광수에게 「매일신보」와의 인연은 그의 평생에 걸친 정치적 행로와 관련해 총독부와 타협에의 첫걸음을 내딛는 중요한 사건이라 할 만하다. 즉 「매일신보」를 매개로 한 총독부 측의 후원은 한편으로 세상에 이름난 사람이 되겠다는 이광수에게 야심의 실현을 향한 발판이 되어 준 것이 분명하지만, 친일이라는 원죄에 노출되어 있기 때문이다. 말하자면 『무정』은 출생부터 태생적 한계를 지니고 있다고 하겠다. 그것도 1917년 새해부터 개인적 야망을 위해 욕됨을 무릅쓴 것이다. 말하자면 이광수는 '미생'의 처지를 벗어나기 위한 방편으로 일본을 '이용'한 것인데 이것이 그만 그에게 그만 친일의 족쇄가 되고 만다. 이광수는 1937년 동우회 사건을 계기로 회원들을 구한다는 명목 아래 전향하고, 1940년 마침내 '香山光郞'으로 창씨개명을 선언함으로써 적극적인 협력의 길에 나섰다.

개인적 욕망과 야심을 실현하기 위해 민족에 대한 의무를 저버린 이광수의 선택은 그의 작품에서도 그대로 드러나고 있다. 이광수의 소설에서는 대부분 애정 삼각관계를 기반으로 전개되고 있다. 그런데 애정 삼각관계의 수체가 한편으로 사회적인 관습이나 윤리적 규범에 따른 '의무'를 저버려서는 안 된다는 일종의 강박관념을 가지고 있으면서도, 반드시 개인의 야망을 실현하기 위한 '욕망'의 축을 선택하는 경향이 있다는 점이다. 『무정』에서 주인공 이형식이 영채(의무)가 아닌 선형(욕망)을 선택하는 것이 대표적이다. 장 샤를 세뇨레의 『문학적 주제와 모티프 사전』에 따르면 고대 이래 애정 삼각관계는 공통된 하나의 구조가 존재한다. 한편으로는 열정을 고양시키면서 다른 한편으로는 철저하게 도덕성을 규정하는 이분법을 그 기본적인 구조로 한다. 바꾸어 말하면 한편으로는 '욕망'이, 다른 한편으로는 '의무'가 애정 삼각관계의 대립 축을 이루고 있는 것이다.

이광수 소설의 애정 삼각관계의 특질과 관련해 한 가지 더 주목해야 할 것은 그 주체가 '욕망'을 선택한 행위에는 반드시 '의무'를 저버린 데 대한 '자책감'이 수반되고 있다는 점이다. 『무정』에서 보듯이 이광수의 소설들은 시종일관 '의무와 욕망 사이'의 양자택일에 직면하는데, 이때 '욕망'과 타협한 데 대한 '자책감'에 휩싸이고 있는 인물들을 다루고 있다. 그의 소설에서 이 자책감 문제는 그의 자전적 삶의 맥락에서 특히 정치적 행로의 문제와 관련해 떳떳하지 못했던 데 대한 이광수 자신의 내적 자괴감과 무관하지 않다고 할 수 있을 것이다.

『무정』에서도 예외는 아니다. 주인공 형식이 자신의 욕망을 위해 약혼하는 선형은 양반이요 재산가인 김 장로의 외동딸로서, 여학교를 마치고 미국 유학까지 준비하고 있는 유복하게 자란 처녀다. 반면 형식은 일찍이 부모를 여의고 가난과 외로움으로 자랐다. 가산을 팔아 신교육에 나선 박 진사의 집에 의탁해야 했고 고학으로 교사라는 신분을 얻을 수 있었다. 사정이 이러한 만큼, 형식에게 미모와 재산과 지위를 두루 갖춘 선형과의 결합 가능성은 말 그대로 새로운 신분을 획득할 수 있는 절호의 기회로 여겨질 만하다. 이는 형식이 선형과 약혼할 꿈에 젖어 선형과의 화려한 생활을 공상하고 있는 대목에서 분명하게 드러난다. "자기의 운수에 봄이 돌아온 것 같다…… 사랑스러운 선형과 한 차를 타고 같이 미국에 가서 한 집에 있어서 한 학교에서 공부할 수가 있다. 아아, 얼마나 즐거울는지. 그리고 공부를 마치고 나서는 선형과 팔을 겯들고 한 데로 한 차로 본국에 돌아와서 만인의 부러워함과 치하함을 받을 수가 있다. 아아, 얼마나 즐거울는지." 그야말로 탄탄대로의 인생이 예고되어 있다.

유복한 처녀인 선형에 비하면 몰락한 집안에 태어나 부모 잃고 고아로 떠돌다가 기생 신분으로까지 전락한 기구한 운명의 영채는 형식에게 부담스러운 존재일 뿐이다. 형식에게 영채는 단지 은사에게 진 빚을 갚아야 하는 채무자와 같이 '의무'의 대상이다. "옳다. 나는 영채를 구원할 의무가 있다. 영채는 나의 은사의 따님이요, 은사가 내 아내로 허락하였던 여자라. 설혹 운수가 기박해 일시 더러운 곳에 몸이 빠졌다 하더라도 구원의 책임이 있다." 그러나 그의 욕망은 이미 선형 쪽을 향하고 있고 영채를 구원해 사랑하겠다는 그의 다짐은 다짐으로 그치고 만다. 실제로 형식은 영채를 구원해야 한다는 의무감에 골몰하고 있는 것처럼 보이지만 형식의 내심은 사실 그 '의무'로부터 벗어나고 싶은 쪽에 더 가까이 있다. 형식은 영채의 겁탈 사건과 관련해 한편으로 영채가 더럽혀졌다는 사실을 애써 부인하고자 하면서도, 결국 그것을 기정사실화하는 쪽으로 기울면서 이중적인 태도를 취한다. "암만 하여도 우선의 '벌써 틀렸다' 하던 뜻을 '영채의 몸은 벌써 더러워졌다' 하는 뜻으로 해석하기는 싫다…… 그러나 그 손발을 동여맨 것이 무슨 뜻일까. 옳다! 영채의 몸은 더러워졌구나. 영채의 몸은 김현수에게 더러워졌구나 하였다." 형식은 친구 신우선이 영채가 겁탈당한 장면을 보고 말한 대목을 곱씹어 보면서 영채가 이미 겁탈당해 정조를 잃었다고 결론 내리고 있는 것이다. 그래야 자신이 영채 대신 선형을 선택한 행위가 정당화되기 때문이다.

영채는 유서를 써놓고 대동강 물에 빠져 죽겠다며 평양으로 간다. 형식은 영채를 찾으러 평양에 가지만 곧바로 영채의 죽음을 기정사실화하고 되레 길안내를 맡은 기생과 유쾌한 시간을 보낸다. 그런데 평양행 기차를 탔던 영채는 기차에서 일본 유학에서 돌아오던 김병욱을 만나 그녀의 설득으로 자살을 접고 그녀를 따라간다. 그리고 일본 유학길에 오르는데 때마침 기차 안에서 이형식의 미국 유학 소식을 듣게 된다. 마침내 형식은 기차에서 영채와 극적으로 재회하고 극심한 자책감에 휩쓸린다. 형식의 자책감은 그 자신 선형에 대한 '욕망'에 이끌려 영채에 대한 '의무'를 외면하고자 했다는 데서 비롯된다. "영채를 따라 평양까지 갔다가 죽고 산 것도 알아보지 아니하고, 뛰어와서 그 이튿날 새로 약혼을 하고, 그 뒤로는 영채는 잊어버리고 지나온 자기는 마치 큰 죄를 범한 것 같다…… 영채가 세상에 없으매 잊어버리려 하던 자기의 죄악은 영채가 살아 있단 말을 들으매 칼날같이 날카롭게 형식의 가슴을 쑤신다."

미생에서 완생으로

주목할 만한 것은 『무정』의 이야기가 바로 친일 행위에 가담한 이광수 자신의 내적 갈등과 모종의 구조적 유사성을 보여 준다는 점이다. 이광수는 두 번째 일본 유학에서 독립은 당장 이루어질 수 없는 것이며, 따라서 일본의 문명개화를 배워 이를 조선에 적용함으로써 실력을 양성하는 길이 당장으로서는 최선이라는 생각을 가지게 된다. 이것이 이광수가 우리에게 역사에서 들려주는 살아남기의 교훈이다. 그 같은 '타협'이 정당한 것이라는 이광수 자신의 신념이 『무정』에서는 새로운 신분을 향해 상승하고자 하는 형식의 개인적인 야심에 민족적 사명감을 절충함으로써 정당한 것으로 자리매김하고 있었던 것이다.

이광수의 삶과 소설 『무정』은 무엇보다 우리에게 '첫 단추를 잘 꿰어야 한다'는 점을 웅변해 준다. 이광수는 두 살 때 콜레라로 부모님을 여의고 졸지에 고아가 되었고 이를 타개하기 위해 자신의 든든한 후원자이자 상징적인 '아버지'가 필요했다. 정신분석학적으로 볼 때는 이광수가 '총독부'와의 타협한 것을 이런 관점에서 해석하기도 한다. 하지만 그 어떤 변명과 합리화에도 불구하고 이광수의 정치적 타협은 '현실에서 살아남기'에는 성공했지만 '역사에서 살아남기'에는 실패한 선택이었다. 춘원의 후손들은 지금까지도 '독립운동가와 반민족행위자 사이에서' 벗어나지 못하고 있다. 미국에서 살고 있는 춘원의 막내딸 이정화 박사는 아버지로 인해 피해를 입은 분에게 사죄한다는 인터뷰(조선일보 2014.10.13)를 하기도 했다. "연좌제 비슷한 게 있으니 제 팔자는 민족 앞에서 사과할 수밖에 없는 것이죠. 아버님을 사랑하는 분들에게는 감사를, 미워하는 분들에게는 사과를 드리고 싶어요." 춘원의 1남 2녀 자녀들은 미국에서 사회적으로 성공했는데 아직도 아버지에게 드리워진 '친일'이라는 연좌죄에서 자유롭지 못한 모양이다. 이광수는 1917

년의 새해 벽두를 「매일신보」에 첫 소설을 연재하며 의욕적으로 시작했지만 그게 지울 수 없는 역사의 '주홍글씨'가 되었던 것이다.

또한 『무정』은 '욕망과 의무 사이'에서 선택이 얼마나 중요한지를 교훈적으로 깨닫게 해준다. 즉 냉혹한 현실에서 살아남기 위해 자신에게 주어진 의무를 저버리고 욕망을 좇는다면 설혹 욕망을 이루었다고 해도 그 대가로 자책감이 동반된다는 점이다. 흔히 현실에서 살아남기 위해 타협하는 경우가 있다. 정도가 아닌 줄 알면서도 정도가 아닌 길을 선택하기도 한다. 때로 '욕망과 의무 사이'에서 혼란스럽다면 욕망의 요소를 최대한 배제하고 접근할 필요가 있다. 일시적으로 살아남기 위해 욕망에 따른 선택을 한다면 끝내 자신을 죽이고 조직을 죽이는 선택이 될 수도 있을 것이다.

이광수는 식민지 시대에 자신의 야심을 이루기 위해 또는 단지 살아남기 위해 총독부와 타협하는 쪽을 선택했을 테지만 그것은 결코 최선의 선택이 아니었던 것이다. 말하자면 타협하면서 살아남을 수는 있지만 역사에서는 죽는 선택이었다. 더욱이 분명한 사실은 그 자신이 소설에서 누누이 드러내고 있듯이 거기에는 그 자신도 어쩔 수 없는 자책감이 동반된다는 점이다. 또한 춘원처럼 놀림을 당할 수도 있다.

욕망과 의무 사이에서 선택을 강요당한다면 의무에 따르는 선택을 해보는 게 어떨까. 그게 개인이 살고 조직과 기업이 살고 국가가 사는 선택이기 때문이다. 우리는 그동안 그런 선택을 하지 않았기에 지금껏 개인도 사회도 역사도 그 자책감에서 자유롭지 못한 것이다. 이광수의 『무정』을 읽으면서 '욕망과 의무 사이'의 사색을 시작해 봄이 어떨까.

덧붙이자면 『무정』을 읽으면서 바둑의 '미생(未生)'과 같은 존재로

'살아남기'에 대해 생각해 본다. '미생'은 바둑에서 집이나 대마 등이 살아 있지 않은 상태 혹은 그 돌을 이르는 말이라고 한다. 완전히 죽은 돌을 뜻하는 사석(死石)과 달리 미생은 완생(完生)할 여지를 남기고 있는 돌을 의미한다는 차이가 있다. 즉 외부를 향한 활로가 막혀도 죽지 않는 상태의 돌인 완생으로 반전할 수 있는 게 바로 미생이다. 이때 '욕망과 의무 사이'에서 선택이 중요하다. 자칫 욕망으로 무게가 쏠리면 사석이 될 수 있다. 달리 말하자면 의무로 무게중심을 잡아야 완생에 이를 수 있다는 말이다.

47
인생은 한바탕 남가일몽, 반전을 추구하라

마오쩌둥이 다섯 번이나 읽은 책, 『홍루몽』.

영화는 영원하지 않다. '일음일양지위도'라는 말처럼 음은 양이 되고 또 양은 음이 된다. 모두가 다 그런 것은 아니다. 양이 음으로 바뀌고 다시는 양이 되지 못하는 경우도 있다. 이때 중요한 것은 도덕성이다. 도덕성을 견지한다면 쇠퇴기를 이겨 내고 다시 부흥기를 맞을 수 있다. 도덕성이 결여되면 다시는 일어설 수 없다. 설사 일어나더라도 욕됨을, 굴욕을 안고 살아야 한다. 그게 일음일양지위도가 진짜 내포하고 있는 핵심적인 의미일 것이다. 그런데 양의 국면은 특히 오래가지 못한다. 마치 봄날처럼 지나간다. 반면 음의 국면은 지겨우리만큼 길고 오래가는 것처럼 느껴진다. 이때 노력하면서 끈기 있게 때를 기다려야 하는데, 그 국면이 바로 밀운불우(密雲不雨)라고 할 수 있다.

일찍이 마오쩌둥이 다섯 번이나 읽은 책이 있다고 했는데, 바로 조설근(1715~1763)이 1740년에 쓴 『홍루몽』이다. 마오쩌둥은 "『홍루몽』을 읽지 않으면 중국의 봉건 사회를 이해할 수 없다"고 했다. 어쩌면 마오쩌둥은 『홍루몽』이라는 대하소설을 읽으면서 혁명에 이르기까지의 밀운불우의 시기를 견뎌 내는 비법을 터득했는지도 모른다는 생각마저 든다. 마오쩌둥은 또한 『홍루몽』을 읽으면서 왜 중국인들이 이 소설에 열광하는지 깊이 생각했을 터이다.

조설근은 이 소설의 도입부에서 그 자신은 지난 10년 동안 내용을 보완하면서 책이름을 '금릉십이차'라고 했다고 적고 있다. 금릉의 열두 여인의 이야기라는 뜻이다. 이야기의 중심이 남자 주인공 가보옥이 아닌 열두 여인에 있음을 표방한 제목이다.

"지금 이 풍진 세상에서 한 가지 일도 이루지 못하고 녹록한 인생을 살면서 홀연 지난날 알고 지내 온 모든 여인이 하나씩 생각나 가만히 따져 보니 그들의 행동거지와 식견이 모두 나보다 월등하게 뛰어났음을 알 수 있었다. 나는 수염 난 대장부로서 어찌 저 치마 두른 여자들만 못했단 말인가 하고 생각하니 실로 부끄럽고도 남음이 있었다."

먼저 조설근은 완고한 전통 사회가 심각한 균열상을 드러낼 때 남성보다 더 주도적인 여성을 전면에 내세우면서 '창조적 파괴'로 새로운 소설을 선보였다. 『홍루몽』은 영웅호걸을 중심으로 한 『삼국지연의』나 『수호전』, 『금병매』 등과는 확연히 다른 면모를 보여준다. 특히 남자 주인공인 가보옥은 남존여비와 입신양명을 극도로 혐오하는, 남성 중심 혹은 유교 중심의 봉건 사회에 반항하는 이단아라 할 수 있다. 또한 '금릉십이차'라고 불리는 열두 명의 여주인공도 학식과 교양을 갖춘 여인들로 서로 시를 지으며 내면의 깊은 감성을 교류할 줄 안다. 이는 그 이전의 작품에서 여주인공들이 남성에게 종속적인 존재로 그려지거나 작품에서 부수적인 역할로만 묘사되었던 것과 판연히 다른 점이다. 『홍루몽』은 그야말로 세상의 약자인 여성들이 중심이 되어 그들만의 세상을 만들어 나간 유토피아와 그 쓸쓸한 퇴조에 대한 이야기를 담고 있다.

『홍루몽』을 글자대로 풀이하면 '붉은 누각의 꿈'이다. 주인공 가보옥과 그의 사랑을 담뿍 받은 임대옥과 그의 자매들, 가보옥을 따랐던 여인들은 중국식 정원인 '대관원'이라는 낙원에서 행복하고 순수한 청춘의 시대를 보낸다.

『홍루몽』에서 인생의 행복은 봄날의 꽃처럼 잠시 피어나지만 이내 꽃이 떨어지면 더 쓸쓸한 것과 같다. 사랑은 행복의 향기를 내지만 오히려 불행의 향기를 더 진하게 품고 있다는 게 『홍루몽』의 이야기다.

해당화 시사모임(제37, 38회)은 봄날의 절정에 해당한다. 가보옥과 임대옥과 대관원의 여인들은 시모임을 만들어 시를 짓고 나눈다. 이들은 시모임의 이름을 '해당화 시모임'으로 짓고 대관원에서 시를 짓고 품평을 한다. 그런데 이들은 이름 대신 아호를 지어 불러 준다.

"정녕 시모임을 만든다고 하면 우리 모두가 진짜 시인이 되는 것이니 우선 언니, 동생이니 시동생, 형수님이니 하는 호칭부터 없애야 비로소 속되지 않을 것 같아요." 말하자면 가족이나 친족 간에도 위계질서가 있는데 아호를 부르면 자유롭게 서로를 대할 수 있다. 그래서 임대옥은 소상비자, 설보차는 형무군, 가보옥은 이홍공자, 이환은 도향노농, 탐춘은 초하객 등으로 서로 아호를 지어 준다.

'『홍루몽』의 경영학'에서 배울 수 있는 것은 전통적인 완고한 조직일지라도 내부적인 구성원들의 자발적인 모임의 중요성이다. 전통 사회는 엄격한 위계질서에도 불구하고 '계급장 떼고' 허심탄회하게 재능을 뽐내는 내부 문화가 존재했다는 점이다. 우리나라도 조선시대에 선비들은 주기적으로 모여 시를 읊고 우정을 다졌다.

"살구꽃이 필 때 한 번 모이고, 복숭아꽃이 막 피면 한 번 모인다. 한여름에 참외가 익으면 한 번 모이고, 서늘해지면 서지(西池)에서 연꽃구경하러 한 번 모인다. 한 해가 저물 무렵 분에 매화가 피어나면 또 한 번 모인다…… 모일 때마다 술과 안주, 붓과 벼루를 장만하여 술을 마시고 시를 읊도록 한다."

'홍루'의 여인들은 서로 지은 시를 평하면서 이상적인 모임을 갖는다. 그러나 이도 잠시뿐이다. 대관원 안에서 머물던 꽃다운 아가씨들도 하나둘 떠나간다. 가부의 부귀영화를 뒷받침해 주던 귀비 원춘이 세상을 떠나자 대관원에도 어두운 그림자가 스며든다. 영춘은 부친의 강요에 의해 원하지 않은 결혼을 해서 핍박받다 1년 만에 죽는다. 탐춘은 멀리 동남 해안 지방으로 시집가 다시는 친정 식구들을 볼 수 없게 된다. 언니들의 불행한 삶을 지켜보던 막내 석춘은 아예 마음을 접고 출가해 비구니가 되기를 자처한다. 봄으로 상징되는 청춘의 세월은 그렇게 끝나 간다. 이와 함께 가부의 가세는 점차 쇠퇴의 길로 들어선다.

흥성했던 가부가 쇠망의 전주곡이 울리던 그때 대관원에서 진행되던 시모임인 해당회시사(제37회)는 도화시사(제70회)로 다시 이름을 바꾸고 시모임을 연다. 이때는 가보옥과 임대옥, 설보차, 사상운, 보금, 탐춘 등 사람이 줄어들었다. 말하자면 시모임에서도 봄날은 가고 있음을 알 수 있다.

여기서 알 수 있듯이 시모임은 조직의 융성기에 등장해 그 융성기의 하강 국면에는 모임이 축소되거나 단절되고 다시 시즌2의 시모임으로 재등장한다는 점이다. 더욱이 그 시의 내용도 점차 양의 기운에서 음의 기운으로 넘어간다. 이는 마치 당시를 비교분석할 때 초당(初唐)과 성당(盛唐), 만당(晩唐) 시기의 시가 제각기 그 성격을 달리하는 것과 마찬가지다. 당시는 성당기까지는 자신감과 호방함이 넘쳐나지만 만당기에는 시 또한 인생의 황혼기의 색조를 띤다. 개인이나 가문, 조직, 기업에서 어떤 모임이 활성화되는 시점이라면 그 조직은 융성기에 해당한다고 할 수 있다. 반면 모임이 정체기에 있거나 다시 새로운 모습으로 재정비하는 모습을 보인다면 융성기를 지나가고 있다는 신호로 받아들일 수 있지 않을까.

"가을에 지는 허무한 꽃 신세, 이것이 생사의 운명이니 그 누가 피할쏘냐."
_『홍루몽』

여인들이 시모임을 만들 수 있었던 것은 가부와 분리된 대관원이라는 신진 세대들만의 거주 공간이 있었기에 가능했다. 『홍루몽』은 중국식 정원을 상징하는 '대관원'을 중심으로 가보옥과 임대옥, 설보차를 둘러싼 비극적인 사랑을 한 축으로 하고, 가씨 가문의 '가부(賈府)'를 중심으로 한 가씨 가문의 흥망성쇠가 핵심적인 줄거리로 펼쳐진다. 부(府)는 황족의 일족이 사는 집을 일컫는다. 말하자면 대관원이 신진 세대들의 사랑과 행복을 꿈꾸는 자유와 이상의 공간이라면 가부는 전통의 질서가 작동하고 가문의 흥망성쇠를 결정하는 공간이기도 하다. 전통 사회에서도 기존 세대가 권위와 질서를 앞세우고 있었지만 신진 세대는 그들만의 공간에서 새로운 정신과 문화를 호흡하며 새로운 사회로 한발 나아갈 수 있었던 것이다.

여기서 『홍루몽』에서 배울 수 있는 세 번째 조직 행동론 측면인데, 개인이든 조직이든 기업이든 새로운 정신을 호흡하고 사색하며 창의적 문화를 누릴 수 있는 공간, 즉 일종의 '코쿠닝 벙커cocooning bunker'와 같이 자유스러운 공간이 필요하다. 마치 누에가 고치를 짓듯이 그만의 비밀 공간이다. 『홍루몽』에서 대관원이 그런 역할을 했고 그 대관원에서 해당화시사를 열 수 있었던 것이다.

"세상에서 늘 말하는 속담이 있지요. 달도 차면 기울고 물도 차면 넘친다고 했지요. 또 높이 올랐다가 떨어지면 더욱 심하게 다친다고 하지 않았던가요? 우리 집안도 지난 백 년 동안이나 그 이름을 날리면서 영화를 누렸지만 즐거움이 극에 달하면 슬픈 일이 생긴다고 했듯이 고목나무 쓰러지면 원숭이들이 흩어진다고 했듯이 이젠 서서히 그 속이 텅 비어 가는 것만 같아요."

가부의 가장 큰 어른인 녕국부의 가경은 도교사원에 머물며 불로장생의 연단술에만 매달려 지낸다. 그의 아들 가진은 아들 가용의 처, 즉 며느리인 진가경과 불륜 관계를 맺기도 하고 처제인 우이저, 우삼저와도 성적인 관계를 유지한다.

가씨는 거짓말이 아니라
백옥으로 집을 짓고, 금으로 말을 만는다네.
아방궁 삼백 리라도
금릉의 사씨 하나 다 들어가지 못한다네.

이 시가 암시하듯이 영국부의 경우 가모의 큰아들 가사는 권세만 부리고 가문의 세력에 힘입어 약자를 괴롭힌다. 그나마 영국부의 중심이 되어 군자로서 모습을 보이는 인물은 둘째 아들 가정이다. 가정은 유가적 군자의 풍모를 지니고 글공부에 전념해 관료가 된다. 집안일은 큰아들인 가사의 아들 가련에게 맡겨지지만 그는 주색잡기에 능하다.

이처럼 집안의 중요한 일들을 관리하고 처리해야 할 남성 인물들은 하나같이 무능력하고 책임을 회피하기만 한다. 오히려 중요한 사안에 대해서는 가모나 왕부인, 왕희봉과 같은 여성 인물들이 주도적으로 결정하고 처리한다. 이러한 와중에 가부에게 권력의 보호막 역할을 하던 왕비 가원춘이 돌연 죽고 이로부터 가씨 가문은 수색당하며 몰락의 길로 접어든다. 즉 가부는 몰락하면서 양의 기세에서 음의 기세로 바뀌어 간다. 이때 그마나 군자적 풍모를 유지한 가정에 의해 음의 기세가 누그러지면서 다시 음의 국면을 수습하는 것으로 그려지고 있다.

여기서 배울 수 있는 『홍루몽』의 인간 경영학은 도덕성이라는 저축을 평상시에 투자해 놓지 않으면 결코 음의 기세를 벗어날 수 없고 끝내는 어둠 속으로 사라진다는 사실이다. 개인이든 가문이든 기업이든 평소에 도덕성을 확보하는 데 노력하지 않을 경우 언젠가 양의 기세에서 음의 기세로 전환하면 다시는 음의 국면에서 헤어나오지 못하고 역사의 망각 속으로 사라질 수 있다는 점이다. 바로 가보옥과 이룰 수 없는 사랑으로 가슴앓이를 하다 쓸쓸하게 죽어 가는 임대옥의 이 시처럼 말이다.

꽃잎 묻는 나를 보고 남들이 비웃지만

훗날 내가 죽고 나면 묻어 줄 이 누구인가?
하루아침 봄은 지고 홍안청춘 늙어 가면
꽃잎 지고 사람 가니 둘 다 서로 알 길 없네.

『홍루몽』은 18세기 중국 사회상을 광범위하고도 여실하게 반영한 작품으로 중국 전통 사회의 백과사전, 고금을 망라하고 만상을 포용한 작품이라고 칭송된다. 근대 중국의 사상가이자 문호인 노신은 『홍루몽』에 대해 "경학가들은 『주역』의 원리를 보고, 도학가들은 음란함을 보며, 재자들은 애정의 얽힘을 보고, 혁명가들은 만주족 왕조에 대한 배척을 보며, 이야기를 만들어 내기를 좋아하는 사람들은 궁중비사를 본다"고 지적한 바 있다. 이는 그만큼 『홍루몽』이 다루고 있는 주제가 광범위하고 한 가지 시선으로 작품을 파악하기가 어렵다는 것을 보여 준다. 이제 여기에 하나를 더해 『홍루몽』은 개인에게는 자기 경영, 가문에는 가문 경영, 기업에는 조직 경영으로 접근해 볼 수 있지 않을까.

아무리 부귀영화를 누리는 거대한 가문도, 어여쁜 여인들의 모습과 청춘도 결국 물거품과 꿈같이 슬픔만 남기고 사라지는 것이다. 『홍루몽』은 당대의 누적된 봉건 체제에 대한 은유적 비판과 함께 우리들의 인생은 한바탕 남가일몽이라는 깨우침을 전하고 있다. "가을에 지는 허무한 꽃 신세, 이것이 생사의 운명이니 그 누가 피할쏘냐." 그런데 지금 우리 기업은, 사회는, 국가는 융성기일까? 『홍루몽』으로 보면 양의 기세가 위축된 형국이라고 할까. 급반전할 수 있는 카드가 절실해 보인다.

48
변화하는 조건에 적응하는 자가 살아남는다

"편지를 쓰자. 훌륭한 충고를 받으면 더 잘 살 수 있다네."

_찰스 다윈

1858년 6월 18일 아침, 찰스 다윈(1809~1882)은 얇은 소포 꾸러미를 받았다. 주소의 필체가 앨프리드 러셀 월리스의 것임을 확인한 다윈은 금세 호기심이 동했다. 다윈은 1년 전쯤 월리스에게 말레이의 가금류 가죽을 구해 달라고 부탁해 두었다. 그런데 막상 내용물을 열어 본 다윈은 글을 읽는 순간 하늘이 무너지는 것 같았다.

"종을 구성하는 모든 개체들 중에서 수적으로 가장 열세이고 가장 빈약한 변이들로 이루어진 집단이 제일 먼저 고통받는데, 곧 멸종하리라는 점은 확실하다…… 우수한 변이는 생존에 이로운 환경이 되면 급속도로 수를 불려 멸종한 종과 변종이 사라진 자리를 대신하게 될 것이다. 그러면 한때의 변이가 종을 대체하면서 환경에 더 잘 적응하고 더 건강한 형태가 될 것이다."

다윈은 경악을 금치 못했다. 이토록 놀라운 우연의 일치는 처음이었다. 만약 윌리스가 1842년에 작성한 자신의 원고를 보았다 해도 이보다 더 뛰어난 글을 쓸 수는 없을 것 같았다. 윌리스는 다윈에게 논문 내용이 흥미롭다면 찰스 라이엘 경(지리학자)에게 전해 주었으면 좋겠다고 부탁했다. 다윈의 명예가 바람 앞의 등불처럼 위태로웠다. 다윈은 라이엘에게 편지를 보냈다. "그렇게 되면 제 연구의 독창성은 얼마나 독창적이냐를 떠나서 완전히 박살이 나겠지요."

이때 천만다행으로 절망한 다윈을 라이엘이 구해 준다. 다윈의 편지를 읽은 라이엘은, 여기서 윌리스의 논문만을 발표하는 것은 공평하지 못하다고 생각해, 지금까지 들인 다윈의 노력이 세상에 알려지도록 힘을 빌려 주기로 했다. 결국 윌리스의 논문과 다윈의 『에세이』에서 발췌한 것을 『린네학회회보』에 나란히 공동 논문으로서 발표하게 되었다. 수세에 몰린 다윈이 극적으로 패자 부활한 셈이다.

찰스 다윈은 스물두 살 때부터 5년 동안 비글호에서 항해 여행을 하며 동식물과 인간에 대해 관찰할 수 있었다. 귀국 후 이듬해인 1837년부터 진화론 연구를 시작해 1842년에 『에세이』(시론) 형태로 완성했다. 그것은 35쪽의 짧은 것으로, 2년 뒤인 1844년 230쪽으로 완성된다.

다윈이 글을 1844년에 이미 완성해 놓고 발표하지 않은 것은 당시 유럽 사회를 휩쓸고 있던 종교재판의 공포 때문이었다. 그는 당시 '창조론'에 반기를 들 경우 갈릴레오 갈릴레이가 당한 종교적 탄압을 떠올렸다. "한때의 천문학사가 받았던 박해를 명심할 것이다"라는 글이 그의 노트에 적혀 있는데, 이는 1838년 4월경, 즉 스물아홉 살 때 적은 것이다. 그가 종교적 탄압으로 희생될지도 모른다는 공포에 얼마나 휩싸여 있었는지 알 수 있다. 그런데 그때 월리스가 논문을 보내온 것이다. 종교재판의 공포로 인해 다윈은 "우물쭈물하다 내 이럴 줄 알았다"라는 조지 버나드 쇼의 묘비명의 주인공이 될 뻔했다.

다윈은 이어 1858년 7월 초, 자신의 진화론을 담은 자연 선택의 '초록'을 서둘러 만들기 시작했다. 다윈이 이 작업을 시작했을 때는 『종의 기원』이라는 표제가 붙어 있지 않았다. 린네학회의 논문으로 내려고 했는데 '초록'을 만드는 중에 생각이 바뀌었다. 그는 "13개월 10일 동안 중노동했다"고 기록할 정도로 이 작업에 매달렸다. 때를 기다리다 경쟁자에게 연구 성과를 모두 날릴 뻔한 다윈은 극적으로 생존경쟁에서 살아남았고, 쉰 살(1859)이 저물던 11월에 불후의 명저가 된 『종의 기원』을 출간했다.

결국 비슷한 시기에 비슷한 연구를 했던 월리스는 경쟁자에 묻혔고 다윈이 '승자독식'을 했다. 다윈의 표현대로 하면 동종의 생존경쟁에서 월리스를 이긴 것이다. 다윈의 진화론이 마침내 세상에 드러나면서 인류사의 대혁명을 예고했다.

다윈은 시골의 은자처럼 고립되어 산 것이 아니다. 그에게 집은 거대한 축이었다. 그는 이 축을 중심으로 온 세상과 과학 교류를 맺을 네트워크를 구축했다. 그는 매일같이 온갖 사람들에게 편지를 썼다. 그렇게 주고받은 편지로 진화 이론을 다각적으로 검토하고 연구했다. 편지로 전 세계에 걸쳐 조사를 진행하며 자신의 주장을 전하고 그 주장이 보편적으로 적용될 수 있도록 노력했다. 그에게는 편지 교류가 가장 기초적인 연구 도구였다. 『종의 기원』이 출간되자 다윈은 한술 더 떠 편지를 통해 자신의 주장을 대중에게 알리기 시작했다. 홍보 도구로 편지를 활용한 것이다.

다윈이 주고받은 편지들 중에서 지금까지 전 세계의 도서관에 보관되어 있는 것만 해도 1만 4000통이 넘는다. 그는 특히 절친했던 과학자 친구들인 찰스 라이엘, 식물학자 로버트 후커, 하버드 대학교의 아사 그레이, 다윈의 이론을 세상에 알리는 데 결정적인 공헌을 한 토머스 헨리 헉슬리, 독일의 발생학자 에른스트 헤켈, 자연 선택 이론을 창시한 동반자이자 학문적 긴장으로 고삐를 늦추지 않았던 앨프리드 러셀 월리스 등과 자주 편지를 주고받았다. 이들은 길고 짧은 편지로 다윈을 지지하고 도와주었다. 다윈의 인생은 편지로 굴러 갔다고 해도 과언이 아니다. 그의 가족도 마찬가지였다. "모두가 가족 시인의 충고를 잘 따랐다." 50년 뒤 다윈의 손녀는 당시를 이렇게 회상했다.

"편지를 쓰자, 편지를 써. 훌륭한 충고를 받으면 더 잘 살 수 있다네. 아버지, 어머니, 형제들아. 우리 모두 서로에게 충고를 하자."

다윈의 과학 연구에서 가장 눈에 띄는 대목은 바로 체계적으로 편지를 활용한 서신 왕래이다. 다윈은 신사이자 과학 저술가로서의 위치를 십분 활용해 편지로 자신이 필요한 것들을 얻었다. "귀하에게 큰 폐를 끼치지 않는다면"이나 "여간 성가신 부탁을 받은 게 아니라고 여기시리라 생각합니다" 등의 문구를 즐겨 썼다. 부탁을 들어달라는 일종의 '애교'라고 할까.

역설적으로 다윈의 편지 열정이 어쩌면 다윈을 살려냈다고 할 수 있지 않을까. 그가 평소 지인들에게 편지를 보내지 않고 은둔자처럼 살았다면 그가 20년 동안 진화론 연구를 해왔다고 아무도 믿지 않았을 테니까 말이다. 더욱이 그가 월리스의 연구를 접한 것도 편지를 통해서였다.

"생존경쟁은 자연과의 경쟁이나 다른 종과의 경쟁이 아니라 같은 종끼리의 경쟁이다."

_다윈

다윈은 '종은 변화한다'는 명확한 기본 개념을 제시하고 이를 통해 자신의 논점을 수립했다. 그리스도교의 창조론자들은 오랫동안 역사가 인간에게만 있고 자연에는 없다고 여겨 왔다. 이런 관념 속에서 종이 변화할 공간은 없었다. 세상에는 셀 수 없이 많은 생물 종이 존재한다. 성서에는 하느님이 몇 종의 생물을 창조했는지 나와 있지 않다.

여기에 다윈은 도전장을 던지며 이렇게 주장한다.

"오늘날 우리가 보는 다양한 생물 종은 다른 종이 변화한 것이다. 종은 항상 이 종에서 다른 종으로 변화한다." 예컨대 두 종의 청개구리는 외형이 흡사하면서도 사소한 부분에서 다른 점이 발견되기도 하는데 그 까닭은 그중 한 종이 다른 종으로부터 변화했기 때문이다.

종이 변한다는 가설을 검증하기 위해 그가 내세운 게 '자연 선택'과 '자웅 선택' 개념이다. 자연은 엄격한 '생존투쟁(경쟁)' 장소이고, 이 투쟁 속에서 이기는 것은 유리한 변이(생물에서 동일종이나 동일 집단의 개체들이 유전적 또는 비유전적 특성에 따라 여러 가지 형질로 나타나는 현상을 말한다)를 가진 개체다. 이렇게 생존경쟁에서 적자, 즉 이긴 자가 생존하고 그다음 세대에서도 적자가 생존해 가는 형태로 선택이 이루어진다. 다윈은 이것을 '자연 선택'이라고 한다. 재배 식물이나 사육 가축이 인간에 의한 '인위 선택'으로 새로운 품종이 만들어지듯 '자연 선택'에 의해서도 변종이 생긴다. 게다가 변이가 축적되고, 결국 그것은 종으로서

확립된다.

특히 다윈은 "생존경쟁은 자연과의 경쟁이나 다른 종과의 경쟁이 아니라 같은 종끼리의 경쟁"이라고 강조한다. 종이 오직 극단적인 상황에서만 대자연의 조건과 경쟁한다고 말했다. 사막이나 극지방은 어떤 개체도 생존하기 어렵다. 나머지 다른 자연환경에서는 단일 개체가 비교적 수월하게 생존할 수 있다. 사슴의 생존경쟁에서 가장 치열한 경쟁은 호랑이가 아니라 다른 사슴이다. 그 이유는 동류의 개체가 똑같은 생존조건을 가지고 있기 때문이라고 밝힌다.

다윈은 나아가 생존경쟁에 의존성이라는 요소를 도입하고 '지속 가능한 생존'이 가장 중요하고 성공적인 생존이라고 강조한다.

"나는 생존경쟁이라는 말이, 하나의 생물이 다른 생물에 의존한다는 것, 개체가 사는 일뿐만 아니라 자손을 남기는 일에 성공한다는 것(이것이 더욱 중요한 일이다)을 내포하고 있으며, 넓은 의미에서 또 비유적인 의미로도 쓰인다는 점을 미리 말해 두겠다." 예컨대 "사막에 돋아 있는 한 포기의 식물도 생존하기 위해 건조한 기후와 투쟁한다고 말할 수 있으나, 이것을 적절하게 말한다면 습기에 의존한다고 해야 할 것이다"라고 다윈은 설명한다.

그런데 다윈에게서 생존경쟁의 적자는 가장 강한 자나 폭력적인 자가 아니라는 점에 유념해야 한다. 애완견도 난폭할수록 인간에 의해 '인위 선택'되는 것은 아니다. 자연에서 '자웅 선택'이 이루어지는 새들의 구애 경쟁에서 난폭한 새가 암컷의 선택을 받는 게 아니냐. 상내가 원하는, 예컨대 상대가 바라는 '조건'에 가장 잘 적응하는 자가 적자가 되기도 한다.

다윈은 인간에게도 동물의 종의 진화를 그대로 적용한다. 인간은 특별히 만들어진 것으로 보는 그리스도교 사상에 반해, 다윈은 인간을 동물로 보고, 동물의 법칙을 적용해 인간의 유래에 대한 설을 여기서부터 전개한다. 동물은 다산으로 혹독한 생존 투쟁에 노출되어 자연 선택이 작용한 결과, 유리한 변이가 보존되고 유해한 것은 제거되어, 마침내 신종이 형성되었다는 그의 진화 이론을 당시로서는 대담하게도 인간에게 적용하겠다는 것이었다.

이렇게 해서 『종의 기원』 후속으로 나온 것이 또 다른 명저인 『인간의 유래』다. 그런데 다윈은 『인간의 유래』에서 인간은 배려와 이타심, 자기희생이 강한 종이 생존경쟁에서 더 유리한 입지를 차지한다고 주장한다.

다윈은 첫째 구성원의 추리력과 앞을 내다보는 능력이 발달해, 만약 자신이 동료를 구하면 그 답례로 구조를 받게 됨을 배우는 것, 그리고 자선 행위를 하는 것이 습성이 되고 유전적이 된다고 대답한다. "이렇게 해서 점차 도덕적 행위가 쌓여 서서히 몸에 배어 '용기 있고 동정심이 많으며 충실한 구성원을 많이 가지고, 언제나 서로 위험을 바로 경고하고, 서로 돕고 지키는' 부족은, 그렇지 않은 부족과의 싸움에서 승리해 사회적 자질, 도덕적 자질이 높은 인간이 늘고 퍼져 간다고 생각한다. 집단 생존 투쟁의 승리다."

이는 애덤 스미스가 '보이지 않는 손'의 개념을 정립할 때 인간의 도덕 감정과 경험의 중요성을 강조한 인간관에 영향을 받은 것이다. 흔히 생존경쟁을 떠올리면 힘세고 무자비한 인간이 적자생존할 것이라 생각할 수 있는데 다윈은 이러한 통념을 전복한 것이다. 예를 들어 수백 년 동안 이어져 온 명문가가 여기에 해당할 것이다. 이기적인 수전노가 아무리 재산을 많이 가지고 있다고 해도 이웃들에게 베풀면서 사회적 관계 능력이 높은 사람에게 생존경쟁에서 낙오될 수밖에 없다는 것이다. 주위를 둘러봐도 졸부나 강포한 자가 늘 이기고 세대를 이어 지속되는 경우를 거의 볼 수 없다. 하버드 대학교의 진화심리학자 스티븐 핑커가 쓴 『우리 본성의 선한 천사』에 따르면, 인류의 역사를 통해서 폭력은 감소해 왔다. 인류는 갈수록 폭력적이기보다 그 반대였다는 것이다. 말하자면 핑커의 책은 다윈의 각주인 셈이다.

다윈의 『종의 기원』은 2000년 동안 서구 사회를 지배해 온 플라톤의 이데아 사상, 즉 하느님의 나라는 영원하며 자연과 인간은 하느님에 의해 창조되었다는 사상을 허물고 인류의 역사를 하루아침에 뒤바꿔 버린 혁명으로 평가된다. 그것은 비글호라는 배를 타는 데서 시작되었다. 도전 혹은 승자의 길은 떠나지 않으면 이루어지지 않는다는 말이 아닐까.

지금 실천하는 인문학

초판 1쇄 인쇄 2015년 6월 1일 | 초판 1쇄 발행 2015년 6월 5일

지은이 최효찬 | 펴낸이 김영진

본부장 조은희 | 사업실장 김경수
책임편집 박은식
디자인 팀장 신유리 | 디자인 관리 당승근
영업 이용복, 임지은, 방성훈, 정유

펴낸곳 (주)미래엔 | 등록 1950년 11월 1일(제16-67호)
주소 137-905 서울시 서초구 신반포로 321
미래엔 고객센터 1800-8890
팩스 (02)541-8248 | 이메일 bookfolio@mirae-n.com
홈페이지 www.mirae-n.com

ISBN 978-89-378-3764-7 03300

「이 도서의 국립중앙도서관 출판예정도서목록(CIP)은 서지정보유통지원시스템 홈페이지(http://seoji.nl.go.kr)와 국가자료공동목록시스템(http://www.nl.go.kr/kolisnet)에서 이용하실 수 있습니다.
(CIP제어번호: CIP2015014020)」